무상의 철학

' "MUJO" NO TETSUGAKU - DHARMAKIRTI TO SETSUNAMETSU' by Tadashi Tani
Copyright ⓒ 1996 Tadashi Tani
All rights reserved.

Original Japanese edition published by Shunjusha Publishing Company.

This Korean edition published by arrangement with Shunjusha Publishing Company, Tokyo
in care of Tuttle-Mori Agency, Inc., Tokyo through Imprima Korea Agency, Seoul.

이 책의 한국어판 저작권은
Tuttle-Mori Agency, Inc., Tokyo와 Imprima Korea Agency를 통해
Shunjusha Publishing Company와의 독점 계약으로 산지니가 소유합니다.
신 저작권법에 의하여 한국 내에서 보호를 받는 저작물이므로
무단전재와 무단복제를 금합니다.

무상의 철학 |다르마끼르띠와 찰나멸|

첫판 1쇄 펴낸날 2008년 3월 3일

지은이 타니 타다시
옮긴이 권서용
펴낸이 강수걸
펴낸곳 산지니
등록 2005년 2월 7일 제14-49호
주소 부산광역시 연제구 거제1동 1493-2 효정빌딩 601호
전화 051-504-7070 | 팩스 051-507-7543
sanzini@sanzinibook.com
www.sanzinibook.com
편집 권경옥 · 김은경 | 제작 권문경
인쇄 대정인쇄

ISBN 978-89-92235-33-4 93150

값 18,000원

＊이 도서의 국립중앙도서관 출판시도서목록(CIP)은
e-CIP 홈페이지(http://www.nl.go.kr/cip.php)에서
이용하실 수 있습니다.(CIP 제어번호 : CIP 2008000580)

무상의 철학

―다르마끼르띠와 찰나멸

타니 타다시 지음 | 권서용 옮김

산지니

머리말

나는 죽는다. 죽지 않으면 안 된다. 당연하다고 하면 당연한 것이다. 그렇지만 이런 부조리가 또 있을까! 언어로는 '삶'은 '삶'이지 결코 '죽음'을 의미하지 않기 때문이다. 살아 있는 한 죽지 않으면 안 된다. 삶은 이미 죽음이라는 비재(非在)를 전제하고 있다. 이 죽음의 문제를 도외시한다면 어떠한 사상이나 종교의 시나리오도 '공허한 절망'이든가 혹은 단순한 '기분 전환을 위한 유희'로 끝나버릴 것이다. 가장 오래 된 텍스트에서 깨달은 분(붓다)은 다음과 같이 말씀하셨다.

> 모든 상까라(존재로서 형성되고 있는 것, 존재의 형성력)는 소멸한다. 그렇기 때문에 마음을 집중하여 노력하라. 〔『마하빠리니빠나』(Mahāparinibbāna, 대반열반경) p.6~7〕

이것은 고따마 싯다르따(석존)가 말한 최후의 '말씀'이라고 전해지는 것이다. 여기에는 무상(無常)을 초월한 완전한 깨달음의 세계가 존재하지 않는다. 완전히 깨달은 사람에게서 받는 신과 같은 계시도 없다. 또한 사람의 숙명인 죽음에 대한 체관(諦觀)도 없다. 오로지 무상을 무상으로 통찰하여 노력하며 살아야 한다는 것, 다만 그것만을 말씀하셨다. 당연하다고 하면 너무나 당연한 것을 붓다께서는 말씀하셨다. 그런데 나는 이 말씀보다 더 솔직한 '말씀'을 알지 못한다. 내가 선천적으로 사물을 이해하는 능력이 변변찮기는 하지만 이것만은 알 것 같았다.

그러나 타고난 어리석음과 완악함으로 인해 나는 '그렇다면 무엇 때문에 무상인가?' 하는 것을 솔직히 수긍하기가 어려웠다. '모든 것은 무상이다(諸行無常)'라는 것은 원시불교 이래 일반적으로 불교에서는 기본적인 교의로 받아들인 것이다. 이윽고 죽음의 문제와 직결한 '무상(無常)'에 순간적 존재성 · 순간적 소멸성(찰나멸성)의 의미를 부여하여 읽었다. 그러나 그 의미가 반드시 명확한 것이라고는 할 수 없다. 그것이 '최기저어(最基底語)'이기 때문에 그 이상 기저적인 말로 정의하는 것을 허용하지 않고 오히려 중심이 '부재화(不在化)'하고 있다고 생각한다. 마치 주변의 다른 것을 끊임없이 태워버리는 불꽃도 자기 자신을 태울 수 없는 것과 같이. '무상(죽음)이란 무엇인가? 찰나(순간적 존재)란 무엇인가? 소멸이란 무엇인가? 그리고 무엇 때문에 무상(순간적 존재성)인가?'

'그것은 당연해'라고 단정하여 '폼 나게' 앞으로 나아가는 것은 시간이 필요할지도 모른다. 그렇지만 '철학하는 것'은 '당연한 것'을 철저하게 사고하는 것이다. 이윽고 '당연함'이 당연하지 않게 되는 순간, '철학'이 창발(創發)하는 것이다. 그렇다면 여기서 소위 '불교'나 '아카데믹한 강단철학'의 자명한 폐쇄적 경계를 넘어 '철학' 이라는 '모험'을 시작해야 한다.

일반적으로 '무상'은 시간이라는 존재 속에서 살아가는 한 죽지 않으면 안 되는 '생존의 덧없음'을 의미한다. 나 자신 혹은 내가 사랑하는 사람의 죽음으로 인한 비통한 슬픔이 '무상'을 꿰뚫고 있다. '시간'이라는 존재 속에서 사물이 변화하고 소멸한다는 사고방식은 변하기 어렵다고 생각할 수 있다.

7세기 인도에 혜성같이 출현한, 인도철학 역사상 가장 주목할 만한 철학사 다르마끼르띠(Dharmakīrti, 法稱, 600~660)는 '무상의 증명'에 필생의 철학적 노력을 기울였다. 다르마끼르띠는 자신을 깨달음의 순간의 경계선상에 서게 하여, 더구나 깨닫기 직전의 '언어'의 경계에 굳이 멈추어 선다. 여기서는 자명한 것이나 완전히 깨달은 세계 등은 산산이 부서져버린다. '무상' 그것은 자신을 차이화하여 무상하다.

> 존재는 이미 그 자신의 '비재'를 내장(內藏)하고 있다. 따라서 한 순간도 머물지 않고 자발적으로 무상하는 것이다.

'삶' 그것은 자기 자신 속에 이미 '스스로의 비재'로서 '죽음'을 내장하고 있다. 그렇기 때문에 존재는 순간적으로 비재화함과 동시에 '비재'로부터 회광반조(廻光返照)하여 새로운 독자적 존재의 섬광을 창발한다. 붓다(깨달은 분, 覺者)의 최후의 말씀 즉, '거기로 향해 마음을 집중하고 노력을 집중하는 곳'은 바로 이 '순간'임에 틀림없다. 논리를 가지고 이를 증명하는 것이야말로 다르마끼르띠 철학의 일관적인 동기다. 언제나 이미 '삶과 죽음의 경계'였던 순간적 존재, 여기에 상식적인 '시계의 시간'이 해체되고 '새로운 순간적 존재의 섬광'으로 전환하는 '순간'을 다르마끼르띠는 간파하고 있다. 나는 이 책에서 상식적인 시간을 해체하는 것에 도전하고자 한다. 즉, '시간이라는 것 속에 공허하게 사체(死體)가 되어 백골로 되어가는 무상'의 기저에 있는 '존재로부터 분리된 시간 그것'을 해체함과 동시에, '약동하여 섬광처럼 번쩍이는 순간을 발현하는 무상'으로 전환할 것을 시도하고자 한다.

    모든 존재는 순간적으로 소멸한다.
    구름과 같이.

    다르마끼르띠의 텍스트를 읽고, 그의 철학적 노력에 용기를 받으면서 글을 쓰고 싶다. 질주하는 다르마끼르띠.

타니 타다시(谷 貞志)

역자서문

　다르마끼르띠(Dharmakīrti, 法稱, 600~660)는 7세기 인도불교사 상가이다. 서양의 과정철학자 화이트헤드(A. N. Whitehead, 白頭, 1861~1947)와 더불어 국제학회가 결성되어 활발하게 연구되고 있는 사상가가 다르마끼르띠다. 하지만 유럽, 미국, 일본 등에는 다르마끼르띠 학회가 있으나 한국에는 없다. 다르마끼르띠 사상은 7세기 인도사상계에 엄청난 영향을 미쳤을 뿐만 아니라, 오늘날 인도불교와 티베트불교를 이해하는 데 중요한 관건이 된다.

　다르마끼르띠의 사상은 난해하다. 다르마끼르띠 사상은 원시불교, 설일체유부와 경량부, 중관불교와 유식불교를 근간으로 형성되었다. 그래서 다르마끼르띠 사상을 이해하기 위해서, 원시불교는 『아함경』, 설일체유부와 경량부는 『아비달마대비바사론』 등의 7론과 세친의 『구사론』, 중관불교는 나가르주나의 『중론』, 유식불교는 세친의 『유식이십론』과 『유식삼십송』 그리고 호법의 『성유식론』 등의 경론을 공부하지 않으면 안 된다. 다르마끼르띠 사상은 위에서 언급한 사상을 인식논리학의 입장에서 비판적으로 집대성한 것이다. 그리고 그 사상은 인식론과 논리학에서 빛을 발하고 있다.

불교인식론은 디그나가(Dignāga, 陳那, 480~540)에서 정초되어 다르마끼르띠에 의해 완성된다. 다르마끼르띠 인식론의 특징은 '존재'에 입각한 인식론이 아니라 연기(緣起) 즉, '과정'에 입각한 인식론이라는 것이다. 존재에 입각한 인식론이 아론(我論)을 전제한 것이라면, 연기에 입각한 인식론은 무아론(無我論)을 전제한 것이다. 아론이란 실체-속성의 사유도식을 근간으로 하고 있는 실체철학인 반면, 무아론이란 반실체적 사유도식을 기반으로 하는 반실체철학이다. 종교적 관점에서 말한다면, 아론에 기반한 사상은 절대불변의 궁극적 존재인 신을 전제로 하는 유신론임에 반해, 무아론에 기반한 사상은 신의 존재를 부정하는 방향으로 나아가면서, 무지한 인간을 깨달음의 인간으로 성숙시켜가는 과정을 중시한다. 이런 측면에서 불교인식론은 실체-속성의 사유도식과 신을 전제한 모든 종교적 사유를 근본에서부터 붕괴시켜가는 사유라고 할 수 있다.

『무상의 철학』은 '모든 것은 무상이다'라는 '인간의 직관이 낳은 최초의 막연한 일반화'인 '무상'을 다르마끼르띠의 찰나멸성으로 설명하고 있다. 아론의 관점에서 '모든 것은 무상이다'라는 명제를 해석할 때 주어인 '모든 것'에서 양화사인 '모든' 속에 포함되는 것은 현상세계뿐이며, 본체세계는 제외된다. 왜냐하면 이 현상세계만이 무상하며, 본체세계는 항상한 것으로 보기 때문이다. 반면 무아론의 관점에서 '모든 것은 무상이다'라는 명제를 해석할 때 주어인 '모든 것'에서 양화사인 '모든' 속에 포함되는 것은 현상세계뿐만 아니라 본체세계이다. 왜냐하면 현상세계뿐만 아니라 본체세계도 무상한 것으로 보기 때문이다.

철저한 사상이란 정합적(coherent)이어야 한다. 여기서 '정합적'이란 '우리의 경험을 설명할 때 사용되는 기초적 관념들이 상호간에 전제되고 있으며, 따라서 그것이 고립될 경우 무의미해진다는 것을 의미한다.' (W. 제임스) 가령 현상세계가 근원적 존재의 현현이거나 집적 혹은 창조라면 그것은 변화해서는 안 되며, 또한 현상세계의 본질이 무상이라면 그것을 현현·집적하게 하고 창조하게 한 근원적 존재도 무상을 속성으로 가져야 할 것이다. 이러한 부정합적인 이론체계를 안고 있는 독단적 실재론은 인간정신이 범하기 쉬운 '실체의 오류'를 범하기 마련이다.

다르마끼르띠는 현상세계를 무상한 것으로 볼 뿐만 아니라 현상세계를 구성하는 근원적 존재마저도 찰나멸이라 규정한다. 이 책의 저자 타니 타다시(谷貞志)의 표현에 의하면 존재(A)는 자신의 비존재(~A)를 본질로 한다는 것을 증명하는 것이며, 대상의 자기동일성을 근간으로 하는 통상의 논리로는 증명할 수 없다. 따라서 다르마끼르띠는 이것을 시간성의 시점에서 찰나멸성·순간적 존재성으로 파악하고, 그것을 증명하는 데 필생의 철학적 노력을 기울였다. 다르마끼르띠는 찰나멸 논증을 통하여 근본원질을 전제한 형이상학적 실체, 신을 전제한 종교적 실체, 언어의 영원성, 외계실재론, 유물론 등의 잘못된 견해, 전도된 견해를 비판하고자 하였던 것이다.

그렇다면 왜 지금 다르마끼르띠인가?

저자는 다음과 같이 말하고 있다. "'철학의 모험'에 발을 내딛고자 하는 이 책의 의도는 첫째, 다르마끼르띠의 '순간적 존재성의 철학'이라는 '시간성의 이론'을 종래의 '비시간적 기호·존재의 논리'에 대결시키는 데 있다. 이 문제는 인도 철학의 영역을 뛰어넘어 현대 철학의 최전선에서 부상하고 있다고 생각한다. 다르마끼르띠를 둘러싼 당시의 주변 사상유형은 현대에서도 대략 생각할 수 있는 패턴을 반복하고 있어 놀라울 정도로 지금과 유사하다. 이미 니체(F. Nietzsche, 1844~1900)가 예언했던 최고 가치의 붕괴(니힐리즘)가 깊이 침투하고 있음에도 불구하고 변함없이 도그마의 절대화에 근거한 전체주의적 징후, 광신적 종교집단의 난립, 순수한 민족이라는 신화에 기초한 민족주의 등의 '고착된 배타적 분파주의'가 동시에 혼재하는 한복판에서, 철학은 모던(modern)에서 포스트모던(postmodern)의 유행으로, 이전의 가장 중요한 문제, 실존의 문제를 망각한 것처럼 유행을 쫓아 바쁘게 배회하고 있다. 지금이야말로 이들 모든 사상을 논적으로 돌리는 용기가 필요하다. 물론 다르마끼르띠의 사상이라고 해도 비판적으로 고찰하지 않으면 안 된다. 그리고 그것을 기술하고자 하는 나 자신의 생각도 그때그때 항상 비판당하지 않으면 안 된다는 것은 말할 필요도 없다.

둘째, 우리들 자신의 삶과 죽음의 문제를 다르마끼르띠의 '순간적 존재성의 철학'에서 회광반조(廻光返照)하는 데 있다. 그것에 의해서 우리에게 상식이 되고 있는 시간 의식을 변혁하여 새로운 차원에서 '자기 자신의 죽음과 삶'을 생각해보고 싶다. 다르마끼르띠는 최초로 '무상'의 의미를 논리적으로 '삶의 지속을 절단하는 죽음'에서 '순간적 존재성'으로 변환시켰다. 이미 이 책의 처음에 기술한 바와 같이 나는 이 '순간적 존재성의 철학'에 의해서 '시간이라는 존재 속에 텅 빈 사체가 되어 백골이 되어버린 무상'의 기저에 있는 '존재에서 분리된 시간 그 자체'를 해체함과 동시에 '약동하여 섬광처럼 빛나는 순간을 발현하는 무상'으로 전환하는 것에 도전하고자 한다."

나는 이 책을 2001년에 만났다. 2006년 학위논문 「다르마끼르띠의 인식론 연구」를 완성하는 데 큰 힘을 준 것도 이 책이다. 아직은 저자 타니 타다시 선생님을 뵙지 못했지만 그분의 학문적 열정과 진지함을 잊을 수 없다. 타니 타다시 선생님에게는 이 책과 함께 『찰나멸의 연구』라는 대저(大著)가 있다. 이 두 책을 통해 아주 많은 것을 배웠음을 고백한다. 이 책의 번역은 학위논문을 쓰면서 거의 완성했다. 교정에 교정을 거듭하며 여기까지 왔다. 책을 번역하는 데 두 분의 은혜를 잊을 수 없다. 한 분은 허지애(부산대 일문학과) 선생님이며 또 한 분은 성기연(문학박사) 선생님이다. 지면을 빌려 감사의 마음을 전한다. 그리고 공부를 하는 데 큰 힘이 되어주신 김용환 교수님, 김승동 교수님 두 분께 감사드린다. 그리고 나의 공부를 인정해주신 이지수 교수님과 이태승 교수님, 아울러 다르마끼르띠 하면 부산의 누구라고 알려질 정도로 공부하라는 권오민 교수님께도 감사드린다. 권오민 교수님은 『구사론』하면 진주의 누구이다. 끝으로 어려운 여건에도 불구하고 출판을 결정해 주신 산지니 출판사 강수걸 사장님과 어려운 내용의 원고를 꼼꼼하게 교정·편집해 주신 편집부 여러분에게 감사의 말씀을 드리고 싶다.

2008년 2월 29일
권서용

차례

05 머리말
09 역자서문

서장 무상·죽음의 정시(正視)
21 백골의 장
27 작열하는 죽음의 시나리오(어떻게 웃을 수 있을까?)
29 죽음을 무상화하다
34 쿠시나라(붓다의 죽음)

제1장 질주하는 다르마끼르띠
43 무상은 증명되지 않으면 안 된다
52 인도 논리학(인식론적 논리학, 쁘라마나바다) 개괄
64 순간적 존재성
70 세 개 유형의 논증

제2장 자발적 소멸(순간적 존재성 논증 유형 1)
75 구름과 같이
77 원인 없는 존재의 소멸('무상'의 의미 변환과 '논리적 필연성'의 근거)
81 '부재의 장소'를 부정하다(절대적 부정)
87 반순간적 존재성 이론(1)
90 사체없는 죽음('비재'로서의 죽음)
93 자기차이성으로서 '존재의 본질'

제3장   다르마끼르띠 '자발적 소멸(죽음)'의 철학

- 105   '살아 있는 한 죽는다'라는 부조리
- 106   잠입하는 차이선
- 108   '근거 없이 태어나 죽는다'라는 '근거없는' 근거
- 110   한낮의 별(환히 들여다보이는 죽음)
- 115   주체의 비재화
- 117   '차이'로서의 언어대상(아포하·배제·차이)
- 121   '언어'의 동일성의 해체(반실재론적 논리주의)
- 123   언어에 의한 부재의 보전

제4장   다르마끼르띠 철학의 배경

- 131   시간으로서의 존재(원시불교)
- 137   깔라바딘(형이상학적 시간론자)
- 141   형이상학적 시간의 해체(중관)
- 147   '실재시간'과 '자발적 소멸'(설일체유부와 경량부)
- 154   전환하는 순간적 존재성(유식론자)

제5장   존재성으로부터의 추론(순간적 존재성 논증 유형 2)

- 168   디그나가 논리학의 한계(언어게임으로서 형식적 논리)
- 173   인식론적 논리(다르마끼르띠)
- 178   논리적 필연성의 결정(본질적 관계)
- 182   '존재' = '효과적 작용을 하는 것'
- 186   원인총체모델(최종순간상태)
- 188   반순간적 존재성 이론(2)
- 189   두 개 차원의 인과관계
- 192   반소증거척 인식근거에 의한 논증

제6장　포스트 다르마끼르띠안에 있어서 대립

- 201　라뜨나까라샨띠의 내변충론(반소증거척 인식근거)
- 205　사상적 연대기의 역전(즈냐나스리미뜨라의 신외변충론)
- 208　즈냐나스리미뜨라의 긍정적 논증식(쁘라상가와 그 환원식)
- 221　대립하는 '부정적 인식'의 해석(다르못따라와 쁘라즈냐까라굽따)
- 227　즈냐나스리미뜨라의 부정적 논증식(반소증거척)
- 230　토끼의 뿔은 예리한가, 예리하지 않은가
- 233　사상적 연대기의 역전과 인도불교논리학의 특수성

제7장　지각되는 순간적 존재(순간적 존재성 논증 유형 3)

- 241　흔들리는 불꽃
- 249　빛나는 갠지스강과 같이
- 258　반순간적 존재성 이론(3)

제8장　지각순간의 자기차이화

- 265　머물지 않는 탈중심화
- 266　'지금, 여기'의 지근거리
- 270　아직과 이미(비재의 중심핵)
- 273　부정적 차이선을 발현하는 '독자상'
- 275　자기차이성
- 277　원―차이(지각차원의 아포하)
- 281　반전, 차이선을 거슬러 올라가다
- 285　회광반조(廻光返照)하는 비재의 순간
- 290　'비재'라는 타자

제9장   '반순간적 존재성 논증' 과 '신의 존재논증' 에 대한 비판

297   우다야나(최강의 안티 다르마끼르띠안)
302   우다야나의 반순간적 존재성 논증
306   우다야나에 의한 아포하 이론 등에 대한 비판
315   '아뜨만의 존재증명' 에서 '베다의 권위와 신의 존재증명' 으로
318   다르마끼르띠에 의한 '신의 존재논증' 비판

제10장   무상한 인식근거

327   이중 인식근거의 정의
333   붓다(무상한 인식근거)
337   경계선상의 다르마끼르띠
339   전지자 존재의 부정과 중간의 단계
344   샨따라끄시따에 의한 '전지자의 존재논증' 의 가능성
347   요가에 있어서 일반상(순간적 존재성)의 지각화
354   '모든 것을 알고 있는 전지자' 의 문제

종장   미완성인 무상의 철학

363   '완전한 논리체계' 라는 환상(불완전성 정리)
367   '비재' 로 역행하는 인식근거(시간의 논리학)

373   글을 마치면서
380   문헌안내
382   찾아보기

서장

무상·죽음의 정시(正視)

서장
무상·죽음의 정시(正視)

백골의 장

우리는 죽는다. 죽지 않으면 안 된다. 그렇기 때문에 그것을 잊어버리지 않기 위해서 항상 그것을 보고 있는 것이다. 그렇게 하지 않으면 무엇인가를 바라게 되어 살아 있는 것 자체가 의미가 없는 것으로 되어버리기 때문이다.

어두침침한 방 한 구석에 작은 촛불이 놓여 있다. 토운 칸은 촛불을 향해 티베트어로 경전을 중얼거리듯 외웠다. 그것은 그의 일과다. 순간 나에게 고향 나가오카(長岡)에서 아버지가 돌아가셨을 때 들었던 독경소리가 멀리 인도 땅까지 들린다. 눈이 채 녹지도 않은 진창길을 어머니와 동생과 걸으면서 몇 번이나 중얼거렸던 연여(蓮如, 무로마치 중기 승려)『어문(御文)』의 백골의 장.

그런데 아침에는 홍안(紅顔)이고, 저녁에는 백골(白骨)이 될 몸이다. 이미 무상의 바람이 불어왔기 때문에 즉, 두 눈이 홀연히 감기고 목숨이 오랫동안 끊어지지 않는다면…… 육친・친족들이 모여 한탄하고 슬퍼해도 아무 소용이 없다. 그런데 당연히 있어야 할 일이기 때문에, 장지로 보내서 한 밤의 연기가 되어 오직 백골만이 남을 뿐이다. 너무나 슬프고 허무하다.

토운 칸은 승려는 아니었지만, 티베트 불교에 대해서 놀랄 만한 식견을 가지고 있었다. 그는 언제나 부드러운 목소리로 "티베트어를 가르쳐 드릴게요"라고 말하며 델리 교외에 있는 오래된 붉은 색 벽돌 건물로 안내하였다. 정원 옆에 딸린 작은 방, 그것이 그의 방이다. 아직 한낮의 더위가 채 가시지 않은 저녁 무렵의 공기가, 근처에서 뛰놀고 있는 아이들의 소리와 섞여, 하나밖에 없는 창문으로 희미하게 들어온다. 티베트에서 추방되기 전에는 라사의 어린이들에게 음악을 가르쳤던, 그로서는 행복한 시절이었음에 틀림없다. 책상 대용으로 쓰는 나무 상자, 그 상자에 붙어 있는 낡은 사진에는 네팔에 남아 있는 그의 아내와 딸이 있다.

야무나 강가에 티베트인 난민 캠프가 있다. 거기서 저녁이 되면 어김없이 찬(地酒)을 마셨다. "친척 딸이 만들어 준 거야." 토운 칸은 같은 자랑을 몇 번씩이나 한다. 인도에 들어온 뒤 심하게 설사를 하는데 벌써 3주째 계속되고 있다. 차가운 흰 찬이 놀랍게도 효과가 있었다. 언제나 발아래 침상에는 땀띠 때문에 머리를 빡빡 깎은 어린아이가 죽은 듯이 축 늘어져 누워 있다. 어찌하여 이 어린 여자아이는 여기에 있지 않으면 안 되는 것일까? 4,000m의 차가운 대지에서 치성을 드려 얻은 아이. 티베트 고원을 기운차게 내달리는 것이야말로 그 아이에게는 정말 어울리는 것이다.

"아버지는 중공군 병사에게 독살되고, 형은 눈앞에서 총살당했습니다."

토운 칸이 내뱉듯이 말했다. 한순간 그의 눈에 반항의 그림자가 스쳐 지나갔다. 토운 칸은 허공 속에서 썩어 없어지는 것일까? 다람살라에 들어갔을 때 붉은 티셔츠를 입은 청년들의 가슴에 '티베트에 자유를(Free Tibet)'이라는 글자를 희게 물들여 붙이고 다녔다. 조국 티베트 탈환을 위해 목숨을 건 장렬한 죽음의 순간이 더욱 그들을 엄습하고 있을지도 모른다. 달라이 라마가 폭력을 부정한 지 이미 40년이 지났다. 다람살라에 있는 산을 고향 티베트의 이름으로 부르는 젊은 스님 장파 사무팅의 눈에서 체관의 표정을 본 것은 착각이었을까.

다람살라에 있는 어린이들의 눈은 깊고 맑다. 그들은 허무하게 이대로 인도 땅에서 없어져도 결코 썩어 없어지는 것이 아니다. 그들은 죽는 것이다. 적도 아군도 죽어가고 있다. 망명의 회한을 품고 있는 눈길은 백골을 직시하고서 이윽고 가공할, 살아 있는 현실의 긍정으로 전환한다. 그렇다. 적은 그들의 육친이나 동포를 살해한 놈들이다. 그렇지만 그 배후에 숨어 있는 진짜 적은, ……토운 칸은 지긋이 촛불을 정시한다. 죽음을 향한 시선은 일상의 삶의 연장을 절단한다. 존재는 백골의 슬픔을 관통하여 비재화하고, 이윽고 그것으로부터 반전한다. 잃어버린 존재의 의미가 섬광처럼 눈앞에 새로운 청렬한 순간적 삶이 되어 약동한다. 죽음이 이렇게 임박했다고 느껴지는데도 불구하고 놀랍게도 마음이 착 가라앉는 것은 무슨 까닭인가?

19세기 티베트의 학승 미팜(Mipham, 1846~1912)은 '무상한 존재'

의 '근저 없음(無底)'을 정시한다.

> 어떤 생물도 돌연히 고독하게
> 죽기 위해서 태어났다.
> 세상의 어떤 형태도
> 변해가는 것을 이해했을 때
> 존재가 직조하는 무상을 본다.
>
> (미팜 『靜寂과 明晰』 林久義譯)

그렇다. 아버지도 어머니도 돌아가셨다. 나 자신도 아내도 자식도 친구들도 언젠가는 죽을 것이다. 무엇 때문에 내 부모님은 앞서 돌아가셨을까? 자식인 나에게 인간은 죽는다는 사실을 알리기 위한 것은 아니었을까? 그리고 무엇보다도 붓다 그 분이 쿠시나라에서 돌아가시지 않았는가? 연여(蓮如)의 「백골의 장」이 생의 한가운데에서 다시 메아리치고 있다.

……저 인간의 부평초와 같은 삶의 모습을 유심히 보면, 무릇 덧없는 것은 이 세상의 처음·중간·끝의 환영과 같은 한순간이다. 내가 먼저냐 남이 먼저냐, 오늘일지도 모르고 내일일지도 모르는, 앞서거니 뒤서거니 하는 사람들은, 나무뿌리가 빨아들인 물방울보다 많고, 나무 끝에 매달린 이슬보다도 많다고 했다.

어린 시절 할머니는 언제나 『아미타경』을 염송하셨다. 할머니께서 구원을 받으셨는지 나로서는 알 수가 없다. 다만 할머니께서는 오로지 부처님을 염하시면서 돌아가셨다. 고통이나 괴로움 없이, 주무시듯 돌아가신 것 같다. 죽음은 너무나도 가슴 아픈 것이기 때문에 잠자코 침묵하여 지나가게 내버려 두는 슬픔을 마음속에 품고서 '반드시 정토는 있다'라고 우리들은 사랑하는 사람을 위해서 기도했다. 그러나 잃어버린 생의 슬픔은 '비재'가 되어 우리의 삶에 깊게 새겨진다. 나는 죽음이라는 '존재의 소멸'은 삶의 연장선 저쪽에 있는 것이 아니라 오히려 삶 그 자체에 이미 깊이 스며들어 있다고 생각한다.

"인간은 헛되이 죽지는 않는다. 살아가면서 죽음을 직시하고 죽음에 대처하여 죽음을 맞이하지 않으면 안 된다"라고 어떤 철학자는 말한다. 정말 시원한 말이다. 그렇지만 직시하든 하지 않든 사람은 죽는다. 죽음이라는 비재를 대상으로서 직시하는 것은 불가능할 것이다. 그렇다면 죽음은 우리들이 그것을 직시하기 이전에 이미 지금 여기 생의 한가운데에 깊이 스며들어와 버린 것이다.

고따마 붓다의 가르침은 무엇보다도 지금 이 순간의 현실을 정시(正視)하는 것에 있었던 것이다. 현실의 무상을 정시하는 것이 깨달음(붓다)의 순간의 의미다. '죽는다'라는 무상의 현실 이외에 현실이 없다고 한다면 이미 외부로 나갈 탈출구는 없다. 따라서 현실 그 속에서 돌파해나갈 수밖에 없다. 그것이 고따마 붓다의 생애가 아니었을까? 최종적으로 사람은 홀로 죽음의 길을 가지 않으면 안 된다. '이 현실 이외에 영원히 구원받게 될 저 세상이 존재한다'고 믿을 수 있다면 솔직히 얼마나 좋을까? 그렇지만 영원히 죽지 않는 '저 세상'이란 절망 아닐까? 불사(不死)의 '저 세상'이라고 해도 그것이 무엇인가의 형태로 '존재하는' 한에서는 그 존재를 무상화하는, 냉혹한 무상의 바람이 불어온다는 것을 나는 마음 깊은 곳에서 느끼고 있다. 사후는, 지금 이렇게 해서 살아가는 세계를 단순히 반전시킨, '있었으면 하고 바라는 세계'인가? 그렇지 않으면 완전한 '허무'인가? 그 누구도 사후 세계에 가본 적이 없음에도 불구하고 마치 가본 것처럼 자기 식대로 그것을 표현했다.

가령 낙천적인 관념론의 교설은 열성적으로 "초월자는 우리들을 위해서 우리로서는 생각지도 못한 모습으로 사후 세계를 용의해주십니다. 따라서 그대는 안심하고 죽음에 임하십시오"라고 말을 건다. 혼이나 심층심리가 묘사하는 부유(浮遊)하는 존재, 마음과 물질이 결합된 '우주생명'이라 부를 수 있는 존재로 귀환하고 그곳에서 사정이 좋으면 재생하는 세계, 솔직히 어떻게 하면 믿을 수가 있을까? 혹은, 단순 유물론은 '죽음은 물질적 카오스가 자기 조직화하는 활동의 한 상태에 지나지 않는다. 죽음이라는 것은 유전자라는 의사소립자에 미리 입력(input)된 정보에 지나지 않는다'라고 냉정하게 가르치고 있다. 만약 죽음이 그런 것이라면 나의 이 고통이나 슬픔은 모두 착각에 지나지 않는 것이라 할 수 있을 것이다.

붓다의 깨달음은 이들 어느 쪽도 아니라고 생각한다. 왜냐하면 붓다는 "사후 세계는 있는가, 없는가"라는 물음에 대해서는 답하지 않으셨기 때문이다. 붓다는 소극적으로 물음을 회피한 것이 아니다. 침묵이라는 신비적 포즈를 취한 것은 더욱 아니다. 그 물음이 '진정한 물음이 아니다'라고 통찰하신 것이다. 즉, 타인과 같은 죽음이 아니라 '나의 죽음'은 그러한 생의 연장의 저쪽에는 없다고 본 것이다.

"사후의 저 세상은 존재하는가, 존재하지 않는가"라는 물음에 관해서 '존재한다'는 것도 '존재하지 않는다'는 것도 모두 다 진실한

답이 아니다. 왜냐하면 죽음은 '있다' 와 '없다' 의 '경계' 이기 때문이다. 살아 있는 모든 것이 '무상의 불꽃' 으로 타올라 위로 올라가며 다가오는 죽음을 눈앞에 두고서 "x가 존재하는가, 존재하지 않는가" 라고 질문할 겨를이 없다. 그와 같은 물음은 '유희' 이며, 정작 저 세상의 시나리오 따위는 산산 조각나버리는 것이다. '무상을 무상으로 정시하는 것이 불교' 라고 나는 생각한다. 이 엄연한 현실, 즉 죽음의 문제를 배제한 어떠한 학문이나 종교도 모두 유희에 지나지 않는다고 생각한다. 적어도 지금까지 나는 나의 아버지나 어머니의 애통한 죽음을 응시하지 않으면 안 되었다. 불에 타 백골이 되었을 때 '인간은 이토록 고통스럽게 고독하고 슬픈 것인가' 라고 뚜렷이, 뼈저리게 느끼며 생의 한가운데에서 떨고 있는 것이다.

작열하는 죽음의 시나리오(어떻게 웃을 수 있을까?)

무엇 때문에 살아 있는 한 죽지 않으면 안 되는가? 초기 텍스트 『수따니빠따』(Suttanipāta, 中村元 역)는 살아 있는 모든 존재의 비통한 사실을 응시한다.

> 이 세상에서 결국 죽어야만 하는 사람의 목숨은 정해져 있지 않아 알 수 없고 애처롭고 짧아 고통으로 엉켜 있다.(574)

> 태어나 죽지 않으려 하지만, 그 방도는 전혀 없다. 늙으면 반드시 죽음이 닥치는 것이다. 뭇 삶의 운명은 이와 같다.(575)

죽음에 패배당하여 저 세상으로 가지만 아비도 그 자식을 구하지 못하고, 친지들도 그가 아는 자를 구하지 못한다.(579)

보라! 지켜보는 친지들이 한없이 비탄에 잠겨도, 사람들은 하나씩 도살장으로 끌려가는 소처럼 끌려간다.(580)

『담마빠다』(Dhammapada, 法句經, 中村元 역)에서도 붓다는 죽음을 정시한다.

아! 오래지 않아 이 몸 흙속에 버려지고, 마음 또한 어디론가 사라져버린다. 그때 덧없는 이 몸은 실로 썩은 나무토막보다도 더 쓸모없게 된다.(41)

옷에 가려진 이 몸을 보라. 그것은 상처투성이요, 육체의 여러 부분이 모인 것에 지나지 않는다. 또한 질병의 소굴이며, 수많은 망상을 가진, 안주하지 못하는 존재다.(147)

이 몸은 세월 따라 낡아지는 것, 이 몸은 질병으로 가득 차 있고 시들어지는 것, 이 몸이 부패하여 흩어질 때 생명은 끝나 죽는 것이다.(148)

무슨 웃음이 있는 것인가? 무슨 기쁨이 있는 것인가? 인생은 (무상의 불꽃으로) 타오르고 있는데.(146)

무엇 때문에 죽지 않으면 안 되는 것인가, 경전은 그 이유를 말하지 않는다. 이유는 어디에도 없다. 죽음이라는 엄연한 사실을 앞에 두고 어떠한 형이상학도, 상식도 허공으로 날아 흩어진다. 죽음에 대해서 빈틈없는 시나리오 등이 미리 쓰여졌을 리 만무하다. 죽음은 모든 것을 거부한다. 따라서 우리들은 이 사실을 잘 직시하여 참고, 철저하게 이 사실을 받아들임으로써 애통하고 괴로운 죽음을 초월할 수밖에 없다. 죽음 밖으로 도피하여 초월할 수 없다. 밖으로 도피하는 것이 아니라 내면으로 향하여, 소위 '안으로 초월하는' 것이다. 붓다께서는 살아 있는 모든 존재가 무상의 불꽃으로 활활 타오르는 것을 보신 것이다. 일체개고(一切皆苦), '무상(無常)'이 '무상(無常)'에 의해서 '무상(無常)' 하고 있다.

죽음이 무상화하다

이유 없이 사람은 죽는다. 상식적인 학문이나 종교적 시나리오에 의해서 치유되며 또한 죽음을 잊어버릴 수 있다고 말하는 것은 속임수거나 허위다. 나는 가만히 죽음과 투쟁하려는 결의를 했다. 자기 자신이 무상화하는 현실을 직시하는 것, 그것은 보통의 평범한 투쟁이 아니다. 무상으로부터 피할 길이 없다면 몸을 던져 반전하여 무상 그 자체가 되어 무상을 돌파할 수밖에 없을 것이다. 죽음을 건 투쟁, 네란자라 강가의 붓다, 수행하고 있는 붓다에게 죽음의 신(악마)이 위로의 얼굴을 하고서 상냥하게 말한다. 물론 악마란 붓다 자신의 마음의 갈등 즉, 싸움에서는 자기 자신이라는 적이다.

그대는 죽음에 가까이 다가가 있다. 죽음을 생각해도 아무 소용이 없다. 목숨이 있어야만 선한 행동도 가능할 것이다. 수행이 태만한 곳에서 무엇이 이루어질까?

붓다는 답한다.

나는 패배하여 살아가기보다는 오히려 싸워서 죽는 편이 낫다.

이전에 방문했던 보드가야의 가까운 풍경이 너무나 생생하게 되살아난다.

네란자라강의 투명한 흐름, 강바닥에 비쳐 빛나는 흰 모래, 건기에는 강물이 말라버린다고 한다. 가만히 손으로 쥐면 모래는 미세하게 손가락 사이로 흘러내린다. 멀리 붓다가 고행했던 산이 보인다. 강 건너편에 수자타 마을의 숲이 녹음을 드리우고 있다. 격렬한 고행의 마지막 순간 붓다에게 우유로 끓인 죽을 살며시 앞으로 내밀었던 처녀 수자타, 그 뒤 붓다는 이쪽을 향해 네란자라강을 건너셨다고 한다. 가까운 강변에 물소가 목욕을 하고 있다. 넓고 얕은 네란자라강. 소년이 혼자 이쪽으로 강을 건너온다. 네란자라강, 작열하는 한낮의 뜨거운 모래, 해질 녘 기분 좋게 차가워진 모래에 눕는다. 조용하다. 달빛의 섬광이 모래 바닥으로 질주해간다. 붓다는 여기서 고투하고 새벽녘에 보리수 아래에서 깨달았다.

죽음을 어떻게 대처해야 할까? 다시 『수따니빠따』를 보자.

> 울면서 슬퍼하게 되면 고통은 더욱 더 심해질 뿐이다. 그것은 자신에 대해서 마치 원수와 같이 행동하게 한다. 자신을 아프게 하는 비탄과 근심의 화살을 뽑아버려라! 바람이 솜꽃을 날리듯, 물이 치성하는 불꽃을 꺼버리듯.(591~592, 의역)

무상을 정시하지 않으면 안 된다. 무상으로부터 도피해서도 안 된다. 무상에 투철함으로써 비로소 실체화된 '죽음의 공포'가 무상화되는 것이다. '무상'은 '무상'에 의해서 '무상'하다. 죽음을 두려워하고 비탄하고 걱정하는 것은 자연스러운 일이다. 그렇지만 죽음에 대한 불안과 공포가 너무나 직접적이게 되면 '죽음'이 거기에는 없다. 붓다는 "'죽음의 비탄과 고통'의 원인은 무상한 존재를 무상한 것으로 정시하지 않기 때문"이라고 통찰한다. 감각적으로 생각하고 있던 죽음이 아무리 두렵더라도 그것은 쓰여진 시나리오다. '이것이 있을 때 저것이 있다, 이것이 없을 때 저것이 없다'라는 원초적인 '연기(緣起)'의 정식은 허구의 구조를 이미 간파하고 있는 것이다.

삶이 있을 때 죽음이 있다. 삶이 없을 때 죽음은 없다.

'삶'이라는 것이 '죽음'에서 분리되어 그 자체로서 존재한다고 굳게 믿을 때, '삶'으로부터 분리된 '죽음'이라는 것은 그 자체, 마치 '삶을 배제한 허구의 공간'으로 존재한다고 믿게 된다. 그러나 '삶'

을 '죽음'에서 분리하지 않을 때 '삶의 단절로서의 죽음'은 현현하지 않는다. '이것이 있을 때 저것이 있다'는 허구의 구축의 구조를 밝히고 있다. '이것이 없을 때 저것이 없다'는 그 허구의 원인을 배제함으로써 허구를 해체한다. 무엇 때문에 무상을 정시할 수 없는가? 이미 자신조차도 자신이 아닌데 무엇 때문에 무상을 정시하지 못하는가? 붓다는 무상을 무상으로서 정시한다.

> 어리석은 사람은 나에게는 자식이 있다, 나에게는 재산이 있다고 생각하면서 괴로워한다. 그러나 이미 자기는 자기가 아니다. 어떻게 해서 자식이나 재산이 자기 것이라 할 수 있는가? (『법구경』, 62송)

무시무시한 '말씀'이다. '이미 자기는 자기가 아니다.'

> '모든 지어진 것은 무상이다'라는 지혜를 가지고 볼 때 모든 고통으로부터 멀리 벗어나게 된다. ……이것이 청정에 이르는 길이다.(277)

> 모든 지어진 것은 실질이 없고 만들어진 것이며 변하고 바뀌며 항상 동요하고 있음을 나는 분명히 알았다. 그것을 알고서 나는 바른 사유에 머물러 나에게 생겨난 적정에 도달했다. (『테리가타』 Therigātha, 長老尼偈, 260)

여기서 죽음 그것이 무상하다. 죽음이라는 것이 무상인 것이 아니다. 무상은 죽음조차도 무상화한다. 그렇다면 '무상'이라는 '말'은 이중의 의미를 가지고 있다고 할 수 있을 것이다. 첫째는 일반적으로 '삶이 죽음에 의해서 단절된다'라는 의미에서의 무상, 이것은 '삶'과 '죽음'을 분리하는 것에 기초하고 있다. 따라서 죽음에 의해서 단절된 인생의 덧없음을 의미한다. 이에 대해 두 번째 '무상'은 붓다가 '무상을 통찰하여 청정한 적정에 도달했다'라고 할 때의 무상관이다. 이것은 이미 본 바와 같이 연기(緣起)에 기초해서 '삶'과 '죽음'을 분리하지 않는다. 삶을 죽음으로부터 분리하여 고정하지 않음과 동시에 죽음을 삶으로부터 분리하여 고정하지 않는다. 여기서는 '삶'이 무상화함과 동시에 '죽음'이 무상화한다. 거기에 '무상화하고 있는 것'만이 존재한다. 삶과 죽음을 분리하는 경계선 그것이 무상하는 것이다. 그 전환에 의해서 죽음이라는 무상이 무상화된다. 즉, 죽음은 그 고(苦)로서의 실체성을 박탈시키는 것이다. 여기에서 붓다는 무상(無常)=고(苦)를 무상(無常)=적정(寂靜)으로 전환할 가능성을 통찰한 것이다. '무상'을 무상으로서 바르게 보고 철저하게 무상을 일관하여 살아가는 것, 단적으로 말하면 죽음을 수용하는 것이다. 죽음에 패배하여 마감하는 것이 아니다. 소위 그것은 몸을 던지는 신앙이다. 거기에 살아가면서 죽음으로, 죽음으로부터 살아가는 삶의 방식이 있다. 여기에서 '무상이기 때문에 고(苦, 死)가 생기는 것'은 '무상이기 때문에 고(苦, 死)가 소멸하는 것'으로 전환한다. 역류하는 무상의 바람이 지나가고 있다.

쿠시나라(붓다의 죽음)

　장마 직전 델리 공항에 내리면 숨 막힐 듯한 습한 공기가 전신을 감싼다. 오스트리아 빈에서 스위스를 경유하여 들어오면서 본 인도의 인상은 충격적이었다. 낮인데도 공항의 창문이란 창문은 모두 깜깜하다. 사람들이 창문에 착 달라붙어 있다. 명태 눈과 같은 멍한 눈동자는 마중과 배웅을 위해서 온 것이 아니라는 것을 보여준다.
　델리 주차장 육교는 몸을 움직일 수 없을 정도다. 길 한쪽 구석에서 한 아이가 죽은 듯이 자고 있다. 아니, 사실은 죽었는지도 모른다. 파리가 꾀어들고 있다. 엄마가 손을 내민다. 그다지 관광객처럼 보이지 않는 어떤 남자가 다가왔다.
　"그렇게 해서 돈을 벌 수 있느냐?"
　그렇지만 카스트가 지배하는 세계에서 그렇게 해서라도 돈을 받지 않으면 어떻게 그녀가 자기 자식이 죽어가는 데 저항할 수 있겠는가?
　숯처럼 딱딱하게 굳어버린 '옥수수'를 태우며 꼼짝도 하지 않고 앉아 있는 어린 형제, 형이 맨손으로 소금을 비비자 더 시커멓게 되었다. 거의 먹을 수 있는 음식 맛이 아니다. 그렇지만 형제의 눈은 아첨하는 눈빛을 전혀 보이지 않는다. 검게 빛나는 그 눈은 희미하게 "그대들은 죽어가고 있다는 것을 알고 있는가"라고 말하고 있는 것 같다.
　사리를 입고 씩씩하게 걸어가는 학생 같은 아가씨, 먼지 하나 없는 순백색 셔츠를 입고 있는 돈 많아 보이는 남자, 그들은 초엘리트들이다. 분노가 치밀어 오른다. 그렇지만 나도 같은 부류 아닌가. 왜냐하면 어떠한 것도 할 수 없기 때문이다. 여기에서는 위선 등이 산산조각난다. 모든 것이 직시되고 있다.

돌연 내 시야에서 혼란이 사라졌다. 육체가 썩어가고 눈이 뭉개진 노인이 나에게 매달리고 있다. 한순간 겁이 났다. 정신을 차리자 군중과 함께 나는 도망가고 있었다. 나는 그 무엇도 할 수 없었다. 그렇다면 어떻게 해야 좋을까. 40도를 오르내리는 땡볕의 죽음과도 같은 공기, 일체가 불타고 있다. 불타오르는 번뇌 속으로 흔들리며 걷고 있었다.

"다람살라로 돌아간다면 붓다께서 임종하신 땅, 쿠시나라(현 쿠시나가라)에 가보아야지"라고 말했더니 토운 칸은 진심으로 걱정하는 것 같았다. 너무나 진지하게 내 몸을 걱정했기 때문에 나는 문득 죽을지도 모른다는 생각이 들었다. 우기에 단신으로 인도를 여행하는 것은 상당히 위험하다. 이르는 곳마다 홍수나 전염병이 발생하고 있었다. 그 당시 시크교도가 테러를 일으켜 매일같이 사망자가 속출하였다. 실제로 네팔에서 갠지스강까지 가는 길에 트럭을 탄 도적에게 습격을 받아 간신히 죽음을 모면한 적이 있었기 때문에 어이없이 사체가 되어버리는 것도 놀라운 일은 아니었다.

쿠시나라! 어떻게 말해야 좋을까. 아직 한 번도 가본 적이 없는데도 그 이름은 늘 귓전을 맴돈다. 고향과도 같은 떨림을 가진 지명, 델리 버스터미널의 혼잡 속에서 우리는 헤어졌다. 다시는 토운 칸을 만나지 못할지도 모른다. 우리들은 굳게 악수를 나누었다. 쿠시나라를 방문하는 것, 그것이 이번 여행의 마지막 목적이었다.

붓다는 그 땅에서 어떻게 돌아가셨을까? 쿠시나라에서 붓다의 죽음은 2천 수백 년의 시공을 초월한다. 승원에서 약간 떨어진 곳에 연꽃이 겹쳐 있다. 붓다께서 다비에 누우신 흔적이라고 한다. 우기인 6월의 대지는 주위 한 면이 비로 뿌옇게 되어 순식간에 발밑에 있는 풀을 적셨다. 쿠시나라에 내린 비는 저 델리에서 보았던 '견딜 수 없을 정도의 삶과 죽음의 괴로움'을 조용히 흘러가게 해주었다. 싱싱하고 푸르른 초목이 나를 감쌌다. 여기서 붓다는 돌아가셨다. 붓다의 최후의 여행을 기록한 『마하빠리니빠나』(Mahāparinibbāna, 大般涅槃經, 中村元 역)는 다음과 같이 전한다.

그런데 세존께서는 대장장이 아들 춘다가 바친 음식을 드시고는 심한 병이 일어나 붉은 피가 섞인 설사를 계속하여 죽음 직전의 격렬한 고통이 발생했다. 세존은 실로 바르게 생각하시고서 마음을 안정시켜 괴로워하시지도 않고 그 고통을 감내하셨다. 그런데 세존께서는 젊은 아난다에게 다음과 같이 말씀하셨다. "자아! 아난다여, 우리는 쿠시나라로 가자."

붓다, 그 분조차 죽음의 고통은 있었던 것이다. 한 사람의 인간으로서 그 고통을 감내하는 모습에 슬프기까지 한 친밀감을 느끼지 않을 수 없다. 붓다는 젊은 아난다에게 "피로하다"고 하셨고 또한 "물을 마시고 싶다"라고 말씀하셨다.

그 뒤 세존께서는 길에서 물러나시어 한 그루 나무 아래로 가셨다. 가까이 가신 뒤에 젊은 아난다에게 말씀하셨다.
"아아! 아난다여. 너희들은 나를 위해 네 겹으로 외투를 접어 깔도록 하라. 나는 피로하다. 나는 눕고 싶다."

"아아! 아난다여. 물을 가져다 다오. 나는 목이 마르다. 물을 마시고 싶다."

춘다는 눈치를 챘을지도 모른다. '저 분은 독을 마신 것이다.' 세존께서는 자신의 고통을 감내하면서 춘다의 괴로움을 염려하셨다. 그것은 죽음이 삶으로 전환하는 한순간이다.

누군가가 대장장이 아들 춘다에게 후회의 염을 일으키게 할지도 모른다. 아난다여! 대장장이 춘다의 후회의 염은 이와 같이 말하여 제거하지 않으면 안 된다. "벗이여! 수행 완성자는 최후의 공양음식을 드시고 돌아가셨기 때문에 그대에게는 이익이 있고, 큰 공덕이 있다. 벗 춘다여! 이것을 나는 직접 세존으로부터 삼가 들었다."

붓다께서는 당신의 죽음을 앞두고 다음과 같이 말씀하셨다.

아난다여! 베살리는 즐겁다. 차하라 신령스러운 나무의 땅은 즐겁다.

가만히 죽음을 예감하신 붓다는 자신의 고향을 향하여 곧장 쿠시나라로 향한다. 거리나 사람이나 나무들 하나하나가 그의 눈을 즐겁게 하였다. 더없이 소중한 한순간 한순간의 밝은 섬광, 죽음을 직감한 그분에게는 살아 있는 모든 것, 즉 슬픔까지도 무한히 좋은 것이 되었던 것이다.

아아! 아난다여. 나를 위해 이 한 쌍의 사라나무(사라쌍수) 사이에 침상을 준비하거라. 머리를 북쪽으로 향하도록 하거라. 아난다여! 나는 피로하다. 눕고 싶다. ……아난다여! 너희들은 수행완성자의 유골의 공양(숭배)에 관여해서는 안 된다. 아무쪼록 너희들은 바른 목적을 위하여 노력하라. 바른 목적을 실천하라. 바른 목적을 향하여 게으름 피우지 말고 부지런히 전심전력하라.

붓다의 죽음은 사후 유골이나 불탑(stūpa) 속에 있지 않다. 죽음은 존재가 아니라 '비재'이기 때문이다. 붓다는 시간 속에서 돌아가셨다. 죽지 않으면 안 되었던 것이다. 그러나 '비재'로서 붓다 자신의 죽음은 거기에 없다.

이 세상에 살아 있는 일체의 것들은 결국 신체를 버릴 것이다. ……만들어진 것은 실로 무상하며, 생겼다 소멸하는 것은 정해진 것이다. 태어난 것은 소멸한다. 이들의 휴식이 안락이다. ……마음을 안주한 사람은 이미 호흡이 없었다. 욕망을 떠난 성자는 휴식에 도달하여 돌아가신 것이다. 겁 없는 마음을 가지고 고통을 감내하셨다. 마치 등불이 소멸하는 것과 같이 마음이 해탈한 것이다.

앞에서 본 바와 같이 '이들의 휴식'이란 '무상의 세계가 소멸한 뒤의 영원한 안락'을 의미하는 것이 아니다. '삶'과 '죽음'을 분리하는 허구를 '무상화하는 것' 이외에 '완전히 깨달은 세계'나 '불사의 영원한 세계'가 있는 것이 아니다. 그렇지만 후대 많은 대승불교는 거기에 '불사의 영원성에 대한 서원'을 읽고 있다. 경전을 쓴 사람은 붓다의 죽음을 '휴식에 이르신 것이다'라고 읊고 있다. 그때 쿠시나라에서는 비가 조용히 초록색 나뭇잎을 적시고 빛나는 물방울이 되어 방울져 떨어지고 있었던 걸까? 아니면 나뭇잎 사이로 비치는 햇빛이 밝게 초록의 대지를 물들이고 있었던 걸까?

모든 상까라(존재로서 형성되고 있는 것, 존재의 형성력)는 소멸한다. 그렇기 때문에 마음을 집중하여 노력하라. (『마하빠리니빠나경』, 앞의 책)

제1장

질주하는 다르마끼르띠

제1장
질주하는 다르마끼르띠

무상은 증명되지 않으면 안 된다

무엇을 주장하든지 적어도 그것이 철학인 한에 있어서는 논리적인 정합성이 없으면 안 된다. 그리고 그 철학이 사용하는 논리는 인식론적 반성과 기초를 결여해서는 안 된다. 그렇지 않다면 그 주장은 광신적 절규이거나 단순한 착상에 의해 떠오른 잡담으로 끝나버릴 것이다. 간단하게 지금 '모든 것은 무상이다' 라고 주장하기 전에 '무엇 때문에 무상인가' 라는 것을 증명해야 한다.

무상·순간적 존재(찰나멸), 그것을 논리적으로 증명하기 위해 필생의 노력을 기울였던 다르마끼르띠, 아마도 현장(玄奘, 600~664)이 나란다를 떠난 뒤 주목을 받았던 다르마끼르띠의 주요 텍스트는 한 권도 한역되지 않았다. 뒤에서 상세하게 기술하는 바와 같이 '무상의 증명'이라고 하지만, 다르마끼르띠가 말하는 무상은, 존재의 지속이 중단된 '죽음'의 고뇌라는 의미에서 말하는 소극적인 무상이 아니라, 역으로 무상이기 때문에 깨달음의 순간이 가능하게 된다는 의미에서 말하는 적극적인 무상이다. 존재는 일정 기간 지속할 수조차 없다. 그것은 한순간도 자기동일성을 보존하면서 머물지 않는다. 그렇기 때문에 그 순간적 존재성은 존재의 약동하는 생동성을 가능하게 하는 것이다. 존재의 생동성을 가능하게 하기 위해서 존재는 순간적으로 소멸해야 한다. 이와 같이 초기불교에서 나타나는 무상의 의미는 다르마끼르띠에게 있어서 순간적 소멸성·순간적 존재성으로 변환되고 있다. 이것은 당연히 '죽음'의 의미에 결정적 전환을 가져오게 했다.

인도 철학사상, 특히 그 인식론적 논리학에 있어서, 히말라야에서 유달리 밝게 빛난 거성(巨星) 다르마끼르띠. 7세기 이후의 인도철학은 다르마끼르띠라는 거성을 둘러싸고 나선을 그리면서 회전하게 된다. 다르마끼르띠의 철학은 이후 불교논리학의 사상적 전개 방향을 결정지음과 동시에 다른 학파에 충격을 주고 격렬한 논쟁을 야기했다. 그와 그의 주변을 둘러싸고 있는 불교논리학자들을 빈의 석학 고(故) 후라우왈너(E. Frauwallner, 1898~1974) 박사는 '불교논리학·인식론학파'라고 명명했다. 이 분야의 연구는 비교적 새롭다. 따라서 독자 중에는 다르마끼르띠의 이름을 처음 듣는 분도 계실지 모르겠다. 일반적으로 인도의 사상적 풍토는 『리그베다』(Ṛgveda)의 신들에 대한 찬가나 『우빠니사드』(Upaniṣad)의 비의적 전승이나 요가의 신비적 직관이 주류를 점한 것으로 소개되며, 티베트 불교도 한때 밀교 열풍도 있어, 비논리적 직관의 측면만이 강조되어 알려진 것 같다. 그러나 불교라는 사상 경위는 통상적으로 말하는 '신들린 것과 같은 신비적 계시종교'를 부정하는 것이다. 인도 사상계에서 불교는 오히려 아웃사이더였다. 거기에는 현대의 논리학이나 인식론·존재론에 필적하는 전통이 생생하게 살아 흐르고 있다. 그것은 우리가 알고 있는 협의의 논리학이나 인식론·존재론, 나아가 심리학이나 종교의 범주를 초월하여 우리의 삶과 죽음에 직접 관련을 맺고 있다. 그것은 현재 너무나 세분화된 분야의 프레임(frame)을 넘어서 있는 것이다. 가령, 신의 존재를 전제하는 학파도 '신의 존재 논증'에 논리적 노력을 기울이며, 이론적 무신론과 격렬한 논쟁을 반복해왔다. 인도에서 인식론적 논리학의 연구가 진전됨에 따라 그와 같은 철학적 조류 가운데 다르마끼르띠가 인도 철학사에서 결정적 역할을 담당했다는 것, 그것이 차례로 해명될 것이다.

그런데 다르마끼르띠의 난해한 텍스트에 대해 문헌학적 비판이나 번역이 급속하게 이루어지고 있기는 하지만 아직 완료된 상태는 아니다. 이런 상황에서 다르마끼르띠의 철학을 말하는 것은 상당한 위험을 초래할 수도 있을 것이다. 무모하다고 말할 수 있을지도 모르겠다. 그렇지만 이 책은 인도철학 일반에 대한 개설서가 아니며, 또한 다르마끼르띠에 관한 학술적 소개서도 아니다. 오히려 이 책은 '순간적 존재'를 둘러싸고 있는 '철학적 모험'이 목적이다. 말할 필요도 없이 텍스트의 번역은 현재까지 이루어진 많은 연구자들의 성과에 토대하고 있지만, 가능한 한 나 자신의 언어로 번역하고자 했다. 힘이 닿는 한 최선을 다하여 설명하려고 했다. 그러나 태어나면서부터 신중하지 못한 성격이고, 옳다고 생각한 것은 과격하게 밀어붙이는 편이기 때문에, 터무니없는 오해를 하고 있을지도 모른다는 것에 대해 미리 양해를 구하고 싶다.

먼저 교과서식으로 다르마끼르띠의 프로필을 소개하려 한다. 다르마끼르띠는 인도의 사상계에 그치지 않고 티베트 불교에서도 가장 주목을 받고 있다. 그의 저작 가운데 하나인 티베트어역의 전기에는 다음과 같은 기록이 있다.

> 디칸(추다마니, 동쪽 디칸의 쵸다·초라라고 추정된다) 가문에 태어나 (불교 이외의) 모든 사악한 책들의 오류를 크게 파헤쳐 전 세계에 명성을 떨친, 위대한 성자로서 (다른 어떤 사람과도) 견줄 수 없는 다르마끼르띠. (戶崎宏正『불교인식론의 연구』상)

또한 티베트의 뿌똥(Bu-ston, 1290~1364)이 쓴 『불교사』(Chos-hbyun)는 다음과 같이 기술하고 있다.

> 남인도 추다마니국의 바라문 가문에서 태어나 어린 시절 문법학을 배웠다. 숙부인 꾸마릴라의 고행의(苦行衣)를 훔쳐서 추방되었다. 그 뒤 불교에 귀의하였다. 특히 디그나가의 『쁘라마나사무짜야』를 직계제자 이슈바라세나에게 배우고 그 주석을 쓰도록 권유받았다. 그 뒤 변장하여 꾸마릴라 부인의 하인이 되어 꾸마릴라 학설의 깊은 뜻을 그 부인을 통해 배웠다. 그리고 여러 나라들을 편력하고 우드푸라푸슈파왕의 궁전에 이르러 왕의 보호를 받으며 인식론적 논리학서 7부를 저술하였다. 또한 『쁘라마나바르띠까』제1장(추리론, 爲自比量)을 스스로 주석하였다. 다르마끼르띠의 논리학서들은 난해해서 이해하는 사람이 적었다. 또한 가끔 이해했다는 사람도 질투를 하여 그 책을 개의 꼬리에 매달았다. 또한 다르마끼르띠는 직계제자 데벤드라붓디에게 『쁘라마

나바르띠까』의 주석서를 쓰라고 명하였다. 하지만 데벤드라붓디가 쓴 주석서는 단순히 축어적인 것이어서 다르마끼르띠는 다른 어느 누구도 자신의 논리학을 바로 이해하지 못하고 있다고 한탄하였다. (三枝, 松本他『인도불교인명사전』참조)

또한 따라나타(Taranatha, 1575~?)의『인도불교사』(rGya-gar-chos-hbyun, 1608년에 완성)는 다르마빨라(Dharmapāla, 護法, 530~561경)에게 출가했다는 것, 외도인 꾸마릴라(Kumārila, 7세기)와 샹까라(Śaṅkara, 700~750년경, 中村元 설)를 논파했다는 것을 추가했다. 다르마빨라나 샹까라의 연대가 겹치지 않는 것에서 보아도 이들 티베트 역사서의 기술을 그대로 믿을 수는 없다. 하지만 위의 자료 이외에 달리 자료를 삼을 만한 것은 전무한 실정이라고 해도 과언이 아닙니다. 또한 이것만을 읽고서 다르마끼르띠를 이해했다는 사람은 수능시험의 해답을 쓰고 있는 것이 아닌 한 아직 없다고 할 수 있을 것이다.

결국 우리는 다르마끼르띠 자신의 텍스트에 준해서, 아래 장에서 기술하는 바와 같이 상당히 복잡하고 이해하기 어려운 인식론이나 논리학의 문제를 해결하지 않으면 안 된다. 다만 여기서 기술하고 있는 것처럼 그가 학파나 권위를 추종하지 않고 비판적 철학을 견지하고 있다는 것, 또한 그의 철학은 비의적인 것이 아니라 논리학을 기저로 함으로써 공개성을 가진 것임은 텍스트를 실제로 읽어보면 실증할 수 있을 것이다. 〔또한 베다의 절대성과 초월성을 주장하는 미망사 학파의 거장인 꾸마릴라와 사상적으로 대결했던 것은 확실하지만 그 사상적 연대기의 선후관계는 현재 시점에서 결정하기가 어렵다. 또한 데벤드라붓디 (Devendrabuddhi, 630~690경)의 해석은 그 텍스트를 실제로 읽어보면 단순한 축어적 주석서가 아님이 분명하다. 데벤드라붓디의 주석서는 뒤에서 기술할 유형상유식파의 관점에서 『쁘라마나바르띠까』를 주석하고 있다고 보인다.]

그런데 '무엇 때문에 모든 존재는 무상인가'를 증명하려는 다르마끼르띠의 '인식론적 논리학'이란 어떠한 것인가? '무엇을 어떻게 인식하고 어떻게 증명하는가?'라는 것에 관해서, 그 진리성의 결정기준을 부여하는 것을 인도철학의 전문용어(technical term, 術語)로는 쁘라마나(pramāṇa)라고 한다. 산스끄리뜨(sanskrit)어의 쁘라마(pramā)는 헤아리는 것, 기준으로 하는 것을 의미한다. 이 책에서는 현재 인도철학 학계에서 일반적으로 사용하고 있는 용어인 '인식근거'를 '쁘라마나'의 번역어로 채택하고자 한다. (그 밖에 '인식방법', '인식수단'이라는 번역어가 있다.) 왜냐하면 쁘라마나는 현대의 협의의 논리학 이외에 의미론(semantics)으로서 대상과의 관계나 논리적 정합성의 결정문제와, 어떠한 인식방법·수단에 의해서 결정하는가, 라는 인식론을 포함하고 있기 때문이다. 따라서 '인식근거'라는 번역어는 광의로는 논리학과 인식론을 포함하고, 협의로는 논리 그것을 기초지우는 결정기준으로서의 인식론을 의미하는 것이다.

다르마끼르띠는 초기의 주저인 『쁘라마나바르띠까』(量評釋, 인식근거의 비판적 해석)에서 인식근거(쁘라마나)를 '정합성을 가진 것'과 '새로운 대상을 밝히는 것'이라고 이중으로 정의 내린 뒤 붓다를 쁘라마나라고 간주한다. '정의'에 관해서는 뒤에서 상세하게 검토하겠지만 지금은 쁘라마나가 어떠한 것인가를 살펴보기 위해 여기서 붓다의 기본적 입장을 재확인해둘 필요가 있을 것이다. 나카무라 하지메(中村元) 박사는 불교의 기본적 입장으로서 최초기의 텍스트에서 다음과 같은 구절을 제시하고 있다.

> 어떤 사람들은 '진리다, 진실이다' 라고 말하는 바를 다른 사람들은 '허위다, 허망이다' 라고 말한다. 이와 같이 그들은 다른 집착된 견해를 품고 논쟁한다. 무엇 때문에 사람들은 여러 길을 가며, 동일한 것을 말하지 않는 것일까? (『수따니빠따』, 883)

붓다 당시에는 62개 견해가 서로 대립하고 있었다고 하지만, 이 텍스트에 의하면 그와 같은 다양한 사상유형에 대해서 불교가 63번째 견해를 주장한 것은 아님을 알아야 한다. 오히려 붓다는 그에 대해 일정한 거리를 두고 비판하고 있다. 그는 그 견해를 메타 차원(meta level)에서 비판적으로 보고 인식론적 반성을 부가하고 있다. 메타 차원이라는 것은, 가령 같은 한국어라고 해도 국어사전에 있어서 '대상이 되는 언어'를 설명하는 '높은 단계의 언어'와 같은 것이며, 지금의 경우 어떤 인식을 성립하게 하는 시각을 비판적으로 인식하는 '높은 단계 차원의 인식' 이다. 일반적으로 견해는 일정한 시각(지평·각도)으로 이루어진다. 자기의 견해에 대한 고집은, 그것을 모든 각도에서 이루어진 것처럼, 자신도 알아차리지 못하는 순간에 슬쩍 바꾸어버리는 것에 기인한다. 가령『우다나』(Udāna, 自說經 또는 感興偈)에는 다음과 같은 유명한 이야기가 있다.

> 사밧띠왕이 그 나라에 살고 있는 장님을 모두 모아 코끼리를 만지게 하고 코끼리는 어떤 동물인가? 라고 물었다. 머리를 만져본 장님은 '코끼리는 병과 같습니다' 라고 답하였다. 발을 만져본 장

님은 '기둥과 같습니다' 라고 답하였다. 장님들은 '코끼리는 이러하다, 그것이 아니다. 코끼리는 이러한 것이 아니다, 그러한 것이다' 라고 주먹을 휘두르면서 말하였다. 붓다께서 말씀하셨다. '그와 마찬가지로 다른 여러 유파에 속하는 수행자들은 장님이어서, 입씨름을 낳고, 논쟁을 낳아 논란에 빠져 예리한 설봉을 가지고 서로 타인을 대질시키면서 허송세월하고 있다.' (『우다나』 4-4 中村元 역 참조)

여기에서 보면 조금 전 텍스트에서 암시되고 있는 '다르마(dharma, 法)를 본다' 라는, 깨달은 분이신 붓다의 '깨달음' 은 문자 그대로 눈이 열린다는 의미에서 메타 차원의 인식이다. 그것은 다른 견해와 같은 반열, 같은 차원의 고정적 견해가 아니다. 후대, 불교를 그 이외의 견해와 구별하기 위해서 법(法)으로서의 연기(緣起)를 기저로 하는 사법인(四法印, 三法印을 포함)이 정착된다. 이것은 주지하는 바와 같이 제행무상(諸行無常)・제법무아(諸法無我)・일체개고(一切皆苦)・열반적정(涅槃寂靜)이다. '모든 형성된 것은 무상이다(諸行無常)' 라는 것과 '모든 다르마는 실체가 없다(諸法無我)' 라는 두 법인은 불교의 가장 중요한 논리적 근거이며, 그것은 '모든 것은 고다(一切皆苦)' 라는 것으로부터 고뇌가 적정하여 열반이라는 '자유로의 해탈(涅槃寂靜)' 을 가능하게 한다. 위에서 기술한 기본적 입장에서 보면 이것을 도그마(dogma)로 고정하는 것은 허용되지 않을 것이다. '무상' 이나 '무아' 라는 의미는 이미 기술한 것처럼 결코 자명한 것이 아니다. 그것이 '최기저어' 인 한 그 이상의 기저적인 언어로 정의할 수 없기 때문이다. 그것은 항상 그때마다 고착된 도그마화를 해체하기 위해서 철학적(비판적)으로 고찰되지 않으면 안 된다. 그렇지 않으면 자주 보여 왔던 것처럼 불교라는 것이 독단적으로 고정되고 간단하게 권위와 결부하게 된다. 이것은 인식 그 자체를 기초지우는 '인식근거' 그것에 관해서도 말할 수 있을 것이다.

비트겐슈타인(L. Wittegenschtein, 1889~1951)은 죽기 직전에 남긴 『확실성의 문제』라는 책에서 "모든 것을 의심하려고 하는 사람은 의심하는 그 지점까지는 이를 수 없다. 의심하고 있는 것 자체를 의심하지 않으면 안 되기 때문이다. ……따라서 우리들은 우선 어떤 것을 의심할 수 없는 것으로 고정해서 고찰하지 않으면 안 된다"라고 말한 뒤에 다음과 같이 통찰한다. "움직이지 않는 것은 그 자체를 확실하고 명료하게 파악할 수 있기 때문에 부동(不動)인 것이 아니라, 그 주변에 있는 것에 의해서 고정되어 있는 것이다"라고. '근거 그것'은 주변의 존재로부터 단절되어 존재하고 있는 것이 아니다. 불교적으로 말하면 어떠한 존재도 연기(緣起)에 의해서 구축됨과 동시에 연기(緣起)에 의해서 해체된다. 일찍이 헤겔(F. Hegel, 1770~1831)은 칸트(I. Kant, 1724~1804)의 방법론을 "물에 들어가지 않고서 수영하는 법을 배우는 것"이라 비판했다. 이런 의미에서도 인식근거 그것은 항상 비판적으로 고찰되어야 한다.

다르마끼르띠는 놀랍게도 "쁘라마나는 무상이다"라고 말한다. 통상, 진리의 기준으로서 부동의 존재로 간주되는 기준 그것을, 그는 '무상'이라고 말한 것이다. 여기에서 다르마끼르띠의 인식론적 논리학이 가지는 최대의 특징을 볼 수 있다. 끊임없이 그 자신을 차이화하는 인식근거에 의해서 그는 어떤 특정한 학파의 권위에 머물지 않고, 시점을 개입시킴으로써 텍스트의 콘텍스트(문맥)를 전환시켜 도그마를 해체한다. 여기에 이르면 대개의 경우 텍스트를 앞에 두고 그것을 읽는 사람이 은연중에 전제하고 있는 텍스트의 자기동일성, 작자의 자기동일성, 또한 장르의 자기동일성은 해체된다. '무상한 존재', 그리고 그의 동기(lightmotive)가 이 책의 귀결과 같이 '순간적 존재성'이라고 한다면, 그것은 '자기 자신을 차이화하는 것'을 의미한다. 그러한 한 다르마끼르띠는 항상 자기 자신을 그때그때 차이화하고 있다.

   논리가 전제하고 있는 대상의 '자기동일성'은 시간성이라는 '자기차이성'에 의해서 파괴된다. 다른 한편 '시간성의 자기차이성'을 증명하는 것은 논리를 떠나서는 불가능하다. 이 이율배반(antinomy)을 낳는 논리와 시간성 사이의 심연은 '순간적 존재성' 논증의 문제에서 주제화된다. 인식근거의 순간적 존재성은 지금의 인식근거 자신에 기초한 논리에 의해서 증명되어야 한다. 다르마끼르띠는 과감하게 그 자신을 '논리와 시간성'의 경계선상에 세우고 있는 것처럼 보인다. 그렇기 때문에 부단히 자기 부정에서 눈을 떼지 않는, 위기적인 철학적 고찰이 전 저작에 통주저음(通奏低音)이 되어 일관하고 있다.

인도논리학(인식론적 논리학, Pramāṇavāda) 개괄

   여기서 인도논리학사 전반을 기술할 수는 없지만, 그 대강을 주로 후라우왈너, 카지야마 유이치(梶山雄一) 박사, 카츠라 쇼루(桂紹隆) 박사의 연구 성과에 다소의 사견을 첨가하여 묘사하고자 한다. '쁘라마나'에 두 개의 측면이 있다는 것은 이미 기술했다. 토론이나 변론에 있어서 주장에 모순이나 오류를 범하는 논란 등을 배제하는 논리적 정합성의 문제와, 그와 같은 논리를 메타 차원에서 기초지우는 인식론의 문제다. 그와 같은 논리적 정합성의 문제는, 이미 기원전 4세기에 까우틸리야(Kauṭilya)가 쓴 『실리론』(實利論, Artha śāstra)의 탄트라 · 유크티, 2세기 전반에 『짜라까상히따』(Carakasaṃhitā) 등의 논쟁에서 정립논증(demonstration)과 반대논증(counter demonstration)의 토론술에서 볼 수 있다.

한편 불교 중관파의 나가르주나(Nāgārjuna, 龍樹, 150~250년경)는 『방편심론』(方便心論), 『광파론』(廣破論, Vaidalya prakaraṇa) 등에서 새로운 반대논증으로 쁘라상가(prasaṅga, 귀류법)를 내세워 정통파 논리학임을 자임하는 니야야학파를 공격했다. 쁘라상가라는 것은, 반론자의 의견을 다시 가정적으로 수입하는 과정에서 거기에 모순을 지적함으로써 반론자의 의견을 부정하고, 거기서부터 간접적으로 자기 의견의 정당성을 주장하는 것이다. 카지야마 유이치 박사는 『방편심론』을 지금까지 고찰해왔던 '논리학서'가 아니라 불교도가 쓴 반논리학서(Anti Logics)로 파악했다. 한편 니야야학파는 그 쁘라상가를 『니야야수뜨라』(Nyāyasūtra)에서 '잘못된 논란'이라 보고 있다. 그러나 쁘라상가의 충격은 논쟁으로서 논리의 기저를 흔들어, '인식론에 의한 기초지움'의 문제를 발생시켰던 것이다.

다른 한편, 이미 각 학파는 각각 자기 학설을 정당화하기 위해 인식근거(인식방법 · 쁘라마나)를 가지고 각각의 도그마(독단적 교의)를 논리적으로 기초지우고자 하였다. 다만 그 인식근거 그것에 각각의 사상체계의 전제가 개입되어 있기 때문에, 논리학 그것은 보편성을 지향하고 있음에도 불구하고, 공통의 인식근거를 갖기에는 이르지 못했다. '어떠한 것을 인식근거로서 인정할 수 있는가? 어떤 인식근거가 인식근거 자신에 의해서 독립적으로 결정되고, 어떠한 인식근거가 타율적으로 결정되는가?'라는 문제에 관해서도 각 학파는 인도논리학의 최종단계에 이르렀음에도 불구하고 끝내 통일된 의견을 제시한 적이 없었다. 각각의 사상가들은 공통의 언어와 공통의 형식논리에 근거해서 서로 상대를 논파할 수 있다고 생각했지만, 기저에 있는 인식근거가 달랐기 때문에 전혀 생산적인 논의가 되지 못했다. 이것은 오늘날 우리도 자주 경험하는 바이다. 그러나 이 문제가 '이따금 일어나고, 주의를 기울이면 피할 수 있는 것'은 아니다. 문제는 그렇게 낙관적이지 않다. 아마도 이것이 대화나 논의의 숙명일 게다. 그리고 얄궂게도 이와 같은 '근본적 오해'에 근거해서 사상비판이 이루어지고, '공백의 근거'를 둘러싸고 사상은 화려하게 전개되고 있다.

가령 유물론자인 짜르바까(Cārvāka, 로카야타)는 지각(pratyakṣa, 現量)만을 인식근거(pramāṇa)로 인정한다. '감각된 물체만이 실재이며 추론 등은 허구다'라는 것을 증명하기 때문이다. 그것에 대해서 '베다의 언어와 그 지시(의미) 대상의 결합관계'의 절대성과 영원성을 주장하기 위해서 바라문계 학파는 지각(pratyakṣa, 現量)과 추론(anumāna, 比量) 이외에 공통적으로 '증언(śabda, 聖言量)'을 인정한다. 또한 니야야(Nyāya)학파는 그것을 일상성 차원의 언어로 확장하기 위해서 '비정(比定, upamāna, 比喩量, 類推)'을 추가한다. 한편 미망사(Mīmāṁsā) 학파의 쁘라바까라(Prabhākara Miśra, 7세기)파는 베다를 확장해석하기 위해 더 나아가 '요청(要請, arthāpatti, 依準量)'을 추가하며, 밧따(Kumārila Bhatta, 8세기)파는 다른 학파의 존재론을 배제하기 위해 '비존재(非存在, abhāva, 不存量)'를 추가하여 합계 6종의 인식근거를 제시하고 있다. 따라서 지각과 추론만을 인정하는 초기 바이세시카학파와, 그 이외에 '증언'을 인정하는 미망사학파 사이에 음성(언어)의 항상성과 무상성을 둘러싼 격렬한 논쟁이 있었다고 해도, 양자 사이에는 '베다의 음성(언어)'과 '허공의 속성으로서의 음성(언어)'이라는 주제에 결정적 차이가 있는 한, 실질적으로 논의는 서로 맞물리지 못하고 평행선을 달렸던 것이다. 또한 이 경우 바이세시카학파가 주장하는 '무상성'은 기저에 항상한 실체를 가진 변화이며, 불교의 무상성과 결정적 차이가 있다는 것은 말할 필요도 없다. 나아가 가령 지각을 공통의 인식근거로서 인정한다고 하더라도 '지각순간이 동시에 개념구상을 동반하고 있는가' 그렇지 않으면 '그 지각순간이 완전히 개념구상을 배제하고 있는가'라는 것처럼 지각판단의 처리 방식에 따라서 인식론은 나누어진다. 이와 같이 인식근거가 학설을 결정하는 것이 아니라, 도그마로서의 학설이 역으로 인식근거를 결정한다고 하는, 전도된 착각이 보이는 것이다.

  우리들이 경험할 수 있는 지각과 추론 이외에 베다나 학설 창시자의 말씀의 절대성을 그대로 인식근거라고 한다면 특정한 형이상학이 모든 것에 우선하게 된다. 그 경우 중세 유럽의 신학과 같이 논리학은 그 형이상학의 어용학문에 만족하지 않으면 안 될 것이다. 그러므로 불교논리학의 종조(宗祖)라 할 수 있는 디그나가(Dignāga, 陳那, 480~540)는 인식근거를 지각과 추론 두 가지만으로 한정하였다. 이것은 인식론적 논리학의 형성으로서는 특필해야 할 탁견(卓見)이다. 이렇게 하여 증언과 비정(유추)은 추론 속에 해소되어 독립성을 잃는다. 그러나 그렇다고 해도 디그나가의 인식론은 뒤에서 보는 바와 같이 불교의 유형상유식파의 사상을 근거로 하여 구축되었다. 그에 의하면 지각과 추론은 구별된다. 지각은 '언어'에 의해서 표시되는 개념구상으로부터 완전히 떠나 있다. 그것은 지금 여기 한번뿐인 순간적인 '독자상(svalakṣaṇa)'을 대상으로 한다. 이것에 대해서 추론은 '일반상(sāmānyalakṣaṇa)'을 대상으로 한다. 다음 장에서 상세히 설명하겠지만 디그나가에 의하면 추론을 구성하는 '언어'의 대상은 외계와는 관계없이 바로 그 언어 이외의 존재를 배제하는 한에서 설정되는 것이며, 외계의 실재에 대응하는 것이 아니다. 개념구상의 대상은, '타자의 배제(apoha)'에 의해서 구성되는 것이며 외계에 '보편'으로서 실재하지 않는 허구다. 여기서 베다 언어의 절대성과 바이세시카학파와 같이 언어의 지시대상의 실재를 근거로 하는 범주적 존재론의 거부를 확실하게 읽을 수 있다. 이렇게 해서 디그나가는 아포하 이론에 의해서 계시적인 신의 말씀을 일상언어 차원으로 끌어내렸다. '말씀'은 일상세계의 언어사용의 규약에 의한 언어게임의 시스템을 형성한다. 그는 그 시스템 안에 있는 유례의 조합으로부터 정합적인 논리적 필연성을 가진 추론 규칙을 추출했다. 이것은 이미 기술한 것처럼 획기적인 것이었다. 다만 거기에는 아직 그가 속한 불교의 유식론에 근거한 인식론과 토론술이 병존하고 있다. 왜냐하면 '무엇 때문에 그 특정 결합이 논리적 필연성을 가지고 있는가'라는 문제가 해결되지 않았기 때문이다. 이 문제의 해답은 다르마끼르띠의 출현을 기다리지 않으면 안 된다. 이것은 이 책 제5장에서 제시할 것이다. 다르마끼르띠는 메타 논리의 관점에서 '본질적 관계(svabhāva pratibandha)'라는 일종의 초월론적 규정을 도입하여 회답했다.

그는 마지막 저서 『바다니야야』(Vādanyāya)에서 "논쟁은 진리를 결정하기 위한 것이지 승부의 문제가 아니다. 인식근거에 의거하는 한 논쟁에서 오류론에 관한 니야야학파의 부대 규정은 불필요하다"라고 말하고 있다. 디그나가의 언어게임으로서 형식논리가 잔존하게 한 토론에서 승부의 규칙은, 다르마끼르띠에 의해서 완전히 불식되었다. 'x는 무상이다' 라는 것과 'x는 항상이다' 라는 것은 다른 언어 규칙으로서의 존재론 아래 동등하게 성립한다. 존재론에서 독립한 형식적 정합성은 적용영역에 준하여 완전히 반대의 결론을 도출할 수 있는 것이다. 다르마끼르띠 논리학의 주목할 만한 특징은 메타 논리로서의 인식근거에 있다. 토론술의 전통을 이끄는 '타인을 위한 추론(parārthānumāna, 논증)' 과 인식론에 의해서 기초지울 수 있는 '자기를 위한 추론(svārthānumāna, 추리)' 은 디그나가를 따라 장으로 나누고 있지만, 실질적으로는 여기서 처음으로 종합되었다고 말할 수 있다. 그와 동시에 다르마끼르띠에 있어서 토론술의 차원이었던 나가르주나의 쁘라상가(귀류법)는 인식근거에 의해서 기초지우고 나아가 '존재성으로부터 순간적 존재성을 추론하는 것' 이 가능하게 되었다. 쁘라상가는 이미 기술한 것처럼 반론자의 의견을 부정하고 그것으로부터 간접적으로 자기 의견의 정당성을 주장하는 것이기 때문에 적어도 입론자와 반론자 사이에 깊이 있는 커뮤니케이션을 성립하게 할 가능성을 가지고 있다. 입론자와 반론자가 각각의 도그마를 우선시킨 인식근거에 기초하여 주장하고 있다고 해도 그것은 각각 단순한 자기독백(monologue)으로 끝날 것이다. 쁘라상가는 그것을 해체하고 양자 사이에 놓여 있는 심연에 가교를 놓을 수 있는 논증 방법이다. 그와 동시에 다르마끼르띠는 쁘라상가를 자신의 인식론 내부에 기폭시킴으로써 인식론 그것을 생동화한다. 쁘라상가의 작열이 고정화하는 인식론 그것에 '틈'을 발생시켜 인식론 그것을 자기차이화하여 더 새로운 메타 차원을 창발하게 하는 것이다. 다르마끼르띠가 말하는 인식근거는 생동적 인식근거다. 따라서 그는 다음과 같이 말한다. "쁘라마나는 무상이다." 이에 의해서 각 학파의 고정적 인식근거를 상대화하여 공통의 논의영역(universe of discourse)을 개척하고 있다.

그러나 쁘라상가에는 난문(難問, 아포리아)이 있다. "쁘라상가는 상대의 주장을 부정할 뿐 그것으로부터 자기주장의 정당성을 증명할 수는 없는 것 아닌가?"라는 문제다. 다르마끼르띠 이전, 이미 중관파가 이 문제를 둘러싸고 갈라졌다. '쁘라상가는 상대의 주장을 부정만 할 뿐'이라는 쁘라상기까(prāsaṅgika, 귀류파)와, 쁘라상가를 인정하지 않고 모든 논증은 독립적 논증이 이루어지지 않으면 안 된다는 스바딴뜨리까(svātantrika, 독립논증파)의 대립이다. 다르마끼르띠는 이 양자를 종합할 수 있는 가능성을 '쁘라상가에서 독립논증으로의 논리적 전환'에서 구하고 있다. 과연 쁘라상가에서 반전하여 정규논증식으로 '쁘라상가비빠리야야(prasaṅgaviparyaya, 쁘라상가 환원식)를 도입하는 것이 가능하였을까? 다르마끼르띠는 '순간적 존재성'을 논증하는 마지막 저작에서 마침내 '쁘라상가 환원식'을 '반소증거척 인식근거'로 도입함으로써 이를 완성한다. 그러나 포스트 다르마끼르띠안(Post Dharmakīrtian)들은 각각 다른 관점에서 이 쁘라상가가 정규논증으로 전환하는 문제를 둘러싸고 격렬하게 대립했다. 그것은 후기불교논리학파의 분파에 있어서 결정적 역할을 담당하게 된다. 그들은 그들 나름대로 불철저하다고 생각되는 다르마끼르띠

텍스트의 부분을 더욱 정치하게 정합적인 이론으로 정착시키고자 하였다. 그렇지만 이것이 바로 다르마끼르띠의 약동하는 인식론적 논리학에서 그 생동성을 박탈해버린 것이라 할 수 있다. 이에 관해서는 뒤에 상세하게 기술할 것이다.

한편 다르마끼르띠의 주요 저작과 그 저작 순서에 관해서는 후라우왈너 박사가 연구한 뛰어난 성과가 있다. 후라우왈너 박사에 의하면 그의 저작은 다음 순서로 집필되었다.

(1) 『쁘라마나바르띠까』(Pramāṇavārttika, 量評釋, 인식근거의 비판적 해석)
(2) 『쁘라마나비니쉬짜야』(Pramāṇaviniścaya, 量決擇, 인식근거의 결정)
(3) 『니야야빈두』(Nyāyabindu, 正理의 一滴)
(4) 『헤뚜빈두』(Hetubindu, 論證因一滴)
(5) 『바다니야야』(Vādanyāya, 論爭의 論理)
(6) 『상반다빠리끄샤』(Sambandhaparīkṣā, 結合의 考察)
(7) 『상따나안따라싯띠』(Santānāntarasiddhi, 他者의 連續의 證明)

『쁘라마나바르띠까』는 디그나가의 『쁘라마나사무짜야』(量集論, 인식근거론 집성)에 대한 주석이지만 장의 순서에 문제가 있다. 그것이 주석이라면 논술 전개상 인식근거 일반이 서장이 되고 이어서 지각·추론·논증의 순으로 구성되어야 할 것이다. 그런데 다르마끼르띠는 '추론장'에만 자신의 주석을 붙여 그 추론장을 서장으로 하였다. 제2장은 인식근거(쁘라마나) 일반에 대한 정의와 붓다 자신이 인식근거라는 것을 증명하고 있다. 제3장은 지각(현량), 제4장은 논증을 테마로 한다. 이 장 순서의 문제에 대해서 후라우왈너 박사는 경탄할 만한 추리를 전개한다. 그 추리는 다음과 같이 요약할 수 있다.

디그나가의 『쁘라마나사무짜야』를 주석하기 위해, 이 『쁘라마나바르띠까』를 저술하기 시작했지만 다르마끼르띠 자신의 흘러넘치는 독창이 결국 그 주석으로서의 시도를 실패하게 하였다. 이 책은 주석으로서는 미완성인 채로 끝났다. 특히 결정적인 변경을 포함한 추론장의 주석은 뒤로 미루었다. 그리고 곧이어 주석을 단념했다.
그 대신 다르마끼르띠는 디그나가의 학설에 의존하지 않고 이미 완성되어 있었던 그 자신의 독창으로 이루어진 이러한 독립적 저서 『헤뚜쁘라까라나』를 제1장으로 하여 형식적으로 선치시켰던 것이다. 그렇지만 그것에 의해서 『쁘라마나바르띠까』는 전체적인 통일성을 상실했다. 그러므로 일반의 사상계에는 이해되지 않은 채로 끝나버렸던 것이다. 『쁘라마나바르띠까』 서두의 시구와 마지막 시구는 깊은 절망과 비분을 표명하고 있다. 이것에 의해서 그는 그와 같이 대담하게 계획하고 그와 같이 희망에 가득 차 시작했던 이 저작에 종지부를 찍었다. 이 실망이 그를 『쁘라마나비니쉬짜야』의 집필로 향하게 했다. 이 제2의 독창적 주저는 세련된 논리와 체계화를 겨냥하고 있다. 초기에 가졌던 약동하는 문제의식의 충만은 여기에 투철한 논리로 결정된다. 『니야야빈두』는 이 체계의 간단한 입문서다. 『헤뚜빈두』는 논증인에 관한 세 개의 새로운 해석에 최종적 해결을 제시한다. 『바다니야

야』에서는 논쟁에 있어서 패배의 근거 문제에 몰두한다. (原田和宗, 赤松明彦 교수의 번역·소개를 참조)

1954년에 기술되었음에도 불구하고 이 논문은 현재까지도 가장 신뢰할 만한 것이다. 또한 『상반다빠리끄샤』와 『상따나안따라싯띠』의 순서결정은 보류되고 있다. 박사의 학문적 성실함에 의한 것이라 생각한다. 전자는 '항상적 결합관계의 비판', 후자는 '타자의 존재증명' 이다. 이 '커뮤니케이션론'에 의해서 '잘못된 독아론(solipsism)'을 피하고자 하는 것과 타자에 대한 논증의 가능성을 확립하고자 했다.

다르마끼르띠의 텍스트에 관해서 그 뒤 방대한 주석서가 쓰였다. 그것들은 기본적으로는 다르마끼르띠에 준거하고 있지만 시점이 다르기 때문에 이차적이지만 새로운 문제를 발생시켰다. 그러나 이미 기술한 것처럼 그와 동시에 주석자의 불교 내부의 고착된 분파주의(sectionalism)가 다르마끼르띠의 약동하는 독창적 사상의 생동성을 상실케 하였다고도 말할 수 있다. 포스트 다르마끼르띠안의 사상적 연대기(chronology)는 티베트의 학파 계통사 등에 의해서도 여러 가지로 유별되고 있지만 아직까지 많은 텍스트가 해독되지 않고 있는 이상 결정적인 것은 말할 수 없다. 그렇지만 지금까지 연구자들의 성과와 나 자신이 실제로 텍스트를 공부하며 느낀 바로는 대개 세 개 그룹으로 나눌 수 있을 것 같다. 첫째 그룹은 데벤드라붓디(Devendrabuddhi), 샤키야붓디(Śakybuddhi, 8세기 전반) 등에 의한 유형상유식론(이것과 무형상유식론에 관해서는 뒤에서 상세하게 기술할 것이다)의 시점에서 볼 수 있는 주석군의 계열이다. 둘째 그룹은 쁘라즈냐까라굽따(Prajñākaragupta, 8세기말~9세기초), 야마리(Yamāri, 10~11세기), 지나(Jina, 10~11세기), 라비굽따(Ravigupta, 9세기~10세기) 등의 계열이다. 이것은 유형상유식과 중관적 경향을 보이는 시점에서 주석하고 있다.(마츠모토 시로 교수의 설을 참조) 셋째 그룹은 다르못따라(Dharmottara, 法上, 750~810) 등의 계열이며 무형상유식론의 시점에서 주석하고 있다. 〔또한 같은 계열 내에서도 미묘한 해석 차이가 있다. 까르나까고민(Karṇakagomin, 9세기경), 마노라타난딘(Manorathanandin, 10~13세기) 등은 절충적 주석을 하고 있다.〕 그 외에 직접 주석을 하지 않았지만 샨따라끄시따(Śāntarakṣita, 寂護, 725~783년경), 까말라쉴라(Kamalaśīla, 蓮花戒, 740~797)의 계통도 주목된다.

이 책에서는 뒤에서 문제 삼을 예정이지만 다르못따라와 쁘라즈냐까라굽따의 대립에 초점을 맞추어 '순간적 존재성 논증'에 관해서 라뜨나까라샨띠(Ratnākaraśnti, 11세기)는 셋째 그룹의 계열에 영향을 받고 즈냐나스리미뜨라(Jñānaśrīmitra, 980~1045), 라뜨나끼르띠(Ratnakīrti, 11세기)는 둘째 그룹의 계열에 소속하고 있음을 밝히고자 했다. 다르마끼르띠의 저작이나 위에서 기술한 주석서의 많은 산스끄리뜨 사본이 이미 소실되어버렸든가 혹은 아직 발견되지 않은 채로 있기 때문에 현재 연구의 대부분은 현존하는 티베트 번역에 기초해서 이루지고 있다. 또한 티베트에서도 쫑카파(Tsoṅ kha pa, 1357~1419)의 후계자, 게룩(dGe lugs)파의 케류샤프(Dar ma rin chen, 1364~1432) 등과 샤캬(Sa skya)파의 샤캬반디따 쿤가겔첸(Sa skya Paṇḍita Kun dga' rgyal mtshan, 1182~1251), 고람파(Go ram pa, 1429~1489) 등의 많은 주석서가 현존하고 있다. 다르마끼르띠의 텍스트는 난해하여 해독하기 위해서는 많은 주석서에 의존하지 않으면 안 되지만 주석에는 이미 일정의 해석이 전제되어 있다. 따라서 그 해석을 해체하고 역으로 다르마끼르띠로 소급하는 조작이 필요해진다. 다르마끼르띠의 텍스트를 다르마끼르띠 자신의 관점에서 읽는 것은 가능한가? 여기에도 앞에서 본 비트겐슈타인의 경고가 메아리치고 있다. "움직이지 않는 것은 그 자체가 확실·명료하게 파악되기 때문에 부동(不動)인 것이 아니라 그 주변에 있는 것에 의해서 고정되어 있는 것이다."

위에서 기술한 『쁘라마나바르띠까』 서두의 시구와 마지막 시구는 깊은 절망과 비분을 표명하고 있다. 거기에서 고투하는 철학자 다르마끼르띠를 볼 수 있다. 후라우왈너 박사의 독일어 번역에 의거하여 서두에 나오는 시구를 번역해보고자 한다.

> 많은 사람들은 저속한 것에 탐닉하여 진실하게 말하는 것을 무시하든가 아니면 질투하여 적의조차 보이고 있다. 그래서 나는 이 책을 다른 사람을 위해서 저술한 것이 아니라 진실하게 말하는 (디그나가의) 책에 지그시 마음을 쏟는 과정에서 주체하기 어려운 애정이 솟구쳐 어찌할 수 없이 이것을 (쓰는 것을) 열망하기에 이르렀던 것이다.

마지막 장 시구는 이 책에도 마지막 장이 어울릴 것 같아 말미에 번역해두었다. 이 두 시구를 보면 그의 독창적 철학은 다른 학파에게 이해되지 않은 채 공격만 받았을 뿐만 아니라 직계 제자조차 다르마끼르띠의 진의를 이해했다고 말할 수 없을 정도다. 혹은 그것에 대한 주석인 한 일정한 사상적 시점에서 이루어지지 않으면 안 되는 숙명

제1장 질주하는 다르마끼르띠 63

을 띠고 있음에 틀림없다. 물론 여기에서 다르마끼르띠 사상의 전모를 말할 수는 없다. 다만 그의 전 저작을 관통하는 것이 '순간적 존재(찰나멸)성' 논증이라는 것을 밝히려는 것이다. 당연히 이 '순간적 존재(찰나멸)성'이 무엇을 의미하고 있는가? 라는 것은 필자 자신의 철학의 시점에서 다르마끼르띠 사상의 핵심을 결정하는 것에 다름 아니다.

순간적 존재성

그렇다면 무엇 때문에 순간적 존재성이 다르마끼르띠 철학의 가장 중요한 과제였던가? 그 이유가 그가 쓴 텍스트의 표층에 직접적으로 나타나 있지는 않다. 후기 저작에서 문제되는 논증 사례가 '순간적 존재성 논증' 만으로 수렴되어간다고 볼 수 있다. 그러나 그 이유의 하나를 가장 선명하게 표명한 것을 샨따라끄시따의 텍스트에서 볼 수 있다.

> 혹은 지금까지의 노력은 (모두) 쓸모없는 것이 된다. 왜냐하면 일단 순간적 소멸이 증명되어버린다면 그것만으로 쁘라끄리띠 등의 존재는 거부되어버리기 때문이다. 따라서 이미 기술한 것이나 지금부터 기술하고자 하는 '류' 등을 일거에 부정하기 위해서 (여기서) 순간적 소멸이 명확하게 (=인식근거에 기초해서 논리적으로) 증명되어야만 하는 것이다. 〔『따뜨바상그라하』(Tattvasaṃgraha, 眞理綱要), p.350~351〕

주석을 썼던 까말라쉴라의 해석을 참고하여 위에서 기술한 시구를 해석해보자. '지금까지의 노력' 이라는 것은 이 책의 제8장 「항상한 존재의 비판적 고찰」까지 샨따라끄시따가 비판한 모든 것이다. 즉, 그것들은 상키야(Sāṃkhya)학파의 형이상학적 전제로서의 쁘라끄리띠(prakṛti, 근본원질)를 시작으로 하여 니야야학파의 이슈바라(Īśvara, 주재신) 및 거의 모든 바라문 계통 학파의 아뜨만(ātman, 초월적 자아) 등이다. 또한 '지금부터 기술하려고 하는 것' 은 실체나 그 보편적 성질, 언어의 영원성, 외계실재론, 유물론 등에 대해 비판의 화살을 조준하고 있다. 이것들은 다르마끼르띠에 의해서도 그의 주변사상 전 영역에 걸쳐 있으며, 샨따라끄시따는 '이 모든 것은 다만 순간적 존재성을 논증함으로써 일거에 일소된다' 라고 말하고 있다. 이러한 측면에서 보면 샨따라끄시따는 다르마끼르띠의 순간적 존재성 논증을 당시 인도 사상의 거의 전 영역을 비판할 수 있는 키워드(key word)로 파악했다고 생각된다. 사실, 이것은 다르마끼르띠의 텍스트를 주의 깊게 읽어 보면 간파할 수 있다. 이렇게 해서 다르마끼르띠는 진리의 항상성을 전제로 하는 인도철학(불교내부도 포함해서) 모두를 논적으로 돌리고 있다고 해도 과언이 아니다.

극히 대담하게 말하면 인도철학은 베다의 절대성·영원성을 승인하는가 승인하지 않는가에 따라 이분된다. 베다의 절대성·영원성을 승인하는 학파를 '아스띠까(āstika, 정통파)' 라 부른다. 따라서 정통파는 아뜨만의 항상성을 주장한다. 이것은 미망사, 베단타, 상키야, 요가, 바이세시카, 니야야 등이다. 이에 반해 베다를 승인하지 않는 학파를 '나스띠까(nāstika, 이단)' 라 부른다. 여기에는 불교, 자이나, 짜르바까 등이 포함된다. 그러나 이 가운데 가령 자이나는 다수의 항상한 존재를 인정하고, 유물론자 짜르바까는 변화의 기체로서 물체 그것의 영속성을 인정하고 있다. 오직 불교만이 어떠한 실체도 부정하고 그 항상성을 부정한다. 그러나 가령 불교에 속해 있더라도 뒤에서 보는 바와 같이 밧찌뿌뜨리야(Vātsīputrīya)파는 윤회의 주체로서 아뜨만에 준한다고 할 수 있는 뿌드갈라(pudgala)를 인정하고 있으며, 설일체유부(說一切有部)는 과거·현재·미래에 걸쳐서 항존하는 시간적 장소 그것을 인정한다. 불교란 무엇인가? 라는 문제는 결코 완벽하게 해결되는 문제가 아니다. 현재에 이르기까지 격렬한 교상판석이 끊이지 않고 계속되고 있다. 조금 전에 말한 '법인'이라고 해도 그 해석은 동요를 보이고 있다. 따라서 가령 도원(道元) 등이 "불교 등이라는 명칭은 쓸 수 없는 것이다"라고 한 것은 의미심장하다. 그런데 적어도 다르마끼르띠에 있어서 아뜨만은 개념구상에 의한 허구에 지나지 않는다. 그것은 형태화작용(色)·감수작용(受)·표상작용(想)·형성작용(行)·식별작용(識)이라는 다섯 작용의 집합이 직조하는 구축체이지 실체가 아니다. 결국 그것은 연기(緣起)에 의해서 그때그때 형성됨과 동시에 해체되는 것이다. 집합의 칼끝은 그때그때 창발되고 있는 것이며, 그것을 자기동일성을 가지고 지속하는 것으로 보는 것은 착각에 의한 허구다. 아뜨만은 이와 같이 실체로서 존재하는 것이 아니다. 가령, '법인'과 관련지어 말한다면 이 아뜨만의 부정이 '제법무아'다. 아뜨만을 부정하는 것과 '제행무상'으로서 순간적 존재는 표리일체다. 아뜨만을 순간적으로 소멸하는 것으로 보고 실체의 항상성을 분단하는 것은 단순히 정통파 철학을 부정하는 것에 그치지 않는다. 거기서 나아가 적극적으로 반전하여 항상한 아뜨만은 항상 동일한 존재로 고정되어 아뜨만으로서 작용조차 할 수 없다고 본다. 순간적으로 소멸하는 것만이 주체적인 작용을 할 수 있다는 것이다.

이와 같이 다른 모든 학파나 민간신앙(시바신이나 비슈누신의 신앙을 포함해서)은 무엇인가의 존재의 항상성을 궁극적인 것으로 전제하고 있음에 반해서 자기 자신을 포함해서 모든 존재의 무상성(다르마끼르띠에 있어서는 순간적 존재성)을 주장하는 것은, 역으로 그 이외의 모든 학파로부터 총반격을 받는다는 것을 의미한다. 다르마끼르띠는 자기 자신에 대한 전쟁을 포함해서 고립무원의 전쟁에 도전하였던 것이다. 이 책 제9장에서는, 이들 반격 가운데 가장 총괄적인 것으로 우다야나(Udayana)의 '반순간적 존재성 논증'을 주제적으로 다루고 있다. 우다야나는 다르마끼르띠를 지목해서 공격함과 동시에 다르마끼르띠에 준거하는 불교논리학에 대한 최강의 논적이라 여겨진다. 다르마끼르띠는 과연 부정되었던 것일까? 다르마끼르띠 철학이 독창성을 견지한다고 하더라도, 우리는 다르마끼르띠의 철학을 이들 주변 사상과의 대결이라는 맥락에서 해석해야만 할 것이다.

이와 같이 다르마끼르띠는 모든 계시종교의 초월신과 모든 토착신과 같은 신들린 종교성을 거부한다. 소위 종교의 도그마나 형이상학적 철학이나 유물론을 배제하고 가장 종교인답지 않은 종교인, 가장 기성의 철학자답지 않은 철학자, 그것이 다르마끼르띠의 기본적 자세였다. 그는 오직 인식근거에만 기초해서 모든 도그마를 해체하는 것에 도전했다. 여기에 철저한 인식론적 논리주의가 일관되고 있다는 점을 주목해야 한다. 도그마를 선행하게 한 이데올로기 논쟁이나 종교전쟁의 승부에서 진리는 결정되지 않는다. 오히려 그것은 인식근거에 기초해서 논증되지 않으면 안 되었던 것이다.

다음 장에서 보는 바와 같이 샨따라끄시따는 위에서 기술한 텍스트의 마지막 장에서 '전지자의 존재논증'을 귀결하고 있다. 그러나 다르마끼르띠의 목표는 전지자를 논증하는 데 있지 않다. 다르마끼르띠는 붓다 자신을 순간적 존재로 본다. 그러한 한에서 붓다를 인식근거로 보는 것이다. 그는 모든 존재를 순간적 존재로 통찰한다. 순간적 존재 이외 어떠한 초월적·무시간적 존재도 인정하지 않는다. '존재를 순간적인 것으로서 인식하는 인식근거'에 대해서조차 '순간적 존재'라고 말하는 것이다. 다르마끼르띠는 이와 같이 최후까지 순간적 존재성을 일관한다. 샨따라끄시따나 까말라쉴라가 '전지자'라는 완전성을 향해서 교의와 수도단계를 체계화하는 데 반해, 다르마끼르띠의 철학은 약동하는 순간적 존재성 그것으로서 인식론적 논리학에 발걸음을 멈추고 있다. 그는 후기불교논리학파가 그의 인식근거를 정형화하고, 그것에 의해서 '불교'의 체계화로 향하는 것을, 마치 거부하는 것처럼, 정착하지 않고 인식론적 논리학 그것을 계속해서 차이화한다.

그런데 또 하나 어떤 의미에서는 위에서 기술한 것 이상으로 중시하지 않으면 안 되는 '순간적 존재성 논증'의 의의가 있다. 때로 '논리적 필연성을 어떻게 결정하는가?'라는 문제에 대해서 "다르마끼르띠는 메타 이론의 시점에서 '본질적 관계'라는 일종의 초월론적 규정을 도입하여 회답했다"라고 기술했지만, 그 본질적 관계의 근거를 부여할 수 있는 것이 다르마끼르띠에 있어서 '순간적 존재성'을 논증하는 것이었다. 순간적 존재성 논증은 다르마끼르띠 논리학의 하나의 예제가 아니라 디르마끼르띠 논리학의 성립근거로서 '논리적 필연성'을 메타 차원에서 결정하는 것을 의미한다. 이것은 이 책

제2장과 제5장에서 고찰할 것이다.

여기서 '무엇 때문에 지금 다르마끼르띠인가?' 라는 물음에 답하지 않으면 안 된다. '철학의 모험'에 발을 내딛고자 하는 이 책의 의도는 첫째, 다르마끼르띠의 '순간적 존재성의 철학'이라는 '시간성의 이론'을 종래의 '비시간적 기호·존재의 논리'에 대결시키는 데 있다. 이 문제는 인도철학의 영역을 뛰어넘어 현대 철학의 최전선에서 부상하고 있다고 생각한다. 다르마끼르띠를 둘러싼 당시의 주변 사상유형은 현대에서도 대략 생각할 수 있는 패턴을 반복하고 있어 놀라울 정도로 지금과 유사하다. 이미 니체(F. Nietzsche, 1844~1900)가 예언했던 최고 가치의 붕괴(니힐리즘)가 깊이 침투하고 있음에도 불구하고 변함없이 도그마의 절대화에 근거한 전체주의적 징후, 광신적 종교집단의 난립, 순수한 민족이라는 신화에 기초한 민족주의 등의 '고착된 배타적 분파주의'가 동시에 혼재하는 한복판에서 철학은 모던(modern)에서 포스트모던(postmodern)의 유행으로, 이전의 가장 중요한 문제, 실존의 문제를 망각한 것처럼 유행을 쫓아 바쁘게 배회하고 있다. 지금이야말로 이들 모든 사상을 논적으로 돌리는 용기가 필요하다. 물론 다르마끼르띠의 사상이라고 해도 비판적으로 고찰하지 않으면 안 된다. 그리고 그것을 기술하고자 하는 나 자신의 생각도 그때그때 항상 비판당하지 않으면 안 된다는 것은 말할 필요도 없다.

둘째로 우리들 자신의 삶과 죽음의 문제를 다르마끼르띠의 '순간적 존재성의 철학'에서 회광반조(廻光返照)하는 데 있다. 그것에 의해서 우리에게 상식이 되고 있는 시간 의식을 변혁하여 새로운 차원에서 '자기 자신의 죽음과 삶'을 생각해보고 싶다. 다르마끼르띠는 최초로 '무상'의 의미를 논리적으로 '삶의 지속을 절단하는 죽음'에서 '순간적 존재성'으로 변환시켰다. 이미 이 책의 처음에 기술한 바와 같이 나는 이 '순간적 존재성의 철학'에 의해서 '시간이라는 존재 속에 텅 빈 사체가 되어 백골이 되어버린 무상'의 기저에 있는 '존재에서 분리된 시간 그 자체'를 해체함과 동시에 '약동하여 섬광처럼 빛나는 순간을 발현하는 무상'으로 전환하는 것에 도전하고자 한다.

세 개 유형의 논증

그렇다면 다르마끼르띠는 '순간적 존재성'을 어떻게 증명하는가? 1935년 후라우왈너 박사는 '순간적 존재성' 논증에 세 개 유형이 있다는 것을 지적하고 그 각각을 다음과 같이 명명했다.

(1) '소멸로부터의 추론', 존재의 순간성은 '외적인 여러 원인에 의하지 않고 존재 그 자신의 고유한 본질에 근거해서 자발적으로 소멸한다'라는 것에서 추론된다.

(2) '존재성으로부터의 추론', 존재의 순간성은 그 '존재성' 그것으로부터 추론된다.

(3) '지각에 의한 증명', 존재의 순간성은 지각에 의해서 결정된다.

이들 논증 형식의 역사적 전개에 관해서 그는 다음과 같이 기술한다.

(1)은 이미 바수반두(Vasubandhu, 世親, 400~480년경, 혹은 320 ~400년경. 후라우왈너 박사 자신은 2인설을 제기한다)의 『아비달 마코샤바샤(구사론)』에서 충분히 발달된 형태가 보인다. 그것은 시작부터 완전히 우세였지만, 더욱이 다르마끼르띠에 의해서 상세하게 취급되고 새로운 근거에 의해서 기초 지워지고 있다. 그러나 다르마끼르띠에게는 (2)도 보인다. 게다가 이 논증방법은 다르마끼르띠의 사고범위 속에 그의 근본적 견해에 확고하게 결부되어 뿌리를 내리고 있기 때문에 나는 그것을 그 자신의 독창으로 돌려야 한다고 생각한다. 시간이 경과함에 따라서 (2)가 차례로 등장하고 (1)를 압도하여 그 배경으로 가라앉아버렸다. 최종적으로 (2)는 즈냐나스리미뜨라에 의해서 고유한 방식으로 바뀌어 강화되었다. 또한 (3)의 지각에 기초한 증명은 그것과 병존하여 기술되는 것이 드물게 밖에는 보이지 않아서, 그다지 중요성을 부여하지 않은 채로 남아 있다.

이 후라우왈너 박사의 통찰을 지지하는 형태로 1968년 슈타인켈너(E. Steinkellner) 박사는 주목할 만한 논문을 발표했다. 그는 「다르마끼르띠에 있어서 순간적 존재성 논증의 전개」라는 논문에서 '소멸하는 존재로부터의 추론'으로 바뀌는 전환점을 다르마끼르띠의 제2 주저라고도 할 수 있는 『쁘라마나비니쉬짜야』에서 간파했다. 필자가 아는 한 논증 유형(1)에서 유형(2)로 이행하는 과정에서 확실히 논리적 발전이 보인다. 그러나 (1)의 '외적인 원인을 가지지 않는 존재의 자발적 소멸 논증'에는 (2)에는 없는 적극적 의의가 있다. 그것은 인식론·존재론 차원의 논증인 것이다. 따라서 그것은 단순히 (2)의 순수한 논리학 차원의 논증의 배경으로 가라앉지 않는다. 그렇기 때문에 뒤에서 보는 바와 같이 즈냐나스리미뜨라는 그의 『순간적 소멸론』 제4장 「자발적 소멸론」에서 주제화하고 동시에 거기에서 (3)의 인식론적인 '지각에 의한 순간적 소멸의 증명'에 연동시켰다고 생각된다. 또한 (3)은 이미 다르마끼르띠에게서 볼 수 있고 거기에 인식론의 시점에서 보았을 때 중요한 문제가 내재해 있다고 생각된다. 그렇다면 먼저 유형(1) '존재의 자발적 소멸' 문제부터 살펴보자.

제2장

자발적 소멸
(순간적 존재성 논증 유형 1)

제2장
자발적 소멸(순간적 존재성 논증 유형 1)

구름과 같이

야무나 강가에 있는 티베트 난민 캠프에서 토운 칸과 함께 돌아오는 길, 6월에 발생하는 인도의 비구름, 끝없이 펼쳐진 넓은 하늘의 어느 한순간 검은 구름이 하늘을 뒤덮는다. 순간순간 변하여 나선형으로 회전하는가 싶더니 순식간에 전 공간을 완전히 뒤덮어 우레가 울리고, 작열하는 대지를 스콜이 역류하여 춤을 춘다. 빈사상태로 완전히 메말라버린 인도의 대지와 나무와 인간이 녹음의 습한 기운 속에서 융합하여 되살아나는 한순간.

이윽고 돌연히 진동하는 검은 전 공간이 틈과 같은 순간에 철수하여 뒤쪽으로 나아간다. 그 순간 중층하는 흰 존재가 부정의 순간으로부터 비산(飛散)하는 무한의 차이선을 반전시켜서 솟아오른다. 회전하는 태양에 반짝이고 눈부실 정도로 빛나는 생명의 약동에 흰 구름이 진동하는 새로운 난류의 와자지껄, 시시각각 물방울 하나하나의 순간적 소멸과 생성이 그 순간의 구름이 묘사하는 콘텍스트(문맥)를 변환시켜서 구름은 그 순간만의 독자상으로 빛난다. 스스로의 소멸이라는 죽음이 자신의 존재의 현출이라는 삶인 것, 존재와 비존재 사이에 순간적 단절로 빛나는 섬광, 아무리 눈을 응시해도 구름이 전환하는 순간은 볼 수 없다. 그러나 그 순간의 단절이 없다면 존재는 전환할 수가 없는 것이다.

내가 보고 있는 것은 구름의 변화가 아니다. 지속적으로 주어로 표현되는 '구름'이 다양한 성질을 드러내면서 변화하는 것이 아니라 시시각각 자신의 존재를 상실하는 것이다. 바로 그것이 새로운 존재의 출현인 것이다. 현재가 한순간 안에 소멸하지 않는다면 이윽고 새로운 존재가 출현할 가능성은 닫혀버릴 것이다. 여기서 주어인 '구름'이라는 언어의 대상은 두 순간 이상의 동일성을 가질 수 없기 때문에 비산(飛散)한다. 나를 포함한 존재 그것은 볼 수 없는 죽음의 순간을 전환점으로 하여 교체되었던 것이다. 그 소멸이야말로 존재인 것과 같은 구름, 현재 순간 존재하지 않는 것이 마치 존재하는 것처럼 느껴지는 구름, 존재도 비존재도 한순간조차도 머물지 않는 자기차이성, 거기에 다르마끼르띠 사상을 계승한 즈냐나스리미뜨라(980 ~1030년경)는 존재의 실상을 간파한다.

  무릇 존재하는 것은 순간적이다.
  가령, 비구름과 같이.
        (즈냐나스리미뜨라 『순간적 소멸론』 제1장, p.1)

존재에 미리 비존재가 내장되어 있기 때문에 한순간도 존재는 동일한 상태를 유지할 수 없다. 그리고 존재는 불가역적으로 상실되는 것을 보상으로 하여 비로소 다른 것으로 바꿀 수 없는 독자적인 존재의 의미를 생생하게 발현하는 것이 가능한 것이다. 역설적이지만 존재는 불가역적으로 자신을 비재화함으로써만 존재한다. 이와 같이 존재의 자기차이성은 언제나 이미 언어가 고정하는 자기동일의 대상을 빠져나가서 질주한다.

원인 없는 존재의 소멸
('무상'의 의미 변환과 '논리적 필연성'의 근거)

존재는 바로 그 존재 이외의 외적 소멸원인(가령 병에 대한 망치와 같은 것)에 의해서 비로소 소멸하는 것이 아니라 바로 그 존재 자신이 자발적으로 소멸하는 것이다. 증명의 대강은 다음과 같다.

존재의 소멸, 그것은 바로 그 존재 이외의 외적 원인을 필요로 하지 않는다. 소멸이란 '존재하지 않는 것으로 되는 것'이다. 그것은 결과로서 존재하지 않는 것이다. 결과가 아닌 것에 대해서 원인을 설정할 수는 없다. 왜냐하면 일반적으로 인과관계는 '불이 연기의 원인이다'라는 것처럼 두 개의 다른 존재에 대해서 규정된 것이기 때문이다. '연기'와 같이 지각할 수 있는 존재자에 대해서는 '불'과 같은 존재를 원인으로 보는 것이 가능하다. 그러나 '소멸' 즉, '비존재'라는 것은 존재하지 않는 것이기 때문에 그와 같은 것에 대해서 원인을 추구할 수는 없는 것이다.

따라서 존재의 소멸은 바로 그 존재 이외의 외적 원인을 필요로 하지 않는다. 그렇다면 존재는 자기 소멸의 원인을 이미 자기 자신 가운데 내장하고 있는 것으로 된다. 따라서 존재는 자발적으로 소멸한다. 외적 원인에 의하지 않는다는 것은, 필연적으로 내부에서 비재화하는 것이다. 그 의미에서 존재는 소멸을 자기의 본질로 하고 있는 것이다.

만약 그렇지 않다고 한다면 소멸은 존재의 본질이 아니기 때문에 외적원인에 의해서도 소멸하는 것은 불가능하다. 그 경우 존재는 자기동일성을 보존하고 있기 때문이다. 따라서 어떤 기간 지속하고 있는 존재가 소멸하는 것은 부정된다. 존재가 비존재를 본질로 하지 않는다면 어떠한 소멸 원인에 의해서도 소멸할 수 없기 때문이다. 본질은 변화하지 않는 것이기 때문이다. 즉, 한순간의 틈이라고 해도 존재가 존재만을 본질로 하여 자기동일성을 확보한다면 존재를 상실하는 일은 영원히 없게 될 것이다.

이와 같이 존재는 필연적으로 그 순간에 있어서 자발적으로 소멸한다. 왜냐하면 존재는 '비존재'를 본질로 하여 그 자신 속에 '비존재'를 이미 내장하고 있기 때문이다. 소멸이 자발적인 한 그 존재하고 있는 시간은 필연적으로 한순간이 아니면 안 된다는 것이다. '비존재가 내장되어 있다' 고 해도 '비존재라는 존재' 를 내장하고 있는 것이 아니다. 여기서 '비존재' 는 단적으로 '존재하지 않는다' 는 의미이기 때문이다. 여기에 이르러 무상이란, '어떤 일정 기간 살아 있었던 존재가 어느 순간 죽음에 의해서 단절된다' 라는 의미를 탈각하였다. 존재는 언제나 이미 시간적인 것이며 순간적 존재인 것이다.

이렇게 해서 다르마끼르띠는 '존재가 그 자신의 비존재를 본질로 하는 것'을 통찰하고, '순간적 존재성'이 가장 심오한 문제라는 것을 간파하였다.

후라우왈너 박사가 말한 바와 같이 '존재는 외적 원인을 필요로 하지 않고 자발적으로 소멸하는 것', 그것은 바수반두에 의한 것이며 다르마끼르띠의 독창적 견해는 아니다. 그러나 '무엇 때문에 그와 같이 말할 수 있는가'라는 이유는 비로소 다르마끼르띠에 의해서 주어진 것이다.

다르마끼르띠는 추론의 필연성을 '본질적 관계'에 의해서 기초지었다. 존재가 비존재를 본질로 한다는 것을 증명하는 것에 관해서 다르마끼르띠는 '외적원인이 없는 것'을 '본질적 논증인'으로 함으로써 증명할 수 있다고 보고 있다. 즉, '존재의 자발적 소멸'은 논리학의 한 연습문제로서의 적용 사례가 아니라 메타 차원에서 다르마끼르띠 논리학 그것의 '논리적 필연성'이 성립하기 위한 조건으로서 '본질적 관계'를 기초지우는 것이다. 여기에 바수반두와 결정적 차이가 있다.〔이에 관해서는 필자 자신도 이미 수차례 논문을 발표하였지만, 슈타인켈너, 아카마츠 아키히코(赤松明彦) 박사도 지적하고 있다.〕다르마끼르띠는 다음과 같이 말한다.

> 소멸하는 것에는 원인이 없기 때문에 (존재는) 그 자체의 본질에 따라서 (자발적으로 소멸하는) 것이다. ……왜냐하면 (존재 그 자신에 내장된) 자기 원인에 의해서만 소멸하기 때문이다. …… (외적 원인에) 의존하는 존재에는 '(그것이) 필연적으로 (그와 같이) 되었다'라는 것이 인정되지 않기 때문이다. 가령 많은 경우

그와 같은 (외적) 원인으로부터 소멸하는 것이 있다고 해도 (그것은 우연히 지속했을 뿐) 어떤 경우에는 (소멸하지) 않을지도 모르기 때문이다. (『쁘라마나바르띠까스바브리띠』 p.98)

이 책 제5장에서 보는 바와 같이, 다르마끼르띠는 이와 같은 논리적 필연성을 본질적 관계 가운데 '그것 자체인 것'이라 규정하여, 그 경우의 논증인을 '본질적 논증인'이라 명명한다. '외적 원인을 필요로 하지 않는 것'은 다르마끼르띠에 의해서 그와 같은 관계와 논증인을 결정하는 메타 차원의 논증임과 동시에 이미 바른 논증인으로 간주되고 있는 것이다. 아마도 다르마끼르띠는 바수반두의 '외적 원인을 필요로 하지 않는 존재의 소멸'에서 '존재가 자발적으로 소멸하는 필연성'을 파악하고 그것을 그의 독창적 논리학의 성립조건으로서 '논리적 필연성'의 기저에 흐르는 착상을 얻었음에 틀림없다. '자발적 소멸논증'은 제2유형의 '존재성으로부터의 논증'이라는 본질적 논증인에 의해서도 완전하게 해소되는 것이 아니라 그 메타 차원으로부터의 논증으로서 기초지워져 공존하는 것이다. 이때 다르마끼르띠가 동일한 고정된 실체에 공존하는 두 개의 성질 사이에 '동일한 존재'로서의 필연성을 추구한 것이 아니라는 것을 주목해야 한다. 그것이 아니라 '존재가 자발적으로 소멸한다'는 것, 즉 '존재가 자발적으로 비존재가 된다'라는 '필연적 이행관계'에서 다르마끼르띠는 '논리적 필연성'의 근거를 발견했다는 것이 중요한 것이다. 정말로 다르마끼르띠 자신은 자주 안내서로서의 입문적 텍스트 등에서 동일한 실재를 지시하는 성질의 '동일성'에 관해서 언급하고 있는 것처럼 볼 수 있는 표현을 하고 있지만, 만약 그와 같은 표현이 그의

'논리적 필연성'이라고 이해한다면 다르마끼르띠의 인식론적 논리학의 본의는 완전히 오해되어버릴 것이다. 실재 자기동일성을 전제하는 논리학을 전개한 것은 다르마끼르띠와 정면으로 대립하였던 바라문계통의 니야야학파 논리학이다. 다르마끼르띠는 제4장에서 보는 바와 같이 이미 존재의 실체를 철저하게 해체하는 중관철학의 세례를 받았으며, 존재의 아뜨만(실체)을 부정하는 '무아'를 중관파와 같이 무시간적인 이미지가 강한 '공'이라는 방향이 아니라 '무상한 것', '순간적 소멸'이라는 시간성에서 파악하고 있다고 보지 않으면 안 된다. 따라서 그 '본질'이란 '동일성'이 아니다. 왜냐하면 존재와 비존재는 동일하지 않기 때문이다.

그러나 대상 그 자신의 자기차이성을 본질적인 것이라 보고서 논증하는 것은 논리 그 자체를 파괴해버리는 것은 아닌가? 일반적으로 논리학이라고 하는 것은 개념이나 기호 자신의 자기동일성과 그 지시체로서 대상의 자기동일성을 전제하기 때문이다. 여기에 다르마끼르띠 논리학의 독창성이 있다. 다르마끼르띠가 말하는 '본질'은 '그것 자신인 것'을 의미하고 있다고 해도, 개념이나 존재를 실체화하는 '동일성'이 아니라 '존재의 필연적 소멸 즉 자기차이성'을 의미하는 것이다. 그것은 철저하게 실체를 해체하는 시간성에 의해서 일관된 논리이다.

'부재의 장소'를 부정하다(절대적 부정)

그렇다면 이 증명을 상세히 살펴보자. 이해하기 쉽게 하기 위해서 즈냐나스리미뜨라가 거론한 사례를 먼저 제시하면서 논의를 진행하고자 한다. 우리는 대개의 경우 존재가 소멸하기 위해서는 원인이 있다고 생각한다. 가령 병이 깨질 때 망치로 가하는 타격이 원인이 되는 것과 같다. 이와 같이 상식에서는 연기의 발생이 불을 원인으로 하는 것처럼 병의 소멸은 망치의 타격을 원인으로 하는 것처럼 생각한다.

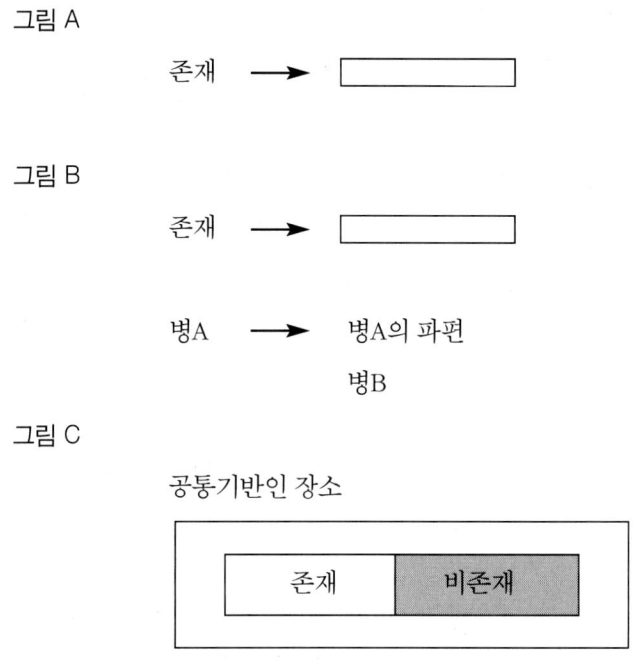

"그러나……"라고 즈냐나스리미뜨라는 말한다.

우선 여기에 이 병이 지각되고 있다. 다음에 망치가 부딪치는 것이 지각된다. 끝으로 파편의 모임이 지각되며 그 밖에 '소멸'은 어디에도 지각되지 않는다. 그렇다면 '비존재'라는 말은 어떤 것을 지시하는 것일까? 그 (문자 그대로 존재하지 않는) 비존재에 대한 어떠한 원인이 있다고 하는 것일까? 여기에는 다만 병 그 자신에 근거한 '병의 파편'의 연속이 지각될 뿐이다.〔『순간적 소멸론』 제4장, p.107. 라뜨나끼르띠에 인용된 텍스트의 미마키 카츠미(御牧克己) 박사의 프랑스 번역 참조〕

'비존재'는 문자 그대로 단적으로 존재하지 않는 것이기 때문에 지각되지 않는다. 평범하다면 너무나도 평범한 것이다. 그렇지만 이 '평범한 것' 이야말로 철학의 최대 난제다. 지각되고 있는 세계는 언제나 존재하고 있다. 그것은 존재만으로 충만해 있다. '비존재' 등은 그 어디에도 없다. 그러나 '비존재'라는 말의 지시대상으로 '텅 빈 장소로서 실재하는 비존재'를 〔   〕로서 표시한다면, 일상적 차원에서 존재의 소멸은 '그림A' 와 같이 그려질 것이다.

이 〔   〕은 니야야학파 등에서 일반적으로 '후시괴멸(後時壞滅)'이라 부른다. 그들은 '비존재'라는 개념이 있는 이상 그것은 실재한다고 생각한다. 그러나 즈냐나스리미뜨라는, 이것은 개념구상에 근거한 것이지 지각할 수 있는 실재는 아니라고 말한다. 비존재는 지각대상으로서 실재가 아니라 개념구상의 대상이다. 따라서 소멸이란 '비존재'라는 어떤 대상 혹은 어떤 텅 빈 장소 그것 즉, 실재로서의 〔   〕을 개재(介在)시키지 않는 것이다.

그렇다고 해도 이렇게 반론할지 모른다. '파편(사체·백골)을 병의 소멸이라 볼 것인가?' 라고. 그러나 '그림B' 와 같이 파편은 비존재가 아니라 존재다. 게다가 파편이 아니라 다른 병B를 조금 전의 병A를 치운 다음 병A가 있었던 바로 그 자리에 두었을 때 '병A는 비존재다' 라고도 말할 수 있기 때문에 파편은 비존재가 아니다.

'비존재·죽음' 은 파편이나 병B의 바로 앞에서 일어나고 있다. 병A의 자발적인 비존재가 일어나기 때문에 그것을 매개로 하여 파편이나 병B의 존재가 발생할 수 있는 것이다. 따라서 순간적 존재라고 하는 것은, '장(場)' 의 실재를 전제로 한 '변화' 가 아니다. 또한 그것은 순간적으로밖에 존재할 수 없다는 의미에서 베르그송(H. Bergson, 1859~1941)이 말하는 '순수지속(純粹持續)' 이 아니라 '단절하는 순간' 이며, 게다가 단절하기 때문에 새로운 존재가 발현할 수 있는 '연속' 이다. 우리들은 그것을 '자기차이성' 이라 부른다. 이와 같은 '비존재' 를 다르마끼르띠는 다음과 같이 '절대적 부정' 에 의한 것으로 규정한다.

> 소멸은 존재하는 사물의 어떤 성질(속성)이 아니라 단적으로 존재 그 자체가 존재하지 않는다는 것을 의미할 뿐이다. 즉, 이 '……이 존재하지 않는다' 라는 부정표현은 절대적 부정이며 상대적 부정(한정)이 아니다. (『쁘라마나바르띠까스바브리띠』 p.146)

문제가 너무나도 가까이에 있고 근본적이기 때문에 오히려 이해하기가 어려울 수도 있다. 여기에도 '없다' 라는 것이 단순히 '존재하지 않는다' 는 것을 의미함에도 불구하고 우리들은 그것을 '비존재' 라는 무엇인가의 형태로 존재하고 있는 것처럼 생각해버리기 때문이다. 다르마끼르띠의 텍스트를 읽을 때 세심한 주의가 요구되는 것은 부정의 방식이다. 즉, 두 개의 부정방식을 엄밀하게 나누어 사용하고 있는 것이다.

제1의 부정방식은 '상대적 부정(paryudāsa, 명사부정·정립적 부정)'이라고 한다. 그것은 어떤 명사A를 부정하여 'A가 아니다'라고 하는 것이 '비A'라는 것을 긍정한다. 예를 들면 '소가 아니다'라는 것이 소 이외에 '비소(非牛)'나 '말(馬)이다'라는 것을 긍정하는 것과 같다. 이 부정 기능은 실은 '제한(determination, 한정)'이다. 여기서는 부정을 하기 전, 동물일반과 같은 존재영역이 전제되고 있다. 지금의 경우, 명사 '존재'의 부정은 '비존재'라는 것을 정립한다. '비존재'를 상대적 부정에 의해서 '존재하지 않는다'라고 해석한다면 '비존재라는 성질을 갖는 것'과 같이 '존재'를 긍정하게 된다. 바꾸어 말하면 어떤 기체로서의 '장(場)'을 전제하여 거기에 어떤 성질·속성이 출현할 때 '존재'이며, 그것이 출현하지 않을 때 '비존재'라는 성질(속성)을 갖는다고 생각한다. 즉, '존재'와 '비존재'의 기저에 한층 더 깊은 층위의 논의 영역인 '장으로서의 존재'를 전제하고서, 존재의 부정이 '비존재'를 긍정한다고 해석하는 것이다. '비존재'로서의 '소멸'이라는 언어대상이나 현상이 있다고 생각하는 것이다. 그것을 '그림C'와 같이, '존재'와 '비존재'는 양자를 공통기반으로 하는 대상영역x의 존재를 전제하고서 한쪽의 부정이 다른 쪽을 긍정하는 형태를 취한다.

반면 제2의 부정방식은 '절대적 부정(prasajyapratiṣedha, 명제부정·비정립적 부정)'이라고 한다. 이것은 동사 '존재한다'를 단적으로 부정하는 것이며, 그 밖에 긍정하는 것이나 장소는 없다. 예를 들면

'소가 걷지 않는다' 라는 것은 동사 '걷는다' 를 단순하게 부정할 뿐 '소가 걷는다' 를 긍정하지 않는다. '존재한다' 라는 것을 논리적 술어로서 광의의 동사라 한다면 'A가 존재하지 않는다' 라는 것은, 단적으로 'A가 존재하지 않는다' 는 것이지, '비A' 나 'A 이외의 것' 을 긍정하는 것이 아니다. '비A' 가 출현할 장, 그것이 배제되기 때문이다. 따라서 '비존재' 와 같은 대상의 존재를 허용하지 않는다. 그렇기 때문에 '소가 아니다' 라는 것이 '비소' 나 '말' 등을 긍정하지 않는다. 다르마끼르띠는 '소멸하는 것' 을 이 절대적 부정에 의해서 해석하였던 것이다. 이것에 의하면 '존재가 소멸한다' 라는 경우 실체로서의 기체를 전제하고 그것이 현재태에서 비현재태가 되는 기체존재의 지속이나 '변화' 를 허용하지 않는다. 'ㅇㅇ가 존재하지 않는다' 라는 절대적 부정은, '존재' 와 '비존재' 에 공통하는 '기체로서의 장 그것' 을 부정한다. 특히 '존재하지 않는다' 라고 할 때는 장 그것을 부정함으로써 성질도 부정한다. 따라서 자발적 소멸은 '존재 → ☐ ' 가 아니다. '비A' 라는 '비존재' 나 '부재의 장 그것' 이 존재의 뒤나 중간에 개재하는 것이 아니다. 즉, '비존재' 라는 '죽음' 은 '사체' 가 없는 것이다. '소멸' 은 '비존재' 가 된다. 게다가 '비존재' 란 단적으로 '존재하지 않는다' 라는 것일 뿐, '비존재라는 존재' 나 '텅 빈 장소' 가 존재하는 것은 아니다. 이 의미에서 '절대적 부정' 을 '장-부정(場-否定)' 이라고 부르는 것도 가능할 것이다.

반순간적 존재성 이론(1)

여기서 불교 이외의 다른 학파가 주장하는 반순간적 존재론을 살펴보도록 하자.(이 문제는 이 책 제9장에서 주제적으로 다룰 것이다.) 다르마끼르띠의 순간적 존재성 논증은, 그 콘텍스트에서 보아 바수반두를 비판한 니야야학파의 웃또따까라(Uddyotakara, 550~610년경)를 비판하는 형태로 형성되고 있다. '존재의 자기동일성'을 가탁하여 믿고 있는 실재론자 웃또따까라로서는 '존재가 자발적으로 비존재'가 된다고 하는 불교 측의 주장에 대해 참을 수 없었음에 틀림없다. 그는 밧쯔야야나(Vātsyāyana, 450~500년경)의 『니야야수뜨라』(Nyāyasūtra)에 준거하여 '어떤 존재의 생기(결과)란 자기의 원인과 존재성의 결합이다'라고 생각하고 있었다. 아래에 그의 저술『니야야바르띠까』(Nyāyavārttika)에서 상월심(桒月心), 치트라레카(Chitrarekha), 모리야마 세이데쯔(森山清徹) 박사의 연구 등도 참고하여 그 요지를 발췌해보고자 한다.

만약 소멸이 원인을 가지지 않는다고 한다면, 소멸은 비실재(=비존재)이든가 항상한 (존재)이든가 둘 중 하나다. 존재와 비존재 이외에 제3의 선언지는 없다. 이 가운데 소멸이 비존재라고 한다면 모든 것은 항상(한 존재)가 된다. 소멸은 없는 것이기 때문이다. 나아가 '어떤 존재 x가 소멸한다'라는 언명은 불가능하게 된다. 반면 소멸이 존재라고 한다면 존재와 비존재는 상호간에 서로 배제하는 모순이기 때문에 '토끼의 뿔'과 같은 허구가 되어버린다. 게다가 '소멸은 소멸하지 않기 때문에 원인은 존재하지 않는다'라고 말해도 '소멸'이 소멸하는 것이라면 존재가 생기할 것이다. 소멸은 존재의 속성이어서 원인을 가진 존재가 있어야만 비로소 소멸하는 것이다. 가령 '선행적 비존재'는 원인이 없어도 어떤 존재가 생기할 때 소멸한다. 또한 원인을 가지고 있는 '후시괴멸(後時壞滅)'은 소멸하지 않는 것이다.

웃또따까라는 '비존재'라는 것을 실재로 보고, 그것이 발생하기 위해서는 원인이 필요하다고 반론한다. 앞서 인용한 다르마끼르띠의 텍스트 "즉, 이 'OO이 존재하지 않는다'라는 부정적 표현은 절대적 부정이며 상대적 부정(한정, 제한)이 아니다"는 분명히 웃또따까라의 이 텍스트를 비판대상으로 하고 있음을 알 수 있다. 계속해서 웃또따까라는 다음과 같이 말한다.

'소멸을 갖는 존재'라는 표현은 가능하지 않다. 이미 소멸한 존재는 없기 때문이다. 또한 불교는 '시간'을 명칭만의 존재라 하기 때문에, 또한 존재를 한정할 수 없기 때문에 '한순간의 존재'도 실재하지 않는 것이 된다. ……순간적 존재에는 원인과 결과의 관계를 성립시키는 '보지(保持)와 피보지(被保持)'의 관계가 성립하지 않게 된다. 불교 측은 '저울 양끝의 하강(降)과 상승(昇)과 같이 원인의 소멸이 결과의 생기이다'라고 말하지만 이는 난센스다.

웃또따까라는 '소멸'이라는 것을 "항존하는 기체로서의 존재가

'비존재'를 속성으로 갖는 것이다"라고 보고 있다. 이 웃또따까라의 전반의 텍스트에 대한 반비판으로서 다르마끼르띠가 '소멸은 존재하는 사물의 어떤 성질(속성)이 아니라 단적으로 존재 그 자체가 존재하지 않는다는 것일 뿐'이라고 말했다고 생각한다. 요컨대 다르마끼르띠는 웃또따까라가 실재론의 시점에서 쓴 텍스트를 반실재론의 시점에서 완전히 반전시켜 보여주고 있는 것이다. 이어서 텍스트의 후반 불교 측이 제시하는 '저울의 비유'는 인중유과(因中有果)의 입장에서 상키야학파의 『유끄띠삐까』(yuktipika)에도 거론되며, '저울의 사례는 소멸원인(하강)이 결과(상승)를 보증하지 않는 것'이라 하여 다음과 같이 비판받고 있다.

> 원인이 없는 소멸은 인정할 수 없다. 존재는 그것에 대항하는 존재와 결합함에 의해서 소멸하는 것이다. 현현의 소멸이지 기저에 있는 실체의 소멸이 아니다. 결과가 발생하기 전에 원인이 소멸하기 때문에 존재는 무원인으로부터 발생하는 것이 된다. 원인의 소멸과 결과 발생이 동시적 사태일 수는 없다. 그것은 물에 빠진 사람이 물거품을 잡는 것과 같다.

다르마끼르띠는 저울의 사례에 관해서 언급하고 있지 않지만 저울의 양끝은 '존재'와 '비존재'가 아니라 양자 모두 존재하고 있음을 간파하고 있었음에 틀림없다. 다르마끼르띠는 실재론의 전제가 되고 있는 '존재의 자기동일성'을 비판의 사정거리 안에 두고서 '존재의 자기차이성'으로서 '순간적 존재성'을 논증하고 있는 것이다. 이러한 다르마끼르띠의 주장에 대해서 바짜스빠띠미슈라(Vācaspatimiś ra, 900~980)는 상세하게 반비판하고 있지만, 바짜스빠띠미슈라의 실재론적 논거는 기본적으로 웃또따까라의 비판과 다르지 않다. 무인소멸론(無因消滅論)에 대해서 그는 '존재와 비존재가 동일화되어 버린다. 나아가 그대로 비존재가 지속하는 것으로 될 것이다' 라고 말한다. 그에 대해서 불교는 "만약 소멸의 원인이 있다면 소멸은 '비존재라는 존재(실재)' 가 되어버린다"라고 반론하지만 그것에 대해서도 "비존재는 그 원인에 내속하지 않고 존재성에도 내속하지 않는다. 비존재의 본질형태(가능성)가 존재와 비존재에 공통하고 있는 것이다. 명칭화의 가능성이나 인식가능성과 같이"라고 말하여 철저한 실재론을 전개하고 있다.

사체 없는 죽음('비재' 로서의 죽음)

상식이나 일반 논리학의 대상영역은 상대적 부정에 의해서 규정되고 있다. 삶과 죽음은 이분되며 삶이 지속한 뒤에 죽음이라는 것이 있는 것이다. 죽음이란 '없다' 는 것을 의미함에도 불구하고 '죽음이라는 것이 있다' 라고 생각해버린다. 죽음은 상대적 부정에 의해서 '부재의 장' 으로서 계속 존재하고 있는 것이다. 그러나 우리가 말하는 '부재' 란 문자 그대로 '나는 존재하지 않는다' 는 것이지 '존재하지 않는 것이 있다' 는 것은 아니다. 그럼에도 불구하고 현대는 모든 것이 대상화되어 남의 일처럼 3인칭의 죽음으로서, 객관적인 '사체라는 존재' 로서 존재화된다. 바꾸어 말하면 죽음이라는 '비재(非在)' 가 부재화(不在化)함으로써 객관적인 '장(場)' 이 긍정되며 모든 것은 삶·존재라는 대상 존재로 환원된다. 이분법적 사고방식이 이미 '삶과 죽음'을 공통기반으로 하는 대상영역의 '존재'를 전제하는 한, 죽음이라는 비재를 배제해버렸던 것이다.

이미 기술한 바와 같이 '소멸' 즉, '비존재'라는 것은 존재하지 않는 것이기 때문에 그와 같은 것에 대해서 원인을 구할 수는 없다. 따라서 소멸은 '사체 없는 살인'과 같다. '사체 없는 죽음' 그것이 무상이다. 나는 객관적 세계라는 장 속에서 타인의 사체를 볼 수 있다. 그리고 나 자신의 사체를 보고 있는 나를 상상할 수 있다. 그렇지만 내가 나 자신의 사체를 실제로 보는 것은 전혀 불가능하다.

그렇다면 '비존재'를 본질로서 내장하는 '자기차이성'은 인과관계를 부정해버린 것일까? 그렇지 않다. 다르마끄르띠는 다시 인과관계를 원인총체군으로서 해석하여 다음과 같이 '본질적 관계'에 연동시킨다. 원인집합이 완비되었을 때 그 순간 존재가 자발적으로 소멸함과 동시에 새로운 존재가 발현한다. 이것은 완전원인군의 수속으로부터 일탈하는 것이 아니라 필연적으로 즉, 다른 원인에 의존하지 않고 결과가 발생한다는 것을 의미한다. 따라서 그 완전원인군 전체로서의 존재가 결과에 대한 본질적 논증인으로 보인다. 자발적 소멸이 원인을 필요로 하지 않기 때문에 비존재가 된다는 것은 그대로 새로운 존재의 발생이기도 하다. 그 전환의 '순간'이 순간적 소멸이다. 이것은 뒤에 기술하는 바와 같이 스티라마띠(Sthiramati, 안혜, 510~570년경)의 전환(pariṇāma)의 정의 즉, '원인으로서의 순간적 존재가 소멸함과 동시에 결과로서의 순간적 존재가 발생한다'라는 정의를 벗어나는 것이 아니다. 그러나 스티라마띠는 연속의 면을 강조하고 선형시간을 전제하는 위험성을 보이고 있다. 그에 대해서 다르마끼르띠는 비연속을 '비존재' 로서 응시하고 있다. 따라서 순간은 지속이 아니라 단절하고 있지만, 단절이라는 비존재의 장으로서 '존재' 가 있는 것은 아니다. '비존재' 를 매개로 하는 '비연속의 연속' 인 것이다.

여기서 독자는 니시다(西田)철학에서 말하는 '비연속의 연속' 에 가까운 것을 연상할지도 모른다. 그러나 여기서는 절대적 모순의 자기동일성이나 주객미분에서 근원적 자기동일성은 배제된다는 것에 주의해두고자 한다. 또한 니시다철학에서도 '무의 자각적 한정' 이라는 것을 말하지만 그것은 여기서 말하는 '비존재' 즉, 시간성 그것으로서의 슬래시 '/' 가 아니라 '부재로서의 공간적 장소' 로서 파악되기 때문에 결정적으로 다른 것이다.

그런데 '자기차이성' 으로서 순간적 존재성은 단순히 존재의 객관적 변화에 관해서 말하고 있는 것이 아니라 우리들 자신의 실존이 그것과 연관함으로써 발현한다. '존재가 그 자신의 비재화를 전제하고 있다' 는 것은 바꾸어 말하면 '우리들이 살아 있는 한 죽지 않으면 안 된다' 는 것이다. 그것은 실존적인 '나의 죽음' 에 관한 것이지 객관적으로 일반적인 '타인의 죽음' 을 조망하는 것과는 분명히 다르다. 따라서 '사후 세계는 있는가, 그렇지 않으면 없는가' 라는 질문은 허망한 질문임이 판명된다.

죽음을 일반적인 죽음으로 마치 타인의 일처럼 관찰한다면 살아 있는 상태라는 것은 파괴되기 전의 병(瓶)과 같은 상태이며, 죽음이란 가령 암이라는 병(病)이 망치에 의해 부서졌을 때 그 파편이 되어버린 상태에 지나지 않는다. 여기서 죽음은 사체로서 볼 수 있는 것이다. 이 경우 암이라는 세포물질은 생명의 세포물질을 살해하기 때문에 '저 사람은 암으로 죽었다', '나는 암으로 죽을지도 모른다' 라고 한다. 분명히 암은 죽음의 원인처럼 보인다. 그러나 암은 사체의 원인이지 죽음이라는 '비존재'의 원인은 아니다. 우리들 자신의 실존적인 죽음은 1회이며, 타인의 죽음과 대체할 수 없다. 이미 기술한 바와 같이 나는 나의 사체를 볼 수 없다. 이와 같은 '나의 죽음' 은 또한 사체에는 없기 때문이다. 나의 죽음은 확실하게 발생하지만 또한 거기에는 없다. 사람은 암에 걸리지 않아도 반드시 죽는다.

자기차이성으로서 '존재의 본질'

바수반두는 이 논증을 '운동부정' 을 위해서 사용하고 있다. 그는 "순간적인 존재란 그 자체인 것을 획득하여 곧바로 (無間에) 소멸하는 것이다. 따라서 어떤 존재 x가 어떤 곳에서 발생한다면 그 장소에서만 소멸한다. 그렇기 때문에 다른 장소로 이행할 수는 없는 것이다"라고 말한다. 또한 "다른 장소에 연속하여 불이 발생할 때 풀을 태우는 불꽃과 같이 (어떤 것이) '운동한다' 라는 잘못된 견해를 일으키는 것이다"라고도 말한다. 여기서는 순간적 존재가 정지한 점사상(点事象)과 같이 분단되고 각 순간은 그 자체 자기동일성을 보존하여 정지하고 있다. 여기서 두 순간 이상에 걸친 존재의 동일성이 분단되어 부정되고 있다고 말하지만, 이 해석은 다르마끼르띠의 '순간적 존재성' 의 이해와 결정적으로 견해를 달리하는 것이다.

다르마끼르띠는 '순간적 존재' 를 그와 같이 보지 않는다. 존재는 그 자신 속에 '비존재' 를 이미 자신의 본질로 내진(內瞋)해 있기 때문에 한순간이라도 자기동일성을 보존하면서 머물지 않는다. 순간적 존재성이란 한순간도 머물지 않고 존재 그것이 자신을 차이화하는 자기차이성이다. 그것은 '효과적 작용'을 가능하게 하는 역동성을 가진 시간적 존재이기 때문이다. 그렇기 때문에 다르마끼르띠는 그것을 '생동성'이라 표현한다. 순간적 존재성 논증을 궁극적인 차원의 논증(眞諦)이 아니라 일상적 차원의 논증(俗諦)으로 위치지우는 경향을 보이는 샨따라끄시따(Śāntarakṣita, 725~783년경)나 까말라쉴라(Kamalaśīla, 740~797년경)조차 그것을 주제화한다. 또한 이미 본 바와 같이 즈냐나스리미뜨라는 '약동하는 구름'으로 묘사하고 있다. 다르마끼르띠의 순간적 존재성 논증은 뒤에 기술하겠지만 결코 '운동부정론'이 아니다. 다르마끼르띠와 바수반두의 해석 차이는 다음과 같은 것에서 기인한다고 생각한다. 바수반두의 시점은 다른 학파가 주장하는 초월적 실체를 비판하는 데 있다. 그러므로 두 순간 이상에 걸쳐서 자기동일성을 보존한 초시간적 실체(아뜨만)를 분단할 필요가 있었다. 이에 대해 다르마끼르띠는 '순간적 존재성'을 그의 모든 철학 이론의 기저에 둔다. 약동하는 리얼리티와 깨달음으로 전환하는 구조를 밝히기 위해서 최기저에 있는 순간적 존재성은 그 자체 한순간도 머물지 않는 역동성을 본질로 하고 있는 것으로 기술되어 있다.

  주목해야 할 것은, 다르마끼르띠가 여기서 시계의 시간에 의해서, 존재에서 소멸까지의 간격을 '한순간'으로 말하고 있는 것이 아니라는 점이다. 그것이 아니라 존재 그것은 스스로 비존재를 본질로 하고 있기 때문에 필연적으로 소멸하는 것을 '한순간'이라 이름한 것이다. 존재는 시간 속에 있는 것이 아니라 존재하는 것이 그대로

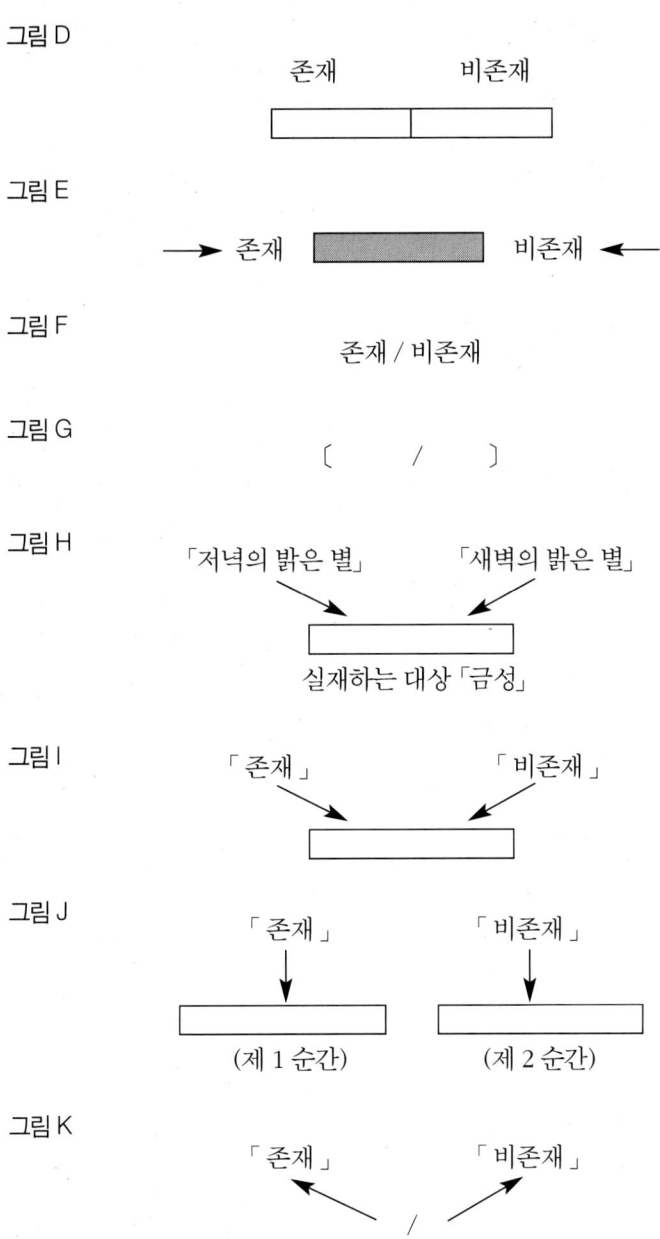

제2장 자발적 소멸

시간적으로 있는 것이다. 극히 대담하게 말하면, 시간이라는 것은 존재로부터 분리되어 처음부터 있는 것이 아니라는 의미이다. 즉, 자발적으로 소멸하는 존재가 시간을 발생시키는 것이다. 이 책은 이러한 '존재=시간'의 시점에서 '순간적 존재성'이라는 번역어를 사용하고 있다. 이와 같이 순간적 존재는 '그림D'처럼 '존재'와 '비존재'로 분할되지 않는다. '비존재'의 장소 그것이 없는 이상 존재와 비존재는 고정된 실재가 아니기 때문이다. 그게 아니라 '그림E'와 같은 것이다.

그러나 이 '그림E'는 최종적인 것이 아니다. 왜냐하면 그것은 중간의 존재 ▬▬▬▬라는 '장소'를 허용하지 않는다. 따라서 '그림F'와 같이 될 것이다. 혹은 더 나아가 최종적으로는 '그림G'와 같이 슬래시만으로 표현할 수밖에는 없다.

'존재가 본질적으로 비존재인 것', 이것을 통상의 논리로써 증명할 수는 없다. 왜냐하면 통상의 논리학은 언어기호가 지시하는 대상의 자기동일성을 전제하고 있기 때문에 존재·비존재와 같이 모순하는 두 개의 존재를 동일한 대상에 귀속시킬 수는 없기 때문이다. 가령, 프레게는 '새벽의 밝은 별'과 '저녁의 밝은 별'은 의미내용은 다르지만 그 지시대상은 동일한 '금성'인 것처럼 동일성을 규정한다. 그것은 '그림H'와 같이 도식화할 수 있을 것이다.

여기서 '존재'와 '비존재'를 '그림I'와 같이 동일한 대상에 귀속시키려고 한다면 분명히 모순일 것이다. 이와 같이 두 개념을 동시에 동일한 순간적 존재로서의 '독자상'으로 귀속시키게 되면 모순이 발생하게 된다. 여기서 '그림J'와 같이 일상의 상식적 차원에서는 선형의 시간축 위에서 이분하여 '존재' 다음에 '비존재'를 배열하여 모순을 피하고자 한다. 그러나 이 경우 순간적 소멸 혹은 순간적 존재는 이분된 경계선상에서 소멸해버리는 것이다. 여기서 시간은 공간화되고, 순간은 시간성이 박탈되어 자기동일성을 가진 정지적 점사상이 되어버린다. 이 의미에서 '제1순간에 존재가 자기동일성을 가지고 존재하며 이어서 제2순간에 소멸한다'라는 표현은 통속적 논의에서 사용될 수 있다고 해도 순간적 존재의 본래 의미를 잃어버린 것이다. 왜냐하면 그 경우는 제1순간의 존재의 자기동일성이라는 본질을 파괴하기 위해 바로 지금 이 순간의 존재 이외의 외적 원인을 필요로 하기 때문이다. 그래서 더욱이 외적 존재를 소멸하게 하는 원인이 요청되고 계속해서 무한후퇴에 빠져버리게 될 것이다. 순간적 존재는 동시에 순간적 소멸을 의미하고 양끝의 시점이 고정되지 않는다고 한다면 존재의 실상은 이미 기술한 바와 같이 자기차이화로서의 슬래시인 것이다. 거기서부터 역으로 '그림K'와 같이 존재와 비존재가 추상되고 고정화한 허구로 되어버린다고 볼 수 있다.

  이와 같이 두 개의 고정개념을 부정하고 순간적 존재는 경계선상에서 '자기차이화 작용'으로 기술된다. 순간적 존재성에서 창발되는 시간성은 여기서 경계영역으로 표현된다. 실제 후기의 즈냐나스리미뜨라는 이와 같이 일상성 차원과 궁극적 차원이라는 '이중의 진리구조(二諦說)'에 의해서 기술하고 있다. 여기에는 두 개의 존재하는 대상이 있는 것이 아니다. 존재 혹은 비존재로 고정되지 않은 다만 하나의 '사건'이 일어났을 뿐이다. '존재'와 '비존재' 이 두 가지가 거기에서 기술되어 설정되는 바 그것은 자기동일성을 가진 공간적 동일점이 아니라 자기가 자기 자신을 차이화하는 시간성으로서의 '순간적 존재'이지 않으면 안 된다. 거기에서 비로소 '순간적으로 존재하는 것'이 '순간적으로 소멸하는 것' 임을 의미할 수 있는 것이다.

일반적으로 문장은 '주어-술어'의 이항으로 이루어진다. 이것을 인도논리학에서는 '다르민(dharmin, 다르마를 갖는 것, 혹은 다르마가 현현하는 장소)-다르마(dharma, 성질)'라는 이항관계로 표기한다. 지금의 경우 다르민은 '존재'이며 다르마는 '무상인 것(무상성)·소멸하는 것'이다. 혹은 '장소x라는 기저적 존재'에 '존재성'과 '소멸성'이 출현한다고 해석할 수 있다. 그 '다르민A'에 어떤 '다르마x'가 존재할 때 'A에는 x가 있다' 또는 'A는 x를 갖는다' 혹은 더욱 간결하게 'A는 x이다'라는 판단으로 표현된다.

그런데 어떤 다르민에서 어떤 다르마가 존재하기 위해서는 우선 다르민 그것이 무엇인가의 형태로 존재한다는 것이 전제되어 있지 않으면 안 된다. 그 경우 다르민은 시간성이 박탈되어 고정화된다. 내가 'A'라고 말하는 순간 'A가 아닌 것'으로 되어버리면, 상식이나 통상의 논리학이 성립할 수 없게 될 것이다. 가령 다르민 자체가 순간적인 존재라고 해도 그것은 어디까지나 'A'로서 한순간조차 머물지 않는다면, 'A는 ……이다'라는 판단을 내릴 수 없기 때문이다.

일상생활에서 우리가 'A는 B다'라고 할 때 이와 같은 것을 생각해서 말하는 것은 아니다. 그러나 그러한 일상성의 허구를 간파하는 것은 철학으로 제1보를 내디디는 것이다. 이와 같이 다르민 즉, 주어나 장은 '명사화'되어 초시간적인 기체적 존재로 전제된다. 즉, 현실의 생생한 생동적 사상(事相)은 시간성을 박탈당하고 비시간적인 것으로 실체화되어버리는 것이다. 특히 '논리학이라는 것은 마치 모래를 씹는 것과 같다. 새침하고 냉정하며 머리가 좋은 여성과 사귀는 것과 같은 것'이라고 말하는 이유가 여기에 있다.

그런데 아리스토텔레스(Aristoteles, B.C. 384~322)는 이와 같은 주어의 기저에 제1실체라는 초월적인 '존재'를 상정했다. 중세 신학의 주류는 거기에 영원불멸의 항상적 신을 쌓아올렸다. 유대의 신 '스스로 있는 자'라는 '절대적 자기동일성으로서의 존재'의 기독교관이다. 플라톤(Platon, B.C. 427~347)의 이데아는 파르메니데스(Parmenides, B.C. 540년경) 이래 '존재의 자기동일성'을 'A=A'라는 동일율의 로고스(존재의 이법)로 논리를 구축했다고 할 수 있다. 그 '존재'는 시간성을 배제하고 있기 때문에 무시간적이며 영원히 자기 자신의 동일성(본질)을 보존하여 존재할 수 있다. 이렇게 시간성을 배제한 '존재의 논리학'은 초연한 이데아와 같은 유형이며 이데아의 세계에 초시간적으로 안주한다. 전변하여 끝이 없는 '우리들의 살아 있는 현장의 세계'는, 그러한 이데아의 그림자로 간주된다. 니체가 예리하게 간파한 것과 같이 '신이 살해된 지금'에 있어서 '존재'는 신이 존재하지 않는 가장 추상적인 '과학적 · 객관적 보편'이 된다. 자칭 "나는 파르메니데스에게 대항한 헤라클레이토스(Herakleitos, B.C. 540~484)의 마지막 제자다"라고 말한 니체와 직접적으로 연결되는 실존철학도 극히 드문 예외를 제외하고 '존재'를 찬미하고 있다.

나는 이러한 '존재의 논리학'에 대해서 다르마끼르띠의 논리학을 '시간의 논리학'이라 부르고자 한다. 혹은 존재의 '자기동일성'에 대해서 시간의 '자기차이성'을 대치시키고자 한다. 전자의 경우 '순간'은 '영원의 지금의 순간'이라는 형태로 일거에 존재화한다. 이에 대해서 후자의 무상의 순간은 '비존재화'하는 것이다. 즉, '무상의 논리'는 초시간적 주어의 존재를 해체함으로써 시간성을 탈회하는 것을 겨냥하고 있다. 우선 주어의 존재를 무시간적인 것으로 고정해 버리기 때문에 판단하는 것은 언제나 이미 지나가버린 것이다. 살아 있는 생명체를 살해하여 산산조각으로 해부한 뒤 각 부분을 다시 연결한다고 해서 살아 돌아올 수는 없다. 그렇다면 이미 죽어버린 '기호'나 '수'나 '사물'이 아니라 살아 있는 현실을 문제 삼을 때는 주어에 이미 시간을 부여해두지 않으면 안 된다. 나는 학생 시절 이 문제에 관해서 히라카와 아키라(平川彰) 박사에게서 재미있는 본질적 사례를 들은 바 있다. 소개하면 다음과 같다.

……무상이란 변화하는 것이기 때문에 그 주어가 고정적인 개체일 수는 없다. 가령 '철수는 죽었다' 라는 표현은 흔히 사용하는 말이지만 깊이 생각해보면 이 말은 모순을 내포하고 있다. 왜냐하면 철수가 철수인 한 살아 있는 존재이며 아직 죽지 않은 존재다. 그러나 '죽었다' 라고 한다면 거기에는 이미 철수가 존재하지 않기 때문에 '죽었다' 의 주어가 철수라는 것은 우습다. (平川彰 「원시불교・아비달마불교에서 시간론」 저작집 제2권 『원시불교와 아비달마불교』 수록)

우리의 삶은 그 과정에서 죽음을 물리친 삶이다. 즉, 생사일여의 삶이다. 현실의 유(有)는 무(無)를 포함한 유(有)다. 무(無)를 배제하고 거부한 유(有)가 아니다. 그런 의미에서 자기의 현실에 유(有)와 무(無)라는 모멘트가 융섭하고 있는 것이다. 이 유(有)와 무(無)의 이변을 떠난 지혜가 『중론』에서는 불생불멸(不生不滅)이라는 연기(緣起)의 표현을 취한다. '단상(斷常)의 중도(中

道)'는 '연속과 비연속(단절)'의 이변(二邊)을 떠난 중도(中道)이다. 자기는 시간적으로 지속하여 살아가고 있지만 그 사이 성장하여 변화해간다. 즉, 자기는 연속하면서 게다가 변화해가는 것이다. (「아함의 중도설」, 『원시불교와 아비달마불교』 수록)

자기가 자기 자신을 동일화(identify)하려고 하는 순간, 자기 자신은 이미 차이화하고 있다. 이와 같이 '순간적 존재'가 가지고 있는 차이 구조는 이분법적 구상의 논리 입장에서는 모순하고 있다. 그렇지만 존재의 실상을 정시하기 위해서는 이 이분법적 입장을 탈각해가지 않으면 안 된다. 이미 본 바와 같이 다르마끼르띠는 순간적 존재성(찰나멸)을 이와 같이 '자기차이성'으로서 파악하고 있었던 것이다.

제3장

다르마끼르띠 「자발적 소멸(죽음)」의 철학

제3장
다르마끼르띠 '자발적 소멸(죽음)'의 철학

'살아 있는 한 죽는다' 라는 부조리

언젠가 '사람은 모두 죽기 마련' 이라는 말을 듣고 몹시 두려워한 적이 있다. 칠흑과도 같은 어둠 속으로 오직 나만이 홀로 나락에 떨어지는 느낌에 가위눌린 적도 있다. 이 귀에 익어 새로운 맛이라곤 전혀 없는 언명은 당연한 것을 말하고 있는 것이 아니다. '살아 있는 것은 필연적으로 죽는다는 것을 의미한다' 라는 것은 당연한 것을 말하고 있는 것이 아니다. 왜냐하면 '살아 있는 것' 은 '살아 있는' 것이지 '죽어 없는 것이 아니다.' 그러한 한 '살아 있는 것은 죽지 않는' 것이다. A는 A이지 비A를 의미하지 않기 때문이다.

태어나 죽을 때까지 나라는 존재는 중도에 단절됨이 없이 존재하고 이윽고 그 앞에 죽음이 나의 부재(不在)라는 어둠으로서 지속한다고 해도 "결국 죽는다는 정도는 나도 알고 있어! 그러나 우선 당장은 내 차례가 아니야"라고 말하는 것처럼 지금까지 나는 나의 죽음을 앞서 보내왔던 것이다. 그러한 한 '나' 는 '나' 일 수 있기 때문이다. 학교에서 우리들은 A=A라는 동일성의 논리를 지겹도록 철저하게 배워왔다. 이 논리에 따르지 않으면 낙오하게 된다. 이렇게 해서 나는, 속으로는 굉장히 불안했지만, 가능한 한 낙오하지 않고 평범한 보통 사람으로 살아왔던 것 같다.

잠입하는 차이선

아마도 많은 사람들이 경험하는 바와 같이 죽음은 배후에서 예감된다. 중학생 시절, 언제부터인가 이유는 잘 모르겠지만 오른손 근육이 마비되어 연필을 쥘 수가 없었다. 의사는 진행성 불치라는 병명을 선고했다. 처음으로 '살아 있는 그대로 죽는다' 는 것에 절망했다. 저 칠흑과도 같은 캄캄한 어둠과 같은 죽음이 또한 엄습해왔던 것이다. 죽음이란 남의 일이 아니라 언제 나에게 닥칠 일인지 모른다. 나는 죽지 않으면 안 된다. 누구에게도 상담할 수 없다. 누구도 나를 구원할 수 없기 때문에 나에게서 떠나버렸음에 틀림없다. 나는 숨지 않으면 안 된다. 어쩔 도리 없이 무서웠다. 왜냐하면 나는 'A=A가 아니다' 나 'A=A가 없다' 는 것을 익힌 적이 없었기 때문이다. 염원하는 마음으로 '이것은 전부 거짓말이야!' 하고 빌었다. 죽음은 삶을 마친 다음에 있는 것이 아니라 삶의 한복판을 돌연히 엄습하여 절단하는 것이다.

그 의사의 예언이 빗나가 나는 아직 살아 있다. 그리고 그럭저럭 죽어도 여한이 없을 나이가 되었다. 그런데도 최근에 병에 걸려 몇 번씩 숨이 차오르면, 너무나 숨 쉬는 것이 괴로워 모든 것을 포기해 버리고 싶은 생각이 들기도 했다. 은근히 '이것을 쓰지 않으면 죽어도 여한이 남아' 라고 생각했던 것이 글을 쓸 수 있을 것 같지도 않은 실의도 알아주게 되었다. 가능하면 최후 순간까지 의연함을 지키고 싶기도 하지만, 그럼에도 불구하고 때때로 '나 자신이 없어져버린다고 생각하면 아무리 나이를 먹었어도 죽는 것은 무섭다.' 라고 말하는 사람을 만나면 '아아! 이 사람은 정직한 사람이야' 라고 생각하기도 한다.

　죽음의 순간까지 살아가지 않으면 안 된다. 참기 어렵고 고통스러운 존재만이 가득 차 있다. 그리고 그 앞에 죽을 수밖에 없는 '죽음의 공허한 공간' 이 무한히 절망적으로 이어지고 있다. 당시 별로 유행하지 않았던 사르트르(J. Sartre, 1908~1980)의 소설 『구토』의 주인공 로깡땅과 같이 존재에 구토를 느끼고 있었던 것이다. 『반야심경』(般若心經)을 읽은 것이 그 시기였던 것으로 기억한다. 『반야심경』은 '모든 것은 공(空)이다', '생사(生死)의 근저는 공(空)이다', '공(空)이야말로 생사(生死)다' 라고 말하고 있다. 근거는 '공' 이다. '근저가 없는 것' 이라 해도 좋다. 근거는 자기동일성을 가진 실체가 아니다. 공이란 실체가 아니기 때문이다. 거기에 한순간 헛되지 않게, 당시 아직 본 적이 없는, 붓다가 태어난 룸비니의 아주 맑은 네팔의 하늘을 본 것처럼 생각되었다. 마음 깊은 곳에서 한밤중의 어둠과 같은 죽음의 공간과, 숨이 막힐 것 같은 지루한 삶이, 춘삼월 봄날 고향의 눈이 녹아내리듯 고요하게 해소되어버리기 시작했다. 실체가 없는 것, 그것이 공(空)이다.

　그렇지만 한편으로는 선천적으로 사물에 대한 분별력이 모자란 탓에 '공'을 솔직하게 믿는 것을 계속해서 거부했다. '무엇 때문에 공인가?' 이것은 증명되지 않으면 안 된다. 현재 고뇌하고 있는 자신을 버리고 완전히 깨달은 세계 등은 아무 소용이 없다. 이 신체를 상실하는 공포의 직접성을 꿰뚫기 위해서 '공'은 그 직접성을 초월하지 않으면 안 된다. 직접성을 해체하는 '공'의 무서움은 사고를 배제함으로써만이 아니라 개념적 노력을 받아들여 부정적인 존재의 매개를 견딜 수 있을 때에만 현실이 되는 것이다. 그렇지 않으면 그것은 자기기만에 빠질 것이다. '공'이 공허한 공간 속으로 사고를 비산(飛散)시켜 직접 증명되는 것을 거부한다면 '나'라는 '불가역의 시간성'이라는 시점에서 '무상한 것'이 증명되지 않으면 안 된다.

'근거 없이 태어나 죽는다'라는 '근거 없는' 근거

근거 없이 소멸한다. '태어나 살아가며 그리고 죽는 것', 이것을 기초지우는 존재는 없다. 정신을 차려보니 나였던 것이며, 살아 있었던 것이다. 오히려 내가 없어도 좋았던 것은 아닌가? 무엇 때문에 나는 존재하고, 오히려 비존재가 아니었던 것인가?

살아 있는 한 누구도 자신의 죽음을 스스로 맞이하지 않으면 안 된다. 이것만은 누구도 대신할 수 없다. 여기에는 통상의 이유나 근거가 결여되어 있다. 그렇다면 무엇 때문에 죽음에 대한 근거가 없는 것인가? 왜냐하면 '근거가 없기' 때문이다. '근거가 없다'는 것은 그대로 '비재'라는 부정형으로 받아들이지 않으면 안 된다. 어떤 최기저의 근거를 '존재하는 것'으로서 긍정해서는 안 된다. 그렇지 않으면 통속적인 실체론에 빠져버리기 때문이다.

'미완의 죽음의 철학', 1966년에 주목할 만한 책 『죽음』을 썼던 장 켈레비치(V. Jankélévitch, 1903~1985), 그는 그 뒤 베아트리스 베루르비치와 대화중에 다음과 같이 말했다.

> 죽음을 고찰하고자 하는 것은 결국 처음부터 실패로 귀결될 운명인 광기의 기획이었다. ……요컨대 운명의 야유는 죽음에 관해서 그 어떠한 것도 말할 수 없다고 말하기 위해 책 한 권을 썼던 것이다. 나를 찾아오는 것은 바로 그것이다. 그렇지만 아무 것도 말할 것이 없다는 것을 말하기 위해서는 많은 말이 필요하다. 부정적 철학은 죽음 · 시간 · 음악이 말을 초월해 있다고 말하기 위해 사람들을 허무하고 쓸데없는 말로부터 딴 곳으로 돌리기 위해 많은 말을 필요로 한다. ……장식철학은 이것저것에 관해서 수다를 떤다. 이것보다도 오히려 저것이 그리고 그 어떠한 것도 죽음에 관해서 말하고 있지 않다. 죽음이야말로 장식철학이 말하는 것을 잊어버리는 유일한 것이기조차 하다. 왜냐하면 그 어떠한 사람도 죽음에 관해서는 말할 수 없기 때문이다. 특히 민족학자나 호적 통계가들도 죽음에 관해서 말하지 않는다. 그리고 신학자들은 다른 어떤 사람들보다도 죽음에 관해서 말하는 경우가 적다. (『어딘가 어느 곳에서 끝이 없는 채로』, 仲澤紀雄역, 『일과 낮 · 몽상과 밤』)

'죽음'을 생각하는 것은 '무'를 생각하는 것이다. '무'는 그 순간 반전하여 사고의 휴식의 뿌리를 멈추고 무화하는 것이다. 죽음을 대상화하여 마치 존재하는 것처럼 요설(饒舌)로 말하는 것은 전혀 죽음에 관해서 말하는 것이 아니다.

한낮의 별(환히 들여다보이는 죽음)

시고쿠(四國)에서 생활한 지 거의 20년 가까이 된다. 때때로 순례자들의 눈에 띄는 시골 작은 서점에도 '죽음에 관하여'라고 쓰인 책이 우리 눈을 사로잡는다. TV나 신문의 의학 프로그램 등에서도 죽음을 인공적인 백주 대낮의 화면으로 영상화하여 말을 하기 시작한다. 그러나 '죽음에 관해서' 말할 수 있을까? 혹시 어쩌다가 거기에는 죽음이 죽을 수 없게 된 절망을 말하고 있는 것은 아닐까? 일찍이 남몰래 순례길에서 죽어 말할 수 없었던 '비재'였는데, 지금은 아무나 죽음을 말한다. 그렇지만 백주 대낮에 별을 볼 수 없는 것처럼 너무도 분명하게 볼 수 있는 것이 오히려 볼 수 없는 경우도 있는 것이다.

누구도 '자기 자신의 죽음'을 말하는 것은 불가능하다. 다른 사람의 죽음을 바깥에서 경험할 수는 있지만 내가 '내 죽음'을 경험할 수는 없다. 이미 거기에는 내가 살아 있지 않기 때문이다. 이와 같이 살아 있는 한 나는 '내 죽음'을 경험할 수 없다. 그렇다면 나는 무엇을 말하려고 하는가? 말할 수 없는 것을 말할 수 없는 것이라고 말하려 한다. 나는 무엇을 말하고 있는 것일까?

더구나 나 자신도 다름 아닌 죽음에 관해서 말하고 있다. '언어'를, 그 '언어'의 종언을 향하여 거슬러 올라가면서 그 '언어'의 자기

부정을 통해서 말하는 방법만이 남아 있는 것 아닌가 생각한다. '죽음'이라는 '언어'가 연장하는 끝에 '죽음이라는 존재'가 있는 것은 아니다. '죽음'은 그러한 대상존재의 '비재'이기 때문이다.

노트에 쓰여진 문자를 지우개로 지우는 것처럼, 존재하고 있는 것이 존재하지 않게 되어버리는 것을 '죽음'이라고 할 수 있을까? 적어도 그것은 '비재'가 아니다. 문자는 사라져도 노트 그것은 여전히 존재하고 있다. 거기에 '공백의 장소'가 존재하고 있다.(뒤에서 기술하는 바와 같이 이것은 비존재가 아니라 부재다.) 비재로서의 죽음을 '삶이 결여된 장소'로서 파악하게 되면 그것은 '장소로서' 존재하는 것이 되어 문제의 영역에서 벗어나 소거되어버린다.

죽음의 문제도 타인의 죽음으로 대상화하여 관찰하는 한 그 '비재'는 내가 외출하여 '부재중인 텅 빈 집'과 같이 '부재의 장소'라는 '존재'로 교체되어버린다. 그 경우 나는 죽은 것이 아니다. 어딘가 다른 곳에서 살아가고 있는 것이다. 나는 나 자신의 죽음을 생각할 때 이미 '나라는 타인의 죽음'으로 대상화해버린다. 대상 영역 안에서 '보이는 것'으로 집어넣었던 '나=보는 것'은 본래의 나가 존재하지 않아도 그 대상세계 속에 그대로 계속해서 존재한다. 이 논리의 출발점에 있는 '나'라는 현실이 존재하지 않는다면, 전 존재 공간 그것이 소멸해버림에도 불구하고, '내가 존재하지 않았던 허무의 공간'으로 존재하게 된다. 이와 같은 직접성의 죽음의 암흑 속에 빠져 들어 가는 공포는 아무리 직접적으로 실감되는 것처럼 보인다고 해도 이미 개념적으로 구상된 것이다. 그것은 '영구히 죽지 않은 공허한 공간'에 대한 공포다. 죽음이라는 것은 '없다'는 것을 의미함에도 불구하고 '죽음이라는 것이 있다'라고 사람들은 굳게 믿어버린다.

'존재가 끝없이 지속하고 있다'라는 것은, 숨이 막힐 정도로 지루한 일임에 틀림없다. 그것은 절망이라는 지루함이다. 그렇기 때문에 수험전쟁이나 스포츠에서 시작하여 돈과 권력, 업적과 명성, 혁명이나 전쟁에 이르기까지 각각 승자의 우월감과 패자의 열등감이 주의되고 있다. 어떠한 우등생도 낙오할지도 모른다는 공포를 느끼고 있다. 마치 지루하지 않은 것처럼, 존재하는 모든 것이 시나리오화되고 게임화되어 간다. 모든 것은 목적화되어 의미 지워지지 않으면 안 된다. 그와 같이 의미 지워지지 않으면 사는 보람을 잃어버리기 때문이다. 게다가 그 존재의 끝에서 죽음이 자기동일성을 가지고 어디까지나 지속한다고 한다면 그것도 무의미하고 끝이 없는 지루함과 불안에 다름 아니다. 이렇게 해서 사후 세계의 시나리오화가 시작된다. 부재의 공간은 채워질 것을 열망한다. 임사체험 이야기에서 저 세상의 신화, 극락정토와 지옥, 최후의 심판 이야기에 이르기까지 '말할 수 없는 세계'는 일반화하는 에피고넨들에 의해서 너무나도 많이 거론되어왔다.

그러나 나의 '부재'란 문자 그대로 '내가 없다'라는 '비재'다. 과학적 사고는 모든 것을 대상화하는 것처럼 처음부터 구조화한다. 현대는 철학마저도 '인문과학'의 한 분야로 가두고 어느새 과학이 최후의 형이상학적 사상임을 논리적으로 비판할 수 있는 거점을 상실했다고 볼 수 있다. 1인칭의 죽음도 2인칭의 죽음도 남의 일처럼 '3인칭의 죽음'으로 '사체라는 존재'로 대상화된다. 바꾸어 말하면 죽음이 부재화함으로써 모든 것은 '생명과학'이라는 이름으로 환원된다. 죽음은 단순한 '삶이 결여된 장소'가 된다. 이렇게 해서 대상화된 삶과 죽음의 경계선을 어디에 긋는가가 바로 당사자인 본인을 제처두고 마치 타인의 일처럼 법률이나 윤리에 의해서 객관적으로 결정되어버린다. 마치 노트에 선을 긋는 것처럼. 얼마만큼 삶의 쪽을 많이 취하고 여백의 죽음의 영역으로 확장할 수 있는가? 평균 수명을 떠들어 대고, 건강과 생명의 연장이야말로 선(善)이 된다. 그러나 그 누구도 평균수명으로 죽지는 않는다. 각 개인들은 고유의 죽음을 맞는다. 평균이나 확률은 바꿀 수 없는 고유의 실존을 사상하고 바꿀 수 있는 불특정 반복의 추상공간(실험실) 속에 구축된 허구다. 다시 없는 실존의 죽음이 현대 테크놀로지 인공조명 속에서 소진해간다. 누구도 대신할 수 없는 '자신의 죽음'은 '비재'의 고독 속에서 처음으로 별과 같이 빛난다. 지금 인공의 빛이 비재의 밤을 빼앗는다. 모든 대상은 더 강력한 조명 아래서 더욱 잘 볼 수 있게 되었다. 그러나 '비재'로 빛나는 죽음은 한낮의 별과 같이 볼 수 없게 되었다.

수년 전에 돌아가신 어머니는 암 치료를 위해 사용한 엄청난 강도의 방사선 때문에 내장이 거덜나버렸다. 의사는 몸 아무 곳에나 주사 바늘을 찔러 넣고 숨을 거둘 때까지 멈추지 않았다. 살리기 위해서 몇 번씩이나 집중치료실에서 수술을 반복하여 죽음은 볼 수 없게 되었다. 애통하고 허무하다. 병원을 바꾸어 세 번에 걸쳐 수술을 한 뒤 시신을 기증해달라는 의사의 제안을 일언지하에 거절했다. 가능한 한 생전 모습 그대로 죽음을 맞이하고 싶었던 것이다. 태워진 백골은 약품으로 색이 바래 있었다. 죽음은 이미 거기에는 존재하지 않는다.

생명 연장으로 향하는 유효성이 윤리의 근거가 되어 장기이식이 시작되었다. 리사이클을 위해서는 장기가 정말로 죽어버렸다면 쓸모 있는 물건이 될 수 없다. 이렇게 해서 뇌에 생명을 가두고 장기는 물체로서 다루어진다. 삶의 장소와 죽음의 장소의 경계선은 과학과 법률에 의해서 인공적으로 결정되어버린다. 생전의 자유의지로 뇌 기능 정지와 함께 장기를 기증하는 것은 아름다운 행위다. 그렇지만 장기를 교환 가능한 '물건'으로 생각하는 사고방식은 문제가 있다. 인공 장기라면 과학적 목적을 달성한 쾌거라고 할 수도 있겠지만, 생체 간 장기 이식은 과학의 영역을 넘어 선 것이 아닐까? 그와 동시에 이윽고 사람들은 각자 자기의 의지대로 자신의 죽음을 선택하지 못하는 상황에까지 이르렀다. 눈앞에 죽어가는 가족을 보고서 생명 연장을 원하지 않는 사람은 아무도 없을 것이다. 그렇지만 사람은 반드시 죽는다. 의사도 죽는다. 환자도 죽는다. 승려도 죽는다. 과학이 불사(不死)의 생체(生體)를 목적으로 한다면 그것은 이미 생체가 아니다. 죽지 않는 존재에게는 이미 삶 또한 없기 때문이다. '죽음'이란 '비재'다. 그러나 이 '비재'는 어느 사이엔가 대상화되어 '생을 결여한 공집합의 장소'로 간주되고, '존재'로 되어 자신을 소거한다.

일휴(一休)는 『해골』에서 다음과 같이 말한다.

> 어떤 것도 전부 거짓인 세상이다. 죽는다고 하는 것도 진실이 아니기 때문이다. 죽는 것조차도 진실이 아니다. 몸은 죽어도 혼은 죽지 않는다는 것도 똑똑한 체하는 것이다. 원래 인간은 죽어 있는 것이다. 말 그대로라면 그렇지 않은가? 죽어보는 것이 좋다. 누가 그것을 진실한 것으로 인식한 사람이 있겠는가? 사람은 단지 죽을 뿐인 존재다. 이와 같이 (인간은) 덧없는 존재다. (水上勉,「一休文藝私抄『骸骨』을 읽는다」)

주체의 비재화

어느 날 아침, 그레고르 잠자는 불안한 꿈에서 깨어났을 때 자신이 침대 속에서 한 마리 흉측한 곤충으로 변해 있음을 발견했다. 그는 갑옷처럼 딱딱한 등을 대고 벌렁 누워 있었다. 머리를 약간 들자 아치 모양으로 볼록 솟아오른 갈색 배가 보였다. 이불이 배 위에서 금방이라도 미끄러져 떨어질 듯 간신히 걸쳐져 있었다. 여러 개의 발들이 그 앞에서 의지할 아무 것도 없는 것처럼 맥없이 허우적거리고 있었다. 몸통에 비하면 발 크기는 형편없이 작았다. (카프카, 『變身』, 高橋義孝譯)

그레고르가 자기 몸만한 곤충이 되어버린 순간, 자신이 인간에서 곤충으로 '변신'한 것을 눈치 챈 주체는 존재하는 것일까? 그와 곤충 사이를 공통기반으로 하여 지속하는 인식 주체, '나'는 있는 것일까? 이미 한 마리 곤충으로 변해버린 '내'가 어떻게 해서 자신이 한 마리 곤충으로 변했다고 하는 변화를 인식하는 것이 가능할까? 나는 어떤 시점에서 자신의 변화를 눈치 챘던 것인가? 나에서 곤충으로 변화하는 순간을 어디서 구하면 좋을까? 누가 자신이 곤충으로 변했다는 것을 눈치 채는 것이 가능하다고 말하는가? '변신'이 '변신'을 인식하는 부재, 거기에는 자기차이성이라는 해체와 구축의 간격만 있을 뿐이다.

이에 반해 내가 마치 과학자와 같이 객관적으로 그레고르의 변신을 관찰하고 있다고 한다면 "그레고르가 곤충으로 변신했다"라고 말할 수가 있을 것이다. 관찰자로서의 '나'는 자기 동일성을 지닌 채로 지속한다고 생각되기 때문이다. 마찬가지로 나는 나 이외 다른 사람들의 환생에서 죽음에 이르는 변화를 관찰하는 것은 가능하다. 그러나 다름 아닌 '나는 죽는다'라고 할 때 나의 죽음은 어디에 있는 것일까? 이미 살펴 본 바와 같이 나는 나 자신의 죽음을 경험할 수 없다. 죽음을 경험하는 주체인 '나'는 이미 존재하지 않기 때문이다. 문자 그대로 '죽음'은 비재다. 삶의 끝인 죽음의 어둠은 나에게 어디에도 존재하지 않는다. 내가 직접적인 감정으로서의 공포에 몸을 맡기지 않고 '비재'를 비재로서 생각할 수 있다면 어두운 공포의 존재 그것의 감각적 확신이 허구임을 반드시 깨닫게 될 것이다. 나의 죽음은 장례식이나 사후 세계에 있는 것이 아니다. 그것은 대상으로서는 어디에도 없다. 나의 죽음을 대상 세계 속에서 찾을 수 없다면 지금 여기에서 나의 죽음을 찾고 있는 나의 내부 마음의 순간에서, 나의 죽음을 찾을 수밖에 없을 것이다. 이것을 깨달을 때 이 현실감(리얼리티)은 역전한다. 살아 있는 이상 근거 없이 나는 비재화한다. 나의 삶 자신이 이미 나의 죽음을 내장하고 있다. 그때 언어가 고정하는 대상의 내부에서 엄청난 자기 해체가 행해지고 있는 것을 느낄 수 있을 것이다. 일상의 논리가 '삶'과 '죽음'을 이분하여 고정하고 있던 양 극단이 해체됨과 동시에 감추어져 있던 차이선이 흔들리고 생동화하여 자기차이화하면서 현출한다.

절박하게 다가오는 자기의 죽음을 마치 남의 일처럼 바라보고 '물리적인 장x'에 있어서 '공집합 ø'이라는 장의 존재를, 우리들 앞에 객관적으로 실재한다고 전제할 겨를이 없다. 이곳의 우주론 열풍에서 고안해낸 객관적 우주 모델이 야단법석을 떨고 있다. 그런데 우주를 관측하기 전에 관측하고 있는 바로 그 천문학자가 다름 아닌 우주인이다. 우주 모델을 생각하고 있는 그의 두뇌 자체가 우주이기 때문에 우주가 우주를 관측하고 있는 자기 자신을 위한 연주인 것이다. 그러한 주관으로서의 존재를 떠나서 우주의 전체 등은 그 어디에도 없다. 그와 같은 객관적 존재를 조망하고 관찰하는 주관은 죽지 않는다. 그렇지만 나는 죽는다.

평소 너무나 가까운 거리에 있기 때문에 그 사람을 잃고서야 비로소 사랑하고 있음을 깨닫게 되는 경우가 있다. 그와 같이 나는 나를 상실한 죽음이라는 비재를 통해서 전 생애의 존재의 의미를 언제나 이미 어두운 침묵 속에서 획득하고 있었던 것이다. 존재는 그 존재의 죽음에 의해서 비로소 현전화하는 것이다. 그렇다면 존재는 자신의 죽음이라는 끝을 시작이라 함으로써 사는 것이 된다. 필사적으로 그것은 이 '무상' 이외에는 없다. 무상의 전변은 그 기저에 전혀 지속하는 실체를 허용하지 않는다. 그렇기 때문에 비재의 순간에 다른 새로운 존재가 섬광과 같이 번쩍이는 것이다. 그것은 존재하는 것의 선명하고 강렬한 놀람이 되어 한순간에 현출한다.

'차이'로서의 언어대상(아포하 · 배제 · 차이)

다르마끼르띠의 '존재의 자발적 소멸론'이 가장 먼저 출현한 것은, '아포하'에 관한 콘텍스트(맥락)였다는 것을 주의해야 할 것이다. '아포하'란 '차이 · 배제'를 의미한다. '언어'는 대상 그것을 지시하고 있는 것이 아니라 '그 이외의 것을 배제하는 차이'를 지시하고 있다고 할 수 있다. 가령, '불'이라는 말은 실재하는 불을 대상으로 하는 것같이 생각할 수 있다. 그러나 언어의 대상은 불이 아닌 것을 배제하는 한에서 같은 것으로 규정되는 '불 일반'이라는 일반상이며, 지금 이 순간에 타고 있는 불의 독자상을 대상으로 하는 것이 아니다. 일반상으로서의 '불'은 담뱃불이나 화재의 불, 나아가 '담뱃불 일반'이나 '화재의 불 일반'과 같이 끊임없이 지시를 좁혀가는 것이 가능하다고 해도 그 '극한 일반'이 지각되고 있는 독자상과 겹쳐지지는 않는다.

그렇지만 이것을 머리로는 이해할 수 있다고 해도 감각적으로 실감하는 것은 지극히 어려운 일이다. 지금 타고 있는 불을 향해서 '불'이라고 말한다면 그 언어는 실재 불을 대상으로 하는 것이라고 실감해버릴 것이다. 일상생활 속에서 타고 있는 불을 가리켜 "내가 이것을 불이라 불러도 사실 이것은 불이 아니다"라고 말한다면 나를 호의적으로 대하던 사람들이 떠나버릴지도 모른다. 심지어 나를 정신병원으로 보낼지도 모른다. 일상생활은 존재의 실상에 이를 필요는 없다. 그 언어가 '물' 등을 배제하는 사용법을 알고 있다면 해결된다. 왜냐하면 일상의 행위 그것은 그러한 개념의 차이구조에 기초하고 있기 때문이다. 이렇게 해서 언어는 실재하는 대상과 완전히 일치하지 않는다고 해도 적어도 그것을 지시할 수 있다고 실감해버리는 것이다. 일상성의 범위 안에서는 언어게임에서 벗어나지 않는 한 충분한 정합성을 보존하는 것이 가능하다.

아포하(apoha) 이론은 디그나가에 의해서 시작되었다. 언어가 있다면 반드시 그 대상이 실재한다고 생각하는 소박한 실재론이나 베다 등에서 언어를 절대시하는 것을 디그나가는 비판한다. 따라서 그

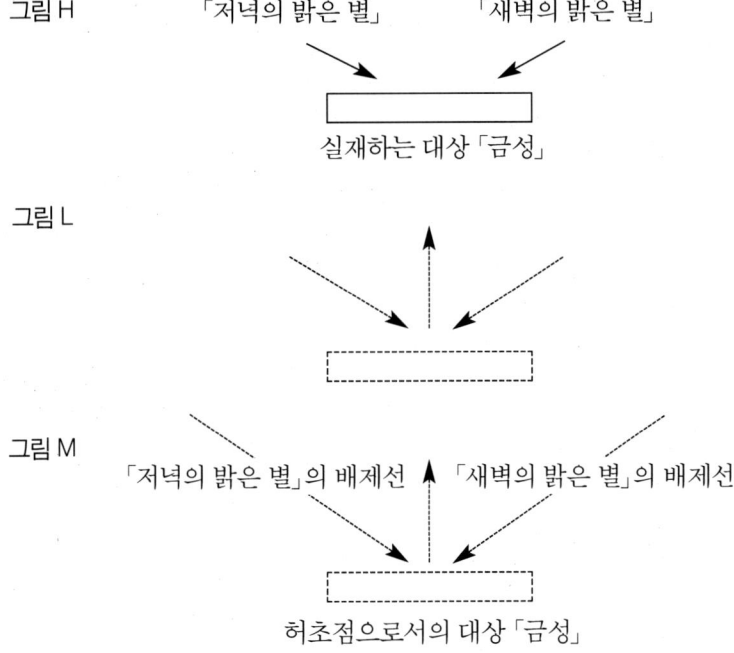

는 '언어의 지시대상'은 아포하에 의해서 허구된 것이지 지각되는 리얼한 대상과는 전혀 겹쳐지지 않는다는 것을 강조한다.

다르마끼르띠의 아포하 이론에 의하면 같은 유형의 아포하(차이)가 '동일화'를 형성한다. 가령 '불'이라는 말은 '불이 아닌 것'을 배제함으로써 '불'이라는 동일성을 획득하고 있다. 그러나 그 동일성이 실재하는 존재의 핵은 아니다. 가령 '뜨겁지 않다' + '붉지 않다' + '타지 않는다' +…와 같은, 타자와 차이가 교차하는 '공허한 지시핵'인 것이다. 이 차이화의 과정이 유사할 때 허초점이 '그림L'과 같이 규정된다.

이것을 '그림H'의 프레게(G. Frege, 1848~1925)의 동일성을 표기한 것과 비교하면 '그림M'과 같이 다르다. 지금의 경우 이 허초점이 언어에 의해서 보전되어 불이라고 부르고 있는 것이다. 마치 네가필름(negative film)을 포지필름(positive film)으로 반전하는 것처럼 '비재의 중심'이 언어기호에 의해서 보전되고, 또한 언어의 긍정적 대상이 중심핵에서 자기동일성을 가지고 있는 것처럼 믿어버린다. 그것은 존재의 실상에 의해서 증명되고 있는 것이 아니다. 따라서 아무리 불을 멋있게 표현해도 혀는 타지 않는다. 그러므로 어떤 언어를 대상으로 사용하는가는 완전히 자의적이다. 언어는 그것 이외의 언어와의 차이의 구조연관의 위치에서만 규정되고 있는 것에 지나지 않는다.

그런데 이와 같은 아포하 이론은 '언어의 자의성과 차이'를 주장한 소쉬르(F. Saussure, 1857~1913)의 언어 이론을 방불케 한다. 그러나 소쉬르처럼 기호에 의한 차이화 이전에 카오스 모양의 '비차이·무분절의 실재'가 있는 것은 아니다. '존재'라는 언어의 지시대상은 리얼한 현실이 아니라 '비존재'를 배제하는 한에서의 일반적 대상이다. 그러나 그것은 언어대상으로서 그 나름대로 자기동일성을 가지고 있다. 그러한 측면에서 안정되어 있다. 이렇게 해서 개념구상에 근거하여 이분화된 '언어의 세계'가 구축된다. 따라서 언어의 세계에서는 상대적 부정에 의해서 '존재'를 부정하는 것은 '비존재'를 긍정하는 것이 되며, '비존재'를 부정하는 것은 상대적으로 '존재'를 긍정하는 것이 된다.

이러한 개념구상에 의한 기호의 네트워크를 다르마끼르띠는 가상현실로 간주한다. 그러나 그 허구에 푹 빠져 있는 사람은 이것이야말로 유일한 현실이라고 굳게 믿는 것이다. 그렇다면 어떻게 이 허구를 간파하고 그것으로부터 탈출할 수 있을까? 다르마끼르띠는 '신의 계시'나 '비의·주술'적인 수단을 단호히 거부한다. 다르마끼르띠는 이러한 아포하의 세계에서 떠나는 것이 아니라 다름 아닌 허구의 근거로서 아포하를 역으로 이용함으로써 허구를 돌파해나갔던 것이다.

'언어'의 동일성의 해체(반실재론적 논리주의)

이미 본 바와 같이 디그나가는 '언어의 지시대상'이 아포하에 의해서 허구된 것이지, 지각된 리얼한 대상과는 전혀 겹쳐지지 않는다는 것을 강조했다. 언어는 여기서 지각된 리얼한 세계로부터 완전히 단절되었다. 그러나 이것에 의해서 허구된 것이라고 하지만 일상 언어의 세계는 그러한 한 허구의 언어게임 내부에서 논리적인 정합성을 부여받게 된다. 그러한 범위 내에서 지각된 독자상의 세계와 언어의 세계는 각각 분단된 채로 고정되어 있다. 한편 다르마끼르띠는 일상 언어를 구조화하여 고착된 아포하의 차이선을 역으로 거슬러 올라감으로써 차이선에 흔들림을 맡겨 존재의 실상에 이르고자 한다.

아포하는 시점을 바꾸면 존재의 실상에 이르는 유일한 수단으로 바뀐다. '존재'는 그 자신 자기 동일적인 대상이 아니라 그 이외의 존재인 '비존재'를 배제하는 차이선이며, 그 차이화하는 작용선은 역의 시점에서 본다면 '비존재'가 존재를 배제하는 차이선이다. 그렇다면 아포하가 가진 유일한 존재의 실상은 '차이화'라는 작용이다. 여기서 지금까지의 존재의 실상은 역전하여 차이선 '/'가 리얼한 것이며 존재와 비존재라는 두 개의 고정대상은 허구가 된다. 허구로부터 분리되어 현실이 있는 것이 아니다. 따라서 존재의 절대적 부정은 비존재를 긍정한다거나 하물며 절대무나 허무를 긍정하는 것이 아니라 차이선을 지시하는 것이다. 다르마끼르띠는 이 차이선에 따라 거슬러 올라가 존재의 실상에 도달하려고 한다. 일체의 '언어' 대상은 차이선 '/' 이다. 이것을 나타내기 위해서 다르마끼르띠는 '비존재'라는 '언어'를 예로 든다.

> 비존재에는 형상(=색깔이나 모양)이 없기 때문에 '언어는 형상을 지시체로서 갖는 것이 아닌가? 라는 의문은 전혀 일어나지 않는다. 따라서 '비존재'라는 대상에 의해서 배제(아포하)를 언어가 지시하고 있는 것이라는 것이 증명되게 된다. (『쁘라마나바르띠까』 제1장, p.185)

다르마끼르띠는 여기서 '비존재'라는 언어를 문제 삼는다. '비존재'라는 언어는 어떠한 것도 지시하고 있지 않다. 거기에는 색깔도 모양도 없다. 따라서 거기에 대상이 될 수 있는 것은 전혀 없다. 그럼에도 불구하고 우리들은 거기에 '무'라는 것이 있다고 믿어버린다. 이에 대해서 다르마끼르띠는 "'비존재'라는 대상은 없다. 비존재의 지시기능은 '존재'라는 언어와의 '차이'로 향할 뿐"이라고 말한다. 그렇다면 언어의 지시대상을 최대한 확장한 '존재'라는 언어도, 실재하고 있는 것을 지시하고 있는 것이 아니라 비존재와의 차이를 지시하고 있는 것이 된다. 즉, 언어의 대상이 있다면 그것은 긍정적인 것이 아니라 차이화하는, 네가티브한 차이선의 흔적이다. 이 차이화하는 기능이야말로 일상성의 허구를 구축함과 동시에 그 일상성을 해체할 수 있는 것이다. 존재와 비존재의 차이선을 가장 예리하게 표현하는 것이야말로 '자발적으로 소멸하는 찰나적 존재'에 다름 아니다. 이 문제는 제8장 「지각순간의 자기차이화」에서 더욱 심도 있게 다룰 것이다.

언어에 의한 부재의 보전

이와 같이 생각한다면 '나'라는 추상적인 존재가 느닷없이 존재할 리는 없다. '나'라고 하는 것은 지금까지의 순간적 원인총합태가 순간적으로 소멸함과 동시에 결과로서 발생하는 차이인 것이다. 나는 이와 같이 '자기 동일의 본질'을 가지고 있지 않기 때문에 순간적으로 변용하면서 존재한다. 나의 죽음은 나를 구성하는 전 기능군이 완전원인총체가 되어 소멸하는 것이다. 그러나 그로 인해 단절하는 것이 아니라 그 소멸이야말로 새로운 연기(緣起)의 구조연관을 발생시키는 것이다. 결과는 '저 세상'이 아니라 항상 새롭게 현출하는 연기(緣起)의 구조연관이다. 따라서 나라는 존재의 핵이 죽어 허무로 되는 것이 아니다. 그러나 그렇다고 해서 '나'는 지속하는 것도 아니다. 아무튼 처음부터 독립적인 핵이 되는 '나'라는 주체는 없기 때문에 그것이 '비존재'가 될 리는 없는 것이다.

그럼에도 불구하고 '나'는 처음부터 존재하고 있는 것처럼 생각해 버리는 것은 무엇 때문일까? 다르마끼르띠는 그 이유를 언명의 토대가 되는 개념구상에 있다고 보았다. '나는 … 한다', '나는 ― 한다'

라는 것에서 '주어로서의 나'를 추상하여 그것으로부터 역으로 '나'가 먼저 존재하고 '나는 ― 을 … 한다'라고 생각한다. 그러나 '―' '…'에서 독립한 '나' 등은 어디에도 없다.

가령 아이들의 작문에는 곧장 '나'가 등장한다. "'나'는 밤에 잠을 잤다. 그리고 '나'는 아침에 일어났다. 그리고 '나'는 학교에 갔다"라고 말하는 것과 같다. 여기에 등장하는 '나'는 엄밀하게 말하면 그 자체 이미 시간성을 띠고서 자기차이화하고 있다. 그러나 일상 언어의 기저에 있는 아포하는 언제나 반복할 수 있는 '나'라는 지시대상으로부터 시간성을 박탈한다. 그와 같이 아포하된 '나'는 '존재'로부터 아포하된 '시계와 같은 선형의 시간 폭' 위에 옮겨지게 된다. 반복은 단순한 반복과는 다르고 1회와 2회는 다르기 때문에 시점의 계열을 발생하게 한다. 여기서 각 순간은 자기동일성을 가진 '나'의 시점이며 게다가 반복의 순열에서 각 순간 다른 나로서 그때마다 차이가 확인된다. 이렇게 해서 언어대상의 재현가능성을 억지로 끌어들여, 기호 'W^1, W^2, W^3…'으로 표현한다. 시계와 같은 선형시간의 구성의 비밀도 이 근처에 있는 것 같다. 'W'는 자기동일성을 나타내고, 번호는 다른 대상과의 차이를 표현하고 있다. 여기서 '차이'는 순간적 존재로서의 '대상 그 자체의 자기차이'가 아니라 '자기동일성을 가진 두 개 이상의 대상 사이의 차이'인 것에 주의해두고 싶다.

이렇게 해서 시점계열 W^1, W^2, W^3… 각각의 공통기반인 기저대상 'W'가 추상된다. 'W'는 시간과 공간을 일관하여 자기동일성을 가진 '나'가 된다. 그리고 여기에서 이 W가 어느 때(T_n)에 어떤 장소(S_n)에서 잠자기도 하고 일어나기도 하며 세수를 하기도 한다고 믿어버린다. 이와 같이 '차이의 반복'은 선형시간의 시점 계열을 구성한다. 이렇게 해서 'Wn'은 어느덧 주어로서 항상성을 가진, 기저에 자기동일성을 가지고 있지만 현상으로서는 여러 가지로 변화한다고 믿어버리는 것이다. 가령 바다가 파도의 변화의 기저에 오히려 고요히 있는 것과 같다. 그러나 현실에는 '지금 파도가 치고 있는 바다' 이외의 바다라는 것은 없다. 현실에는 각 순간에서 작용의 구조연관 밖에 없음에도 불구하고 거기에 지속하는 주어의 존재가 허구되어 '나'나 'Wn'이 된다. 그리고 그 '나가 죽는다'라고 믿게 된다. 현실에는 명사로서의 '나'도 명사로서의 '죽음'도 진실로 존재하지 않는 것이다.

'비존재'가 차이(=타자의 배제·아포하)를 대상으로 하는 아포하화 작용이라고 한다면 존재에 대해서도 그와 같이 말할 수 있을 것이다. 따라서 존재가 비재화하는 순간적 존재는 자기동일성을 가지고 고정되어 있는 동일한 실재대상이 아님을 알 수 있다. 비존재가 절대적 부정에 의해서 규정되며 빈 공간으로서의 부재의 장소 그것이 박탈되는 것으로부터 '존재'와 '비존재'를 분절하고 있었던 차이선이 해체되기 때문이다. 아포하의 차이선에 의해서 언어대상으로서 각각 자기동일성을 가질 수 있었던 '존재'와 '비존재'는 여기서 다시 아포하에 의해서 역으로 그 차이선이 흔들리게 된다. 이 이중의 아포하의 작용은 무엇에 기인하는 것일까?

기저에 독자상의 차이화작용이 있는 것이다. 즉, '동일/차이'라는 동일 평면상의 대상영역에서 형상화된 존재 사이에 성립하는 배중율에 근거한 '차이'가 문제인 것이 아니라 그와 같은 형상화보다도 심층에서 대상이 자기차이화하고 있다는 의미에서의 '차이'가 문제인 것이다. 개념구상은 실재하는 차이성을 그 차이선 '/'에 따라서 양끝을 반전시켜 '존재 (/) 비존재'로 하여 차이화하는 차이선을 소거함과 동시에 '존재'와 '비존재'로 분리한다. 진정한 실상은 언제나 이미 '존재'와 '비존재' 사이를 빠져나가고 있는 것이다.

이에 반해서 이 차이선에 따라서 '자발적으로 소멸하는 존재의 자기차이성'을 논증하는 것은, 존재 그 자신의 내부에 자기 자신을 차이화하는 힘 즉, '자기시간화'를 논증하는 것을 의미한다. 이 의미에서 순간적 존재성은 '연기(緣起)'라는 구조연관의 효과적 작용을 가능하게 하는 근거임과 동시에 개념구상에 의한 대상의 고착성을 해체하고, 그 순간 새로운 존재의 실상을 현출하게 하는 근원적 시간성을 분명히 한다. 따라서 지각의 대상으로서의 독자상은 체르바츠키(T. Stcherbatsky, 1866~1942)가 말하는 것과 같은 초월적인 물자체가 아니다. 칸트철학에서 물자체(Ding an Sich)는 최고도의 보편이며 독자상을 가지고 있지 않기 때문이다. 독자상은 다른 것과 관계를 단절하고 존재하는 것이 아니라 다른 것과의 연기적 관계의 콘텍스트(맥락)에서 '타자와의 차이화'에 의한 것이며 궁극적으로는 자기를 차이화하는 '순간의 틈'에서 즉, 거기에 연동하여 생동하는 전체의 구조연관 한복판에서 발현하는 것이다.

우리들은 '시간'이라는 존재 속에서 태어나고 살아가며 그 시간 속에서 죽는다고 생각한다. 이것이 상식일 것이다. 그러나 그것이 아무리 확실한 것으로 실감하고 있다고 해도 현실은 아니다. 그것은 객관적인 것을 정립시키는 '시계의 선형시간과 통상의 논리'의 허구다. 왜냐하면 그것들은 죽음을 '부재의 장소'로서 존재화하기 때문이다. '부재의 장소'는 '비재'가 아니다. 그것은 '장소'로서 존재하고 있다. 그렇지만 '죽음'은 이미 거기에는 존재하지 않는다.

죽음이 존재가 아니라 '비재'라는 것을 자각하는 순간 상식적인 선형시간이 해체된다. '시간'이 '순간적 존재'에 의해서 해체되는 것이다. 이 순간 우리들은 자기 자신의 죽음이라는 '비재'에서 살아간다. 자기의 비재에서 역으로 비추는 시선이 지금 여기서 삶을 새롭게 창발하게 하는 것이다. 여기서 상식적인 선형의 시계시간은 해체된다. '시간'이라는 것을 '존재'나 '비재'로부터 추상하여 마치 좌표축으로서 그 자신인 것처럼 굳게 믿는 허구가 붕괴된다. 존재는 이미 비재이며 그 순간적 존재성이 이미 시간성인 것이다. '비재'로서의 죽음을 정시하고 순간의 시간성을 살아가며, 그것을 우리에게 '정리(正理, 인식론과 논리)'를 가지고 말하는 것이야말로 다르마끼르띠가 통찰한 붓다 그 분의 생애였을 것이다.

제4장

다르마끼르띠 철학의 배경

제4장
다르마끼르띠 철학의 배경

　질주하는 다르마끼르띠, '유형2의 순간적 존재성 논증'에 들어가기 전에, 그의 배경 사상을 살펴보자. 그는 시점을 고정하지 않고 도그마에 폐쇄된 사상의 분할선을 해체해간다. 여기서는 다르마끼르띠 철학의 배경이 되는 사상을 '논리와 시간성'이라는 관점에서 통관(通觀)하고자 한다.

시간으로서의 존재(원시불교)

　'모든 것은 무상하다'라는 테제는 불교의 가장 기본적인 교설이다. 그러나 같은 아가마(āgama, 아함·전승된 텍스트)에 의하면 붓다는 우리가 인식할 수 있는 영역을 초월한 '14개의 형이상학적 문제(14無記)'에 대해 답하지 않았다고 전해진다. 그 두 번째 물음으로 '세계는 무상이다'라는 명제가 거론된다. 이것을 어떻게 생각해야만 할까? '14개의 형이상학적 문제'는 아래와 같다.

> 세계는 (a1) 상주인가, (a2) 무상인가, (a3) 상주 혹은 무상인가, (a4) 상주도 무상도 아닌가? 세계는 (공간적으로) (b1) 유한인가, (b2) 무한인가, (b3) 유한 혹은 무한인가, (b4) 유한도 무한도 아닌가? 여래는 사후에 (c1) 존재하는가, (c2) 존재하지 않는가, (c3) 존재하거나 혹은 존재하지 않는가, (c4) 존재하지도 존재하지 않는 것도 아닌가? 신체와 영혼은 (d1) 같은가, (d2) 다른가?

붓다의 침묵에 대해서 사람들은 붓다가 형이상학적 문제를 피하고 실천적인 문제에 전념하기 위한 것이라고 주로 해설한다. 지금 독화살을 맞고 죽어가는 사람을 바로 앞에 두고 '이 화살은 어떻게 만들어졌나, 어떤 색깔인가' 하는 등의 논쟁을 피하기 위한 것이라는 것이다. 그러나 붓다는 소극적으로 형이상학적 문제를 피하고 침묵을 고수했던 것이 아니다. 물론 신비한 침묵으로 연기 속에 숨은 적도 없고, 문제를 이해하지 못한 것도 아니다. '무상·무아·연기'라는 붓다의 기저사상에서 보면 붓다는 형이상학적 물음을 적극적으로 비판하고 있다고 생각할 수 있다.

일반적으로 위에서 기술한 질문방식을 '사구분별(四句分別)'이라 한다. 문제에 답할 가능성을 네 가지로 나누기 때문이다. 왜 그렇게 나누는가에 대해서는 상당히 복잡한 문제가 있고 아직 정설은 없는 것 같다. 그런데 위에서 기술한 '사구분별'의 사례는 '세계는 상주인가, 무상인가, ……존재하는가, 존재하지 않는가' 등이다. 이것은 'p인가 혹은 q인가'라는 형태가 아니라 'p인가 혹은 p가 아닌가'라는 형태를 취하고 있다. 따라서 우리는 이것을 배중율이라고 부르며 이 것으로 판단의 전 영역을 포괄한다. 위 사례에서는 (1)과 (2) 등이 이에 해당한다. 'p'와 그 부정 'p가 아니다'는 모순관계에 있기 때문에 보통의 논리학에서는 술어의 유별의 가능성은 이것으로 다 포괄된다. 결국 'p'를 부정한다면 'p가 아니다'로 옮겨가며, 'p가 아니다'를 부정한다면 이중부정이기 때문에 'p'가 된다. 적어도 둘 중 하나가 긍정되지 않으면 안 된다. 무상(=비항상)이 아니라면 항상이며, 항상(=비무상)이 아니라면 무상이어야 한다. 그런데 붓다는 양쪽을 모두 부정한다. 더욱 이상한 것으로 위에서 기술한 4개의 판단(사구분별)에서는 또 다시 두 개의 유별 즉, (3)과 (4)의 가능성을 시사한다.(인용한 텍스트의 마지막 사례에서는 2구뿐이기 때문에 전승에도 혼란이 있다고 생각된다.) 'p 혹은 p가 아니다'와 'p도 p가 아닌 것도 아니다'라는 것은 모순율과 배중율에 저촉하기 때문에 배제된다. 따라서 제3구와 제4구는 처음부터 문제 자체가 성립하지 않는다. 이것을 피하기 위해서는 지금 어떤 것이 일부분은 상주이며, 일부분은 무상이라고 해석하든가 혹은 일정한 시간 동안 지속한다고 해석하는 것이 가능할 것이다. 그러나 그 경우는 주어로 전제되었던 '세계' 그 자체가 '단일인가, 그렇지 않은가'라는 문제가 가로놓여 있다. 이와 같이 술어가 존재할 가능성의 모든 것을 침묵으로 부정함으로써 '주어' 그것을 문제로 부상하게 했던 것이다.

 이것과 같은 문제를 간파한 인물이 있다. 바로 칸트다. 칸트는 거기서 '두 개의 상호 모순하는 언명이 논리적으로 증명되어버리는 것' 즉, 이율배반(antinomy)이 작열하는 것을 간파하고 있었다. 칸트는 거기서 형식논리학의 적용의 한계를 파악하고 있었던 것이다.

'세계는 유한인가, 그렇지 않으면 무한인가'라는 것도 이율배반을 초래하는 것이다.

지금 세계를 유한이라고 가정해보자. '여기까지이다'라는 한계선이 외부의 텅 빈 공간에 의해서 그어질 수는 없을 것이다. 그 경계선의 외부가 없다면 한계선을 그을 수 없기 때문에 세계는 무한으로 되어버린다. 그렇다면 세계를 무한이라고 가정해보자. 즉, 세계는 무한의 전체라고 해보자. 그렇다고 한다면 '이것이 세계다'라는 주어가 성립하지 않게 될 것이다. '이것이다'라고 하는 순간, 그 주어는 항상 그때마다 초월해버리기 때문이다.

칸트의 해석에 여러 문제점이 있다 하더라도 여기에서 요즈음 우리가 아무렇지 않게 사용하고 있는 '세계'라는 주어에 문제가 있다는 것은 분명하다. 세계는 '그 자신의 집합 전체를 다시 포함하는 집합'이며 러셀(B. Russell, 1872~1970)이 거기서 유명한 '집합론의 파라독스'를 발견할 정도로 '괴물'이다. '세계'라는 주어가 시간성이 박탈되고, '추상공간'이 되었던 것에 문제가 있다. 이와 같이 우리의 경험영역을 초월해 있는 대상에 관해서, '신은 존재하는가, 존재하지 않는가'라는 언명에 관해서도 통상의 논리는 해체된다. 그것은 '둥근 사각형은 둥근가, 둥글지 않은가'라고 말하는 것과 같은 것이기 때문이다. 나아가 '인간은 자유인가, 부자유인가'라는 것과 같은 물음에 관해서 주어 '인간'을 정신적인 것으로 본다면 자유이지만 신체로 본다면 죽지 않으면 안 되기 때문에 시간적·공간적으로 한정되어 부자유가 된다. 나는 살아 있는 한 나 자신의 죽음을 경험할 수 없기 때문에 '사후 세계는 있는가, 그렇지 않으면 없는가'라는 질문도 이율배반이 발생하리라는 것을 간파하기란 어렵지 않다. 죽음이란 거기서부터 두 번 다시 돌아오지 않기 때문에 '죽음'인 것이다. 임사체험(臨死體驗) 등은 살아 있는 한 가능한 것이며, 죽기 일보 직전인가 아니면 일만 보 직전인가 등과 같이 말하는 것은 난센스다.

그렇다면 이미 제1장에서 본 바와 같이 붓다가 '세계는 항상이다'라는 언명에 대해 같은 차원에서 그 반정립으로 '세계는 무상이다'라고 주장한 것은 아니라고 말할 수 있다. 즉, 그러한 인식에 칸트와 같이 인식론적인 반성을 더하여 메타 차원에서 비판하고 있는 것이다. 칸트와의 차이는 그것을 무시간적인 영원의 초월의 저쪽에서 이율배반으로서 소극적으로 처리하지 않았다는 데 있다. 붓다는 형이상학적 '존재 그 자체'를 구상하지 않고 거기서 순간적으로 반전하여 적극적으로 시간성의 실상을 향해 매진한다. 그것은 이미 본 바와 같이 무상성에 이르는 것이었다. 저 슬래시 '/'는 '존재'와 '비존재' 양끝을 부정하고 있었던 것이다. 붓다는 고정된 주어(다르민), 그것을 차이화하여 비켜가고 있는 것이다.

다르마끼르띠는 최초의 주저 『쁘라마나바르띠까』의 제2장 말미에 '무상'에 관한 아가마를 인용한다.

'무릇 어떠한 것이든 생기하는 성질을 가진 것은, 모두 소멸하는 성질을 가지고 있다.'

여기서도 생기와 소멸의 양끝을 부정하여 시간성의 슬래시 '/'에 귀속시키고 있다. 이렇게 해서 비로소 우리들은 이 장 서두에서 밝힌 질문에 답할 수 있다. 붓다는 '세계는 무상인가, 항상인가'라는 문제에 대해서 답하지 않았다고 한다. 그럼에도 불구하고 무엇 때문에 '모든 존재는 무상이다'라는 것이 붓다의 근본적 사상이라고 말할 수 있을까? 아래에 인용하는 와츠시 데츠로오(和辻哲朗) 박사의 통찰이 우리의 해답과 같을 것이다.

> 우리들은 앞에서 '나 및 세계는 무상이다'라는 주장이 단호하게 배척되는 것을 보았다. 그런데 여기서 일체는 무상이라는 명제가 가장 근본적인 것으로 정립된 것은 무슨 까닭인가? 그 답은 간단하다. 앞에서 무상이라고 하는 것은 항상하지 않다, 시간적으로 국한되어 있다는 의미에 다름 아니었다. 지금 무상이라 불리는 것은 불변이 아니다, 변역한다, 즉 시간적으로 존재한다는 의미다. 일체는 무상이라고 하는 것은, 시간적으로 존재하는 것이 아닌 어떠한 사물도 존재하지 않는 것에 다름 아니다. 모든 존재는 추이하고 유전하는 즉, 변역법(變易法)이다. 이 시간적으로 존재하는 것으로서 일체를 특징지우는 것에 의해서 일상생활경험의 현실에서는 초시간적인 일체의 존재가 배제되었다. (和辻哲朗『원시불교의 실천철학』전집, 제5권, p.113)

여기서 이미 붓다는 '존재로부터 단절되고 분리되어 초월적으로 존재하는 것과 같은 실체로서의 시간'을 부정하고 있다. 주어인 존재 그것은 이미 시간성을 내장하고 있다. 무상이라는 것은 존재로부터 단절된 시간을 전제로 하여 그 시간 속에 무상화된 존재가 아니라 존재자신이 시간이며 '존재하는 것'은 본질적으로 '시간적으로 존재하는 것'을 의미한다. '무상한 존재'에서 '시간'과 '존재'를 추상하여 실체화할 수는 없다. 이와 같이 붓다가 보았던 무상은 철저하게 시간성에 의해서 관통하고 있다. 거기에 '항상한 것' 등은 조금도 허용되지 않는다. 따라서 형이상학적으로 '저 세상'이나 '완전히 깨달은 세계'와 같은 무시간적인 '영원의 장소'를 전제하고서 그곳으로 도피해서는 안 되는 것이다.

깔라바딘(Kālavādin, 형이상학적 시간론자)

끝없이 전변하는 현실의 모순 속에서 삶의 괴로움과 비참함이 '그렇게 있을 수 있다면 하고 바라는' 모순이 없는 세계를 추구하게 한다. 가령 변화하지 않는 무시간의 동일의 세계, 영원의 명령, 불멸의 신, 절대자 등과 같은 세계를 추구한다. 여기에는 시간적인 것은 모두 배제된다. 이렇게 해서 시간과 존재는 분리된다. 시간적인 것은 차이화하여 모순으로 몰아넣기 때문이다. 이렇게 해서 무시간적 존재가 절대자의 지위까지 격상된다. 그리고 지금 그 절대자로부터 반전하여 남겨진 시간적 현실을 설명하게 된다. 가령 플라톤의 이데아, 순수한 게르만 세계를 지향하는 나찌즘, 교조적인 종교나 스탈린주의 등이 그렇다.

이와 같이 현실의 죽음에 대한 불안과 공포가 불사(不死)의 세계를 열망하게 한다. '저 세상'의 발명은 현실을 '이 세상'으로 바꾸어버린다. 희망은 고양되고 발원되며 이윽고 절대화한다. '그렇게 있을 수 있다면 하고 바라는 세계'가 언제부터인가 '그렇지 않으면 안 될 것이다'로 변하여 '그렇지 않으면 안 된다'라는 확신으로 고정된다. 니체가 본 바와 같이 여기서 현실은 세속이 되며, '저 세상'은 신의 세계가 된다. 이렇게 해서 지금 현재 살아 있는 현실에서 시간성을 박탈하여 무시간적 존재를 허구하고 이분된 형이상학적 존재론을 구축해버린다. '무상한 존재'에서 시간과 존재를 추상하여 실체화할 수는 없다. 그럼에도 불구하고 사상사는 이 '추상작용'이 인간에 있어서 얼마나 뿌리 깊은 것인가를 보여 주고 있다. 추상된 '존재'는, 로고스(logos)가 되어 신이라는 영원한 존재가 된다. 이것에 대해서 추상된 '시간'은 절대적 시간의 학설을 낳았다.

고대 인도에서 깔라바딘(Kālavādin, 시간론자)이 출현했다. 그들은 시간 그것을 초월자로 보고, 그 형이상학적 '시간(깔라)'이 모든 존재를 지배한다고 주장한다. 그 초월적 시간을 세속화하면 시계로 계산할 수 있는 선형의 상식적 시간이나 고전물리의 절대시간이 될 것이다. 깔라바딘의 형이상학적 시간은 존재까지도 지배한다.

> 시간으로부터 존재하는 것들이 출현하게 된다. 시간에 의해서 그들은 늙고, 시간 속에서 그들은 파괴된다. 형태 없는 시간이 형태가 된다. (『마이뜨리우빠니사드』 6, 14)

> 시간은 태어난 것을 성숙시키며, 시간은 태어난 것을 포용한다. 모든 것이 잠들어도 시간은 늘 깨어 있다. 시간을 극복할 수는 없다. (『마하바라따』 12, 231)

이 시간의 절대성은 아마도 『아따르바베다』에서 출발한다.

시간은 일곱 가닥의 고삐를 가진 말로 수레를 끈다. 천개의 눈을 지니며 늙지도 않고 씨앗으로 풍부하다. 영감 있는 시인들이 그 수레를 탄다. 그 수레바퀴는 모든 유기체(생류)다.

그는 실로 만유를 성립하게 한다. 그는 실로 만유를 포위하기도 한다. 그는 그 아버지가 되고 그 자식이 된다. 이것에 수승한 위력은 다른 것에 있지 않다.

시간 속에 세력이 있다. 시간 속에 최고의 사물이 있다. 시간 속에 브라흐만(최고원리)이 내재해 있다. 시간은 만유의 주인이며, 쁘라자빠띠(Prajāpati, 조물주)의 아버지이신 그는.(辻直四朗 역)

기원전 1,200년경에 성립한 『리그베다』 제10권 129번은 가장 오래된 철학 시구라고 한다.

그때 유도 없었다. 무도 없었다. 허공도 없다면 그것을 초월하여 하늘도 없었다. 무엇이 움직이고 있었던 것일까? 어디에? 누가 지켜보고 있었던 것일까? 물이 존재하고 있었던 것일까? 혹은 심연은 아니었을까?

그때 죽음도 없었다. 불사도 없었다. 낮과 밤을 구별하는 표지도 없었다. 저 일자는 바람도 없음에도 불구하고 스스로의 힘으로 호흡하고 있다. 그것을 초월하여 그 외의 것은 아무 것도 없었다.

도대체 누가 알고 있는 것일까? 누가 여기에 알리는 것이 가능하다고 하는 것일까? 이 창조가 어디에서 시작하고 어디에서 온 것인가를. 신들은 이 창조의 산물이다. 그렇다면 그것이 어디에서 시작된 것인가? 누가 알고 있는가?

이 창조가 어디서 시작되고 누가 행한 것일까? 최고의 높은 곳에서 그것을 보고 있는 분, 그분만이 알고 있을 것이다. 혹은 그분도 역시 알지 못할 것이다.

이 시구의 마지막 수수께끼가 풀린다. 그것은 베다 자신 속에서 풀리게 된다. 처음과 두 번째 시구를 보자. '그때 유(有)도 없었다. 무(無)도 없었다', '그때 죽음도 없었다. 불사도 없었다'에서 '그때'라는 로카티브(locative, 장소·시간을 표시하는 격)의 시간이 주격이 된다. 아마도 『아따르바베다』는 그 해답이었던 것 같다. 유에서 유가 발생한 것이 아니다. 무에서 유가 발생한 것도 아니다. 물론 신이라는 유에서 나온 것도 아니다. 무와 유의 경계선상의 '시간'에서 나온 것이라고 베다의 작자는 말하고 있다.

시간이라는 최고도의 형이상학은 시간의 자기차이성에 의해서 스스로 해체할 '조짐'을 보인다. 따라서 놀라운 것은, 다음 절에서 보는 바와 같이, 이 형이상학적 시간을 해체하는 나가르주나가 똑같이 표현한다는 것이다. 이미 기술한 바와 같이 이 형이상학적인 '시간'의 신격화를 혐오하여 세속화한다면, 바이세시카학파라는 자연철학적 유물론학파의 카테고리가 된다. 바이세시카학파의 실체로서의 시간은 깔라바딘을 근거로 하고 있다. 일반적으로 말하면 이 시간의 탈신화화는 우리들이 일상생활에서 따르고 있는 '시계의 시간', 즉 '정확히 정량화된 시간'이 될 것이다. 과거·현재·미래를 일별하여 직관하는 신의 눈이 세속화되어 '신을 살해한'(니체) 인간의 눈(관측장치)이 보는 선형의 직선으로 치환될 수 있다. 모든 선언지(選言支)의 가능성을 파기하고자 하는 붓다의 침묵은 이러한 카테고리의 해체를 겨냥하고 있다.

형이상학적 시간의 해체(Mādhyamika, 중관)

중관파 형성에 결정적 역할을 담당했던 나가르주나(Nāgārjuna, 용수, 150~250년경)의 『중론』(中論)은, 서두에 그 핵심적 사상을 표명하는 시구에서, 존재는 사구(四句) 중 그 어느 것에서도 발생하지 않는다고 한다.

> 존재는 어떠한 것도 어디에서도 결코 자신으로부터, 다른 존재로부터, 자신과 다른 존재로부터 또한 원인 없이 생기하는 것이 아니다. (『중론』 1, 1)

여기서 '사구분별'의 모든 것이 부정되고 있다. 붓다의 침묵과 전적으로 같은 문제가 여기서 발생하고 있다. 여기에 있어서 붓다의 침묵은 '공'의 논리로 전개된다. 이미 기술한 바와 같이 일반적인 논리에서는 A를 부정하면 '비A'를 긍정하는 것이 된다. 이렇게 해서 논의영역의 주어는 'A이든가 비A이든가 둘 중 하나이다' 라는 배중율로 이분되지만, 사구분별은 (1)A (2)비A (3)A와 비A (4)A도 비A도 아닌 공집합을 표시하고 있다. 존재영역을 이와 같이 네 개로 유별하여 '존재A가 생기한다' 혹은 '존재A가 된다' 라는 것을 음미해보도록 하자. 우선 (1)의 경우, A로부터 A가 된다는 것은 무의미하다. 그것은 이미 A이므로 A가 될 수는 없기 때문이다. (2)의 경우 비A는 A가 아니다. 양자는 모순하기 때문이다. 만약 비A가 A가 된다면 A는 자기 이외의 모든 존재로부터 성립해버릴 것이다. (1)과 (2)가 부정되었기 때문에 그것을 합한 (3)도 부정되어버린다. (4)는 A와 비A가 모순하기 때문에 공집합이다. 따라서 거기서 어떠한 기술적 규정도 부정되어버린다.

이와 같이 나가르주나는 이들 네 개의 영역을 차례로 부정하여, 마침내 모든 영역을 부정하고자 한다. 『중론』의 주석자 바바비베까(Bhāvaviveka, 500~570년경)와 찬드라끼르띠(Candrakīrti, 600~650년경)도 여기서 부정은 '절대적 부정' 이라 말하고 있다. 즉, A의 부정은 단순히 A를 부정할 뿐, 비A를 긍정하지 않는다. 따라서 그 비A를 차례로 부정하지 않으면 안 된다. 제3은 제1과 제2를 합한 것에 지나지 않는다. 그 각각이 부정되었기 때문에 이것도 부정할 수 있다. 마지막 A와 비A의 공존은 불가능하며 그것을 논리적 주어의 영역이라고 한다면 그것은 '공집합' 이라는 '장', 즉 '부재의 장' 이 주어가 된다. 지금 그것을 차례로 부정해 가는 것은 단순히 A나 비A를 부정하는 것이 아니라 A와 비A를 공통의 근거로 하는 장 그 자체를 부정하는 것을 의미한다. 즉, 장소로서의 주어는 차례로 부정되고 더 심층의 장소도 차례로 부정되어 어디까지나 배제된다.

절대적 부정의 경우, '발생한다' 라는 다르마(성질)는 모든 다르민(유법)의 가능성을 부정함으로써 공중에 붕 떠버린다. 그것이 존재해야 할 장소로서의 다르민을 상실한 다르마는 의미를 가질 수 없기 때문에 발생하는 것도 부정되어버린다. 이러한 부정에 의해서 어떤 다른 것도 긍정되지 않는다. 절대적 부정에 의해서 처음으로 전제된 '장의 존재' 가 부정되고 그 반정립의 다르마도 다르민을 상실하게 된다. 그렇기 때문에 반정립을 상대적으로 긍정한 적이 없다. 일반논리학과 같이 'x가 아니다' 라는 것을 '비x이다' 라든가 '비x가 존재한다' 라고 바꾸어 읽는 것을 허용하지 않는다. 그리고 '비존재이다' 나 '비존재라는 것이 있다' 라는 것은 난센스라고 보는 것이다. 이렇게 해서 문제는 더 심층의 다르민(장)을 현출하게 하여 다시 새로운 장의 해체로 향한다. 이와 같은 부정 기능이 새로운 존재영역을 개시하는 순간 '해탈로 전환하는 것' 이 가능하게 된다. 그것은 인식주체로부터 분리된 전면(前面)의 대상을 부정함으로써 배면(背面)의 지평을 절개하여 존재의식의 전환을 향하고 있는 논리다. 여기서 전제가 되고 있는 기체 존재가 차례로 해체됨과 동시에 새로운 차원의 논의 영역이 현재화해가는 시간성에 주목해야 한다.

불변의 본질을 가진 '존재' 는 '비존재' 로부터 분리되어 독립해 있기 때문에 '비존재' 에서 '존재' 로 이행할 수 없다. 가령 소멸에 관해서도 이미 소멸한 것은 소멸하지 않으며 아직 소멸하지 않은 것도 소멸하지 않는다. 소멸하면서 존재하는 것은 소멸하는가? 라고 한다면 소멸하면서 존재하는 것은 이미 소멸한 것인가 아니면 아직 소멸하지 않은 것인가, 이 두 경우를 제외하고 제3의 소멸하면서 존재하는 것은 어떠한 존재방식도 가질 수 없다. 이렇게 해서 소멸하는 주체

(주어)를 제시할 수 없게 되어버린다. 이와 같이 주어로서 명사화된 것은 시간성(동사)이 제거되어 불변화의 본질을 가진 것으로 미리 고정되어버린다. 나가르주나가 지향하고자 했던 것은 그 주어의 명사에 대해서 '생기한다'라는 동사의 '시간성'을 교차시켜 'A와 비A'로 이분되는 곳에 모순을 작열시킨다. '존재와 비존재', '삶과 죽음', '미혹(생사)과 깨달음(열반)', '존재와 시간' 등등 이와 같이 모두 이분되고, 그 각각 본질을 가진 대상으로 고정된 것을 다시 소생시키기 위해서 그 안정된 분할선상에 모순을 작열시켜 시간화한다. 개념의 자기동일성(본질·자성)에 근거한 대상이 시간적으로 존재하는 자기차이성(무자성·공성)에 의해서 해체되어 시간화되는 것이다. 따라서 '생사일여(生死一如)'는 삶과 죽음 이외의 제3의 비시간적 실체로서의 경지가 아니라 삶과 죽음의 경계에 약동하는 시간성이 아니면 안 된다. 따라서 '우선 〈존재〉라는 것 혹은 〈시간〉이라는 것이 있고, 그것으로부터'라고 하여 논의를 개시할 수는 없다.

시간을 실체로 보는 사상은 이미 기술한 바와 같이 불교 외부에 있는 깔라바딘과 바이세시카학파 등에 머물지 않는다. 그것은 불교 내부에도 있었다. 모든 '언어'의 대상은 존재하지 않으면 안 된다고 하는 사르바스띠바딘(Sarvāstivādin, 설일체유부)에서 볼 수 있다. 나가르주나의 『중론』이나 그의 제자인 아리야데바(Āryadeva, 제파)의 『사백론』(四百論)은 그러한 불교 내외의 실재론에 대한 철저한 비판서다. 실재론은 공통적으로 시간을 다음과 같이 말한다.

'과거', '현재', '미래'라는 '언어'가 있는 한, 그것의 기저에 '시간이라는 것'이 반드시 있어야 한다. 이 '시간' 그 자체는 비시간적 실체이며 삼시(과거·현재·미래)에 걸쳐서 실재한다. 이 실체의 속성이나 양상이 '과거', '현재', '미래'라는 것이다. 그렇다면 어떻게 해서 '현재'는 과거와 미래와 구별되는가? 그것은 현재에만 '작용'이 기능하기 때문이다.

이와 같은 '실체로서의 시간'을 중관철학의 관점에서 나가르주나는 해체한다. 『중론』 제19장 「시간의 고찰」을 보도록 하자. 상식적으로는 시간이라는 것이 먼저 존재하고 그것이 '과거'·'현재'·'미래'라는 양상을 가지고 있다고 생각한다. 실제로 우리는 흑판에 분필로 직선을 그어 중간지점을 설정하여 현재 시점이라 부르고 그 양측에 각각 과거나 미래라고 써넣기도 한다. 이와 같이 생각된 시간이라는 것은 이미 시간성을 떠나버린 것임을 나가르주나는 다음과 같이 비판한다.

> 지금 현재와 미래가 과거와 서로 관련을 갖는다고 한다면 상관관계는 적어도 동일한 시간에서 성립하지 않으면 안 되기 때문에 현재와 미래는 과거와 같은 시간에 있게 되며 따라서 현재와 미래는 과거가 되어버릴 것이다. 이것은 현재나 미래에 관해서도 똑 같이 말할 수 있기 때문에 같은 모순에 빠져버릴 것이다. 『중론』

이와 같은 논법을 이미 기술한 바와 같이 쁘라상가(귀류법·배리법)라 한다. 어떤 것이 성립한다고 가정하면 모순되는 결론이 도출되기 때문에 결국 그것이 성립할 수 없다는 것을 증명하는 방법이다.

나가르주나는 더욱 강력한 쁘라상가를 제시한다.

> 머물지 않는 시간은 포착되지 않는다. 머물렀던 시간은 포착되었을지도 모른다. 그러나 그때, 이미 시간은 존재하지 않게 된다.
> 『중론』

시간을 인식하는 순간, 그 시간은 자기 자신을 차이화한다. 순간 그것이 자기차이화하는 것을 의미하기 때문에 현재의 순간이라고 하지만 규정하는 순간 빠져나가버린다. 흑판 위에 '시간'을 직선으로 그어 공간화하여 시간을 보는 순간, 시간은 빠져나가버린다. 거기에는 이미 존재하지 않는 과거와 아직 존재하지 않는 미래가 같은 흑판 위에 동시에 존재하게 된다. 이와 같이 묘사된 객관적 시간이 이미 시간이 아니라면 시간은 어디에 있을까? 만약 묘사하고 있는 나 이외의 존재에 시간이 객관적인 것으로 존재하지 않는다면 시간은 우리 속에 존재하지 않으면 안 된다. 시간이란 주관적인 것이며 내가 시간이라고 말하는 것이 된다. 그러나 중관파는 말한다. "객관이 없을 때, 주관도 없다."

뒤에 기술하는 바와 같이 다르마끼르띠의 '순간적 존재성 논증'은 비시간적인 것을 부정할 때, 위에 기술한 모순을 지적하는 논법을 내장하고 있다. 그것을 귀류로 볼 것인가 아니면 독립의 논증으로 볼 것인가, 하는 해석의 대립은 이미 중관파 내부에서도 발생하였다. 찬드라끼르띠의 귀류파(쁘라상기까)와 바바비베까의 독립논증파(스바딴뜨리까)의 대립이 그것이다. 이것은 뒤에 기술하는 바와 같이 라뜨나까라샨띠와 즈냐나스리미뜨라의 대립에서도 볼 수 있다. 중관 쁘라상기까는 쁘라상가(귀류법)를 전면적으로 채용한다. '공(호)'은 우리들 전면에서 대상으로서 파악할 수 없지만 그러한 대상을 부정하여 오히려 우리들 배면의 느낌에 의해서 우리들의 존재의식의 변혁을 겨냥하고 있다. 이것에 대해서 중관 자립논증파는 귀류를 독립의 논증이라 하기 때문에 논리의 대상영역에 '궁극적 차원으로서는'이라는 한정을 삽입하여 논리구조를 이중화했던 것이다.

'실재시간'과 '자발적 소멸' (설일체유부와 경량부)

중관과는 다른 시점에서 설일체유부의 '실재시간'을 비판한 불교 내부 사상이 있다. 경량부(Sautrāntika)이다. 뒤에 기술하는 바와 같이 다르마끼르띠의 철학은 이 경량부의 시점에서 개시한다. 붓다 자신이 경험한 무상의 원체험은 붓다가 입멸한 이후 북 인도 카슈미르 등 점재한 여러 지역을 핵으로 하여 다양한 체계화가 시도된다. 여기서는 격렬한 사상적 대립을 나타내는 설일체유부와 경량부의 대조적인 사상을 제시하고자 한다.

무릇 존재하는 것은 미리 시간성을 박탈한 뒤 모두 설일체유부의 마음에 드는 이분법에 의해 두 개의 범주로 나뉜다. 완전히 무시간적인 것(無爲法, 열반과 허공 등의 세 가지 법)과 시간적으로 구성되는 것(有爲法, 나머지 모든 법)이다. 나아가 분석을 계속하여 존재의 구성요소를 대략 75종까지 세분한다. 시간적인 세계의 무상성은 다음과 같이 설명한다. 각 구성요소는 각각 자기동일성을 가지고 무시간적으로 존재한다. 바꾸어 말하면 과거, 현재, 미래에 걸쳐서 항존한다. 미래의 구성요소는 흩어져 무질서하게 놓여 있다. 구조화되기 위한 작용이 없기 때문이다. 작용은 현재에만 있기 때문에 거기서만 어떤 구조체계가 구성요소의 조합에 의해서 구축된다. 현재의 작용을 잃게 되면 고착하여 과거로 이행한다.

여기에는 과거·현재·미래를 공통적으로 근거하는 절대적인 장소로서의 시간과, 현재에만 작용하여 현재화하는 상대적 시간이 전제되어 있다. 카지야마 유이치 박사의 비유에 의하면 다음과 같다. 가령, 영화 스크린에서 미래는 아직 비치지 않은 그대로의 필름, 현재는 렌즈와 램프의 작용을 받고 스크린에 상영되고 있는 상태, 필름은 이 한순간을 순간적 존재 혹은 순간적 소멸로서 통과한다. 과거는 이미 상영되어 감겨진 롤과 같다. 이에 대해 경량부는 정면으로 반대한다. 현재만이 존재한다. 과거와 미래는 존재하지 않는다. 위의 비유로 말하면 필름은 홀연히 광원 앞에 출현하여 한순간 비친다. 다시 말하면 영사기를 포함하여 모든 촬영현상이 순간적으로밖에 존재하지 않는다.

경량부는 '존재=작용'으로 간주한다. 즉, 존재 그것이 이미 시간인 것이다. 따라서 존재가 소멸하는 것은 존재 그 자신이 자발적으로 소멸하는 것이다. 그렇기 때문에 '존재가 소멸할 때, 원인은 필요 없다'고 주장한다. 이것은 주목할 만한 가치가 있다. 왜냐하면 이미 본 바와 같이 다르마끼르띠의 순간적 존재성 논증은 이 테제에서 시작하기 때문이다. 설일체유부는 존재에서 시간을 단절하여 분리해버렸기 때문에 시간적 현상을 설명할 때, 무시간적 구성요소에 뒤에서부터의 작용이라는 형태로 시간을 부가하지 않으면 안 되었던 것이다. 그러므로 그들은 존재에 대해서 세 개, 혹은 네 개의 시간적 양상을 초래하는 구성요소를 설정한다. 즉, '발생하게 하는 구성요소(生法)', '지속하게 하는 구성요소(住法)' 혹은 '변화하게 하는 구성요소(異法)', 그리고 '소멸(파괴)하게 하는 구성요소(滅法)'가 한순간의 틈에 작용한다고 주장했다. 그렇게 되면 이들 구성요소를 작용시키기 위해서 또 다른 구성요소가 필요하다는 비판에 직면한다. 이에 대해 경량부는 존재가 그 자신의 내부에서 연기구조를 발생하는 작용력을 가지고 생기하며, 한순간 속에 자발적으로 소멸한다고 보기 때문에 순간적인 존재 이외에 작용력이 전혀 필요하지 않다고 주장한다.

또한 불교의 궁극 목표인 열반(니르바나)은 설일체유부에 의하면 '무시간적인 무위법'에 속한다. 즉, '무상한 유위법'으로부터 단절되고 있는 것이다. 따라서 미혹에서 깨달음에 이르는 전환 문제는 인식론에서 제외되어버린다. 이렇게 해서 주체적인 인식의 전환 문제는 수도론(修道論)으로 분리되어버리는 것이다. 열반은 무상한 시간적인 존재방식과는 전혀 관계가 없이 완전히 깨달아서 멀리 피안에 들어가는 세계라고 하지만, 이것은 이치에 맞지 않는, 터무니없고 지루한 사체(死體)와 같은 무시간적 존재로 상정한 것에 지나지 않는다. 이에 대해서 경량부는 '존재=작용=시간'이라 간주하기 때문에 무시간적인 존재로서의 무위법을 인정하지 않는다. 그렇다면 열반은 여기에 이르러 시간성을 띤 '생동적인 사건'이 된다. 그것을 무시간적으로 고정하지 않기 때문에 미혹으로부터 깨달음에 이르는 전환의 경계영역을 추구하게 된다. 이 경계영역을 가능하게 하는 것이야말로 순간적 소멸론인 것이다.

다르마끼르띠는 인식 그 자신이 순간적 존재이기 때문에 인식론적 전환이 가능하다고 생각한다. 그래서 그것은 순간적 전환의 경계선 상에서 '자기차이화'로 말할 수 있다. 이 문제는 뒤에 주제적으로 고찰할 것이다. 또한 무위법을 인정하지 않는다는 것에서 다르마끼르띠가 '존재'를 '효과적 작용을 하는 것'으로 규정했음을 추정할 수 있다. 다르마끼르띠에 의하면 무위법은 '효과적 작용'을 가지고 있지 않기 때문에 존재하지 않는다고 해석한다. 설일체유부의 '시간적으로 구성되는 것'은 경량부가 '존재=작용'으로 봄으로써 '스스로 시간화하는 작용을 가진 것'으로 간주되었다. 다르마끼르띠는 이 경량부의 유위법 정의를 '효과적 작용을 하는 것'으로 바꾸어 읽고 있다. 이것이 '모든 것은 연기하여 존재한다'라는 붓다의 통찰을 벗어난 것은 아니다. '효과적 작용'이라는 것은 뒤에서 보는 바와 같이 '연기(緣起)'인 것이다. 이에 반해서 설일체유부는 '연기(緣起)'의 순관(順觀)과 역관(逆觀)마저도 이분해버린다. 그러나 다르마끼르띠는 무위법은 존재하지 않는다고 말함으로써, '만들어진 것(유위법)은 무상이다'라는 언명은 '모든 존재하는 것(효과적 작용을 하는 것)은 무상이다'라는 것을 의미하게 된다. 그러나 뒤에서 보는 바와 같이 중관과 유식의 철학을 받아들이는 다르마끼르띠는, '효과적 작용능력'은 인식론적 전환(轉依)이 발생하기까지 잠정적으로 규정한 것이라고 생각했다.

　이어서 '순간'의 정의에 관해서 살펴보도록 하자. 그런데 설일체유부와 같이 시간을 공간화하면 '찰나'는 시간의 극소단위로서 '정량적'으로 규정된다. 계산에 의하면 75분의 1초, 손가락을 떠는 순간에 65 순간이 경과한다고 계량화된다. 그러나 오래된 아비달마 문헌에는 '붓다는 찰나의 양을 규정하지 않았다'는 것이 정설이다. 바수반두는 경량부의 관점에서 설일체유부를 비판하기 위해 『아비달마 코샤바샤』(Abhidharmakośabhāṣya, 俱舍論)를 썼던 것이다. 이러한 비판 형태에서 본다면 경량부라는 명칭은 역사적으로 실재한 학파가 아니라 전통설을 비판하기 위한 수단으로서 허위로 구축되었다고 생각하지 않을 수 없다. 그렇지만 지금은 이 문제를 더 이상 논의하지 않기로 한다. 그런데 『아비달마코샤바샤』에서는 순간(찰나)을 다음과 같이 정의한다.

> (1) 순간(찰나)은 여러 원인이 총체화할 때, 그러한 한에서 다르마(성질, 구성요소, 여기서는 존재상태의 의미가 강하다)가 자체를 획득하는 시간, 혹은
> (2) 원자A에서 다른 원자B로 다르마가 움직이며 그 순간의 다르마(성질, 구성요소)가 활동하는 시간이다.

이 정의 가운데 (1)은 지금까지 기술해왔던 경량부의 사상에 가깝다. 이것은 다르마끼르띠에게 있어서 원인총체의 최종 순간의 모델로 발전했다. (2)는 극미론(원자론)을 전제하고 있다. 이것은 다르마끼르띠에 있어서 '가동성(加動性)'을 제공하게 한 '효과적 작용'을 가능하게 하는 극한적 순간적 존재로 발전하다. 다만 다르마끼르띠가 기술하는 차원이 중관이나 유식으로 이행할 때 극미론은 부정된다. 어찌 되었던 경량부의 관점에서는, 존재에서 분리된 '순간' 은 어디까지나 허구이며 객관적으로 정량화되지 않는다. 그것은 인식 그 자체의 '순간적 존재성'으로 문제가 되며, 실재 시간을 전제로 하는 정량화는 피하고 있다. 따라서 다르마끼르띠는 멜로디를 구성하는

음소를 문제 삼는 텍스트의 부분에서도 '그것보다 더 작은 시간' 이라고 비교급으로 미분적 표현을 취할 뿐 정량화하지는 않는다.

이와 같이 순간이 정량화되지 않는다는 것은 무엇을 의미하는가? 경량부는 설일체유부의 '발생하게 하는 구성요소(生法)' 나 '소멸(파괴)하게 하는 구성요소(滅法)' 등이, 순간의 틈에서 작용한다고 하는 '구성요소(法)' 를 인정하지 않는다. 그것들은 단순한 '이름(名)' 에 지나지 않는다고 보기 때문이다. 그것은 객관적으로 실재하는 것이 아니라, 인식주체 쪽에서 구별하여 명명한 것이다. 대상 쪽은 그와 같이 분단되어 고정되어 있지 않다.

'무상' 과 '순간적 존재성(찰나멸)' 이라는 것이 반드시 겹쳐지는 개념이라고 할 수는 없다. 일반적으로 무상에는 두 가지 유형이 있다. 하나는, 한 순간 순간 소멸하는 것이다. 순간은 여기서 단절된 비연속이다. 디지털시계가 표시하는 것과 같다. 또 하나는, 연속하는 것이 단절되는 것이며 그 무상은 우리들이 한 생애를 살면서 죽어가는 것을 의미한다. 이것은 아날로그시계가 정지한 것과 같다. 또한 일반적으로는 무상을 아날로그적으로 파악하여 '강물의 흐름' 으로 이미지화할지도 모른다. 그러나 그 이미지는 부정될 것이다. 왜냐하면 동사 '흐른다' 의 주어 '강' 이라는 기체성이 순간적 존재성에 의해서 부정되기 때문이다. 또한 '흐른다' 를 구성하고 있는 물 분자의 자기동일성이 '한순간의 존재의 자기차이성' 에 의해서 부정되어버리기 때문이다. 나아가 그리스 철학자 헤라클레이토스에게 돌리는 '모든 것은 유전한다' 라는 너무나도 유명한 언명은, 존재의 운명으로서의 초월적인 로고스(존재의 이법)를 의미하는 것이며, 그 기저에 형이상학적 시간이 전제되어 있다. 이것은 이미 보았던 시간 실재론자

(Kālavādin)에 가깝다.(이러한 기체론적 해석의 경향에 대해서 하카마야 노리아키 교수나 마츠모토 시로 교수는 예리한 비판을 발표하고 있다.)

인식 주체의 관점에서 본다면 '지금'은 언제나 그 순간 '지금'이며 항상 자신을 차이화하면서 이행해가고 있다. 게다가 '지금'의 간격은 신축자재하여 정량화할 수 없다. "지금 섬광이 질주한다", "지금 식사 중이다", "지금은 위기의 시대다"라고 말하는 것과 같다. 그렇다면 존재의 순간적 존재방식은, 그것을 인식하는 인식 그 자신의 관점에서 결정되어버릴 것이다. 여기에 순간이 사람의 일생으로 아날로그화하는 이유가 있다.

그러나 동시에 이 두 가지 적용은 '순간적 존재성'의 본래 의미를 잃어버릴 위험성을 가지고 있다. 뒤에서 고찰하는 바와 같이 다르마끼르띠의 '순간적 존재성 논증'은 이러한 디지털적 사고방식이나 아날로그적인 사고방식의 어떤 것도 아니기 때문이다. 왜냐하면 이들 두 가지 사고방식은 처음부터 실수직선과 같은 실재하는 선형시간을 전제하고 있기 때문이다. 그와 같은 시간(Kāla)은 중관 철학을 경과한 다르마끼르띠에서 이미 해체되어버렸기 때문이다. 나는 다르마끼르띠의 시간을 '자기차이성'이라 표현하고자 한다. 이와 같이 제멋대로 새로운 언어를 도입하면 학문의 권위를 신뢰하는 분들에게 질책을 받을지도 모르겠다. 그러나 이 책은 서두에서도 말한 바와 같이 다르마끼르띠에 관한 학술적 소개서가 아니다. 우리들의 삶과 죽음에 걸친 '철학의 모험'에는 그와 같은 권위의 카테고리가 통용되지 않는다. 자살한 들뢰즈(G. Deleuze, 1925~1995)가 유저『철학이란 무엇인가』에서 마지막으로 남겼던 것은 무엇인가? '철학은 새로운 언어를 창발함으로써 모든 것을 배우고 바로잡는 것이다.' 철학사풍의

골동취미가 아니라 철학의 창발이 언어의 '틈'에서 창발하는 새로운 사고방식에 있다고 한다면 새로운 '언어'는 꼭 필요하다.

여기서 '순간'이라는 말은 이미 순간에 겹쳐지지 않는다. 한순간도 머물지 않는 이상, 그것은 절단된 정지점과 같은 것이 아니다. 디지털 표기로서 그 순간을 일시적으로 정지시킬 수밖에 없는 것이다. 우리는 시간을 존재로부터 분리할 수 없다. 마찬가지로 우리는 시간을 지금(now) 여기(here) 우리의 인식적 경험으로부터 분리할 수 없다. '순간적인 자발적 소멸론'은, 물론 최종적으로는 이 순간적 현재에 모두 수렴되는 영역에서 고찰되고 있다. 다르마끼르띠는 거기에 존재의식의 전환의 '순간'을 읽고 있다. 그러기 위해서 다음의 유식사상이 필요했던 것이다.

전환하는 순간적 존재성(vijñānavādin, 유식론자)

'유식'의 산스끄리뜨 '비즈냐쁘띠마뜨라'(vijñāptimatra)를 직역하면, '다만 인식의 표상만이 존재한다' 혹은 '다만 인식되고 있는 것만이 존재한다'이다. 전자를 강조하면 표상되고 있는 형상이 진실로서 존재한다고 보는 '유형상유식론(有形相唯識論)'으로 발전할 것이다. 반면 후자를 강조하면 인식되고 있는 작용만이 존재하고, 표상되고 있는 형상은 비존재의 허구가 되기 때문에 최종적으로 '무형상유식론(無形相唯識論)'으로 귀결할 것이다. 다르마끼르띠 철학은 아직 이와 같이 형상과 작용을 이분하지 않는다. 이것이 다르마끼르띠의 철학이 미발달 단계에 있다는 것을 의미하지는 않는다. 오히려 후대의 고정화를 떠난 사상적 생동성을 의미하고 있다. 이것은 요가의 실천을 중시하는 사람들이 주장하였다. 요가 직관의 수습에서는 직관된 형상이나 작용이 존재의 실상을 결정하는 것이지 인식의 외부 세계에 있는 절대자가 존재의 전환을 결정하는 것은 아니다. 내부와 외부도 개념적 사유에 의해서 구상된 것으로 간주한다.

경량부는 인식 대상의 객관적 실재성을 확보하기 위해서 직관할 수는 없지만 추론이 가능한 외부의 실재를 전제하고 있다. 이에 대해서 유식론은, 대상은 모두 인식이 대상의 형상을 취하여 현현하고 있는 것이며 우리는 그것을 인식하고 있다고 여긴다. 모든 것은 인식이 인식자신을 인식하는 것에 지나지 않는다. 즉, 자기인식인 것이다. 혹은 거기에서 한 걸음 나아가, 주관·객관의 이분을 허위로 봄으로써, 인식 형상을 지니지 않는 비춤(照射) 그것으로 본다. 외부의 실재를 직전의 인식으로 환원한 것이다. 전자에 의하면 인식의 대상으로 현현하는 것을 '외적으로 실재하는 대상'이라고 믿는 것은 착각하고 있는 것으로 간주하고, 순간적 존재성은 대상으로 현현하는 인식형상의 순간성을 의미한다. 이에 대해서 후자에 의하면 순간적 존재성은 인식 그 자체의 순간성의 문제로 이행했다고 말해도 좋을 것이다.

하야시마 오사무(早島理) 교수에 의하면 유식은 경량부의 '원인을 필요로 하지 않는 자발적 소멸론'을 수용하고 나아가 그것을 삼성설(三性說)로서 해석한다. 이에 의해서 수행도적인 체계화가 이루어진다고 한다.(「무상과 찰나」, 『남도불교』 제59호, 1988년) 삼성설이라는 것은 무릇 다음과 같다. 그것은 마치 헤겔의 변증법과 같이 삼중의 중층구조를 가진 인식의 존재방식이다.

첫째, 완전하게 구상된 것 즉, 변계소집성(遍計所執性)이다. 언어나 개념구상에 근거하여 구축된 허구의 존재다. 다만 그 자신은 자신의 구상을 허구라고 느끼지 못하는 상태다.

둘째, 다른 것에 의존하는 것 즉, 의타기성(依他起性)이다. 모든 존재는 연기에 근거한 것이다.

셋째, 완전하게 성취된 것 즉, 원성실성(圓成實性)이다. 실상의 인식, 또한 그와 같은 영역(단계)에 있는 인식의 현현이다.

아상가(Asaṅga, 無着, 310~390)의 『섭대승론』(攝大乘論) 등 유명한 유례를 현대풍으로 설명하면 어두운 곳에서 새끼줄을 보고 뱀이라 생각하여 놀라고 무서운 마음이 발생하는 상태가 제1의 변계소집성이다. 이를 그대로 믿고 쇼크사하는 경우도 있을 수 있다. 다음으로 손전등을 비추어 자세히 보면 그것이 뱀이 아니라 뱀과 아주 비슷한 새끼줄이라는 것을 깨닫게 된다. 이것이 제2의 의타기성(연기에 의해서 그와 같이 드러나는 것)이다. 끝으로 실제로 존재하는 것이라 생각되는 새끼줄을 자세히 보면 그것도 변계소집성이며 그것이 색채나 향기 등의 집합에 지나지 않는 것임을 분명히 하는 것이 제3의 원성실성이다. 그런데 이 색채나 향기 등의 집합도 제2의 의타기성에 의해서 원자, 소립자, 쿼크의 집합에 지나지 않는 제1의 변계소집성이라는 것을 알게 된다. 또한 이것이 1회에 한정되는 것이 아니라 항상 그때마다 제2의 의타기성을 매개로 하여 부정하고 있는 생동적 시스템이라는 것을 알게 된다. 여기서 결정적인 역할을 담당하는 것이 제

2의 의타기성으로서의 연기다. 즉, 삼성설은 '연기'의 해석에 다름 아니다. 그렇다면 뒤에서 기술하는 바와 같이 연기의 순관(A가 있다면 B가 있다)과 역관(A가 없다면 B는 없다)과 같은 구조를 가지고 있는 것이다. 연기는 여기서 제1의 변계소집성임을 구축함과 동시에 그것이 허구임을 알게 한다. 나아가 그 부정적 인식을 매개하여 제3의 원성실성을 분명히 한다.

그런데 유식의 기본적 문헌인 바수반두의 『중변분별론』(中邊分別論)에 의하면 무상의 의미는 삼성(三性)의 각각에 대해서 세 가지 의미를 가진다. 의타기성에 의해서 비로소 제1의 '완전하게 구상된 것' 즉, '항상한 것'이 허구라는 것을 알게 된다. 따라서 '무상'은 제1의 변계소집성에 대해서 '그것은 실재가 아니다'라고 알게 하는 의미를 가진 것으로 된다. 이미 살펴 본 바와 같이 다르마끼르띠는 경량부의 '자발적 소멸론'의 '소멸'을 절대적 부정으로서 '비존재'로 해석한다. 이 "'그것은 실재가 아니다'라고 알게 하는 의미를 가지고 있는 것", 그것이 제3의 완전히 성취된 것(원성실성)을 개시하는 것이 된다. 여기서 '완전'이라는 말이 사용되고 있지만 이것은 정지한 목적 지점이 아니다. 그러므로 게송의 작자는 모순된 표현을 사용하고 있다. 즉, '번뇌를 동반하는 것과 번뇌를 동반하지 않는 것의 존재방식을 갖는 것'이라는 표현이다. 이것은 의타기성에 의해서 지금까지 완전하게 성취된 것(원성실성)이라고 믿고 있던 것이, 허구(변계소집성)임을 알게 하는 전환의 '순간'을 표현하고 있는 것이다. 이 제3의 '완전하게 성취된 것(원성실성)'을 완성태로 보고, 그 자신은 '번뇌가 없는' 것이지만 외부에서 들어온 장애물에 의해서 번뇌를 동반하는 것이라고 정합적으로 해석하게 되면 삼성설의 생동성이 상실되어버릴 위험성이 있다. '원래 완전히 깨달은 것이다' 라는 통속적으로 해석된 본각(本覺)사상의 경향을 나타내는 것이 되기 때문에 지금은 그 해석을 취하지 않는다. 확실히 깨달음을 전제하지 않는다면 어리석음은 어리석음으로 느껴지지 않을 것이다. 그러나 그 깨달음을 독단적으로 전제해서는 안 된다. 적어도 우리는 아무리 경건함을 가장하여 깨달음을 초월의 저쪽에 설정한다고 해도 그와 같은 초월 등은 뻔하기 때문이다.

이와 같이 삼성(三性, 세 개의 자성, 본질)은 철저하게 공(空)사상에 근거하고 있다. 그 의미에서 삼성은 그대로 삼무자성(三無自性, 세 개의 무자성)이라고 할 수 있다. 무자성이란 공이다. 중관의 공은 유식에 의해서 시간성을 가지고 표현된다. '순간적 존재성'이 '의타기성'이라는 것은 그것이 깨달음으로 전환을 가능하게 하는 가장 중요한 과제였다는 것을 의미한다. 이렇게 해서 '무엇 때문에 존재하는 것은 모두 순간적인 것인가?' 라는 것을 논리적으로 증명하는 것이 추론의 최대 테마였던 것이다. 그것은 증명하지 않으면 안 된다. 그것을 교조주의적으로 전제할 수는 없다. 그러므로 다르마끼르띠는 '순간적 존재성 논증'에 필생의 철학적 노력을 쏟았다. 중관의 공이 철저한 공간적 부재라는 '무(無)'로 기울어지고, 유식의 원성실성이 수도의 목적인 '상식적 시간의 존재' 라는 '유(有)'로 기울어져 있는 좁은 틈을 다르마끼르띠의 인식론적 논리주의는 질주한다.

그런데 이와 같이 의타기성은 고정된 것이 아니라 부단히 '전환'하는 것이다. 다르마끼르띠의 '순간적 존재성 논증'은 이 전환의 구조를 밝히는 것을 의미한다. 유식론에서 이 '전환'은 '인식의 전변'으로서 문제화되고 그 해석을 둘러싸고 현재까지도 격렬한 논쟁이 이어지고 있다. '전변(pariṇāma, 빠리나마)'은 바수반두가 상키야학파로부터 같은 이름을 가진 변화의 개념을 전용했다고 생각하지만 양자는 결정적으로 다른 것이다. 상키야학파가 말하는 전변은 변화의 기저에 자기동일성을 가진 기체를 상정한 전변이다. 변화라는 것은 그 기체가 이전에 가진 성질을 버리고 다른 성질을 가지는 것을 말한다. 이에 대해서 경량부나 유식의 경우는, 인식은 순간적으로 소멸하고 단절되어, 이전과 이후를 공통의 근거로 하는 기체는 존재하지 않는다. 『유식삼십론』(唯識三十論)에 대한 스티라마띠의 주석에 다음과 같은 기술이 있다.

> 전변이라는 것은 원인의 찰나가 멸함과 동시에 그 원인으로서의 찰나와는 다른 현현으로서 결과가 자체(본질)를 획득하는 것이다.

이것을 그림으로 나타내면 다음과 같다.

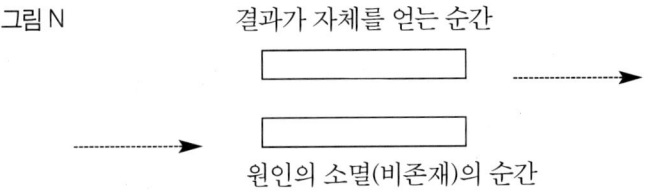

이 '동시에'라는 표현에 순간적 존재성에 관한 '연속과 불연속'의 문제가 있다. 이 문제는 '소멸'을 '절대적 부정'이라 해석하는 다르마끼르띠에 의해서 '그림N'과 같이 해석해도 좋을 것이다. 그러나 궁극적 차원의 표현에서는 슬래시 '/'로 표기된다. 이 슬래시의 자기차이화의 순간이 여기서 '동시'라고 말하는 것이다. '의타기성'으로서 '순간적 존재성'은 통속적인 선형시간을 전제로 하는 것이 아니라, 역으로 그러한 시간해석을 가능하게 하는 근거이며 통상의 시간구조를 발현함과 동시에 그것을 순간적 소멸로 해체하는 이중구조를 가진다.

그러나 경량부나 유식학파는 수도(修道) 과정의 교설의 설명상 선형시간을 전제하지 않으면 안 되었다. 이렇게 해서 그들은 선형시간축 위에서 순간적 존재성을 설명한다. '찰나 찰나의 발생과 소멸'이라는 디지털한 표현은 이것을 시사한다. 그렇다고 한다면 이 분단된 순간적 존재를 기억이나 윤회의 도덕적 주체로서 선형시간상에서 접합할 필요가 있었을 것이다. 그것이 불교인 한, 상키야학파의 사고방식을 채택할 수는 없다. 거기서 고려되는 것이 경량부의 비자(bīja, 종자)라는 식물 모델이다. 그것은 항상 그때마다 자기의 잠재적 가능성을 현세화하면서 나아가 그 현세화를 잠재화하게 하여 다음 순간의 가능태로서 보존한다. 여기에 무한의 과거로부터 잠재인상을 내장하여 미혹의 구조를 구축함과 동시에 그것을 전환하여 깨달음을 가능하게 하는 근거, 즉 심층의식으로서 '아뢰야식(阿賴耶識, ālayavijñāna)'을 상정한다.

아뢰야식은 '타자에 의존하는 것(의타기성)'이지만, 그것은 선형시간 위에서 생각되어버린다. '전찰나에 의존하여 후찰나의 식이 생기는 것이기 때문에 타자에 의존하는 것(의타기성)이라 한다'와 같은 표현에 있어서 본래의 '타자에 의존하는 것(의타기성)'의 의미가 변계소집성 속에서 해소되어버리는 것이다. 그것은 항상 불변한 아뜨만과는 다르다고 해도 '각 순간순간에 변화하면서 상속하는 흐름'으로서 '변계소집성'의 상식적 시계의 시간 범위 안에 머물고 있다. 이 의미에서 아뢰야식은 기체로서 실체화될 위험이 있다고 할 수 있다. '흐름'이라는 이미지나 '그 이상의 근저를 가지지 않는 최기저의 존재'와 같이 통속적으로 해석될 우려가 있다. 일반적으로 유식사상은 중관사상과 같이 직접적으로 존재의 실상에 이르는 시점에 중심을 두기보다도 오히려 '무엇 때문에 미혹한가?'라는 과정을 설명하는 것을 중시하고 있기 때문이다. 따라서 다르마끼르띠는 약간의 예외를 제외하고 '아뢰야식'을 언급하지 않는다. 그는 상기나 재인식을 인식근거에서 제외시켰다. 다르마끼르띠의 '순간적 존재성'은 그러한 선형시간의 허구성을 해체하는 것을 의미하고 있기 때문이다.

그러나 다르마끼르띠는 일상성 차원의 순간적 존재의 연속성을 단순하게 거절하지는 않는다. 그는 신체의 죽음(소멸)과 함께 의식이 단절된다고 주장하는 유물론(짜르바까)에 대해서 순간적 존재의 연속성(윤회)을 강조한다. 나마이 치소(生井智紹) 박사가 수집한 단편 텍스트에 의하면 짜르바까는 지각할 수 있는 물질만을 실재로 보고, 의식(심)은 신체(물체)에 종속한다고 주장하는 데 반해, 다르마끼르띠는 의식(심)과 신체는 공동원인으로 서로 관계가 있고, 종속관계는 아니라고 반론한다. 이미 앞장에서 기술한 바와 같이 다르마끼르띠에 따르면 모든 것은 연기의 구조연관에 의해서 구축됨과 동시에 해체된다. 그런 의미에서 다르마끼르띠는 관념론자도 유물론자도 아니다. 지금 여기에 있는 '나'는 지금까지의 원인총체의 결과이며, 한순간 전의 결과로 '나'의 순간적 소멸과 동시에 출현하는 것이다. 마찬가지로 다음 순간 지금의 '나'의 소멸과 동시에 지금 순간의 '나'를 가산한 원인총체로부터 새로운 '나'가 결과한다. 신체를 구축하는 능력을 상실한 원인총체로부터 내 신체의 죽음이 결과하지만, 그러나 그것은 '나 자신'이나 '내 의식'의 단멸을 의미하지는 않는다. 그것이 아니라 그 소멸이 바로 새로운 연기의 구조연관을 발생하는 것이다. 이렇게 해서 다르마끼르띠는 짜르바까의 신체적 죽음을 극복한다. 새로운 결과는 소위 '사후의 저 세상'의 존재와 같은 것이 아니라 새로운 연기의 구조연관인 것이다.

그런 의미에서 '나'는 '내 신체의 소멸'을 초월하여 존재하고 있다고 할 수 있다. 그러나 이 표현을 오해해서는 안 된다. 더 엄밀하게 말하면 자기동일성을 가진 '나라는 존재의 핵'은 연기에 의해서 구축된 순간적 존재이고, 처음부터 존재하지 않은 것이기 때문에 그것이 단절한다든가 혹은 재생하는 것이 아니다. 모든 것은 새롭게 번쩍이는 순간적 존재의 '비연속의 연속'이다. 이와 같이 최종 순간의 의식은 단절하는 것이 아니라 그 순간적 소멸과 동시에 결과가 발생한다. 탄생의 순간적 존재도 그 이전 선행 순간의 연기를 전제하고 있다. 순간적 연속의 과정에서 수습이 불완전한 경우는 지금까지의 존재의 연속을 변환할 수 없고 동류의 순간적 존재가 후속하게 된다. 이와 같은 관계를 규정하는 원인을 '등무간연(等無間緣)'이라 한다. 이것이 동류의 연속을 형성하여 윤회를 가능하게 한다. 이 경우 '사후 세계'나 '전생' 등과 같은 표현은 어디까지나 의식의 영역에서 말하는 것으로 그와 같은 세계가 물질적으로 존재하고 있는 것은 아니다. 결국 여기서 이미 물체를 계량하는 객관적 시간이 아니라 의식의 시간이 파악되는 것이다. 실존으로서의 '나'는 객관적인 임종이라는 최후의 순간이라고 해도 살아 있는 것이며, 자신의 최후를 사체로 확인할 수 없다는 의미에서 실존의 의식이 신체적 죽음으로부터 독립하고 있는 것은 이미 기술한 바와 같다. 이 순간적 존재로서의 의식을 선행원인으로 함으로써 신체적 죽음의 사체를 초월하여 결과로서 의식이 발생하는 것이다. 이 연속(심상속)은 물질적인 것에 의해 단절되지 않기 때문에 '무시이래(無始以來)'의 의식의 흐름, '습기(習氣)', '잠재의식'이라 한다. 그것은 옷에 향기를 훈습하는 것과 같이 '전이하는' 것이며, 아뜨만이라는 기체가 지속하고 있는 것은 아니다. 그러나 우리의 개념구상은 언제부터인가 거기에 자기동일성을 가진 실체를 구상해버린다. 그러나 연속하는 순간은 반드시 완전히 같은 순간적 존재의 발생을 의미하지는 않는다. 이미 기술한 바와 같이 지금까지의 원인총체 속에 수습 노력이 더해짐으로써 미묘하게 변화하는 것이 가능하다. 이 수습 노력이 자기동일성을 해체하는 '역방향의 습기'를 발생시켜 마침내 동류의 지속을 단절하고 새로운 순간적 존재를 창발하는 것이 가능하다. 그것은 아뢰야식 그 자체가 자신의 근거를 전환하는 순간이다. 이 순간이야말로 해탈의 순간이다. 그것은 지속하는 '순간적 존재'를 절단하는 '순간적 존재'다. 이 '비연속적 순간적 존재성'은 지금까지의 '연속적 순간적 존재'와는 전혀 다른 시간적 영역에서 순간적 존재를 창발한다.

　다르마끼르띠의 '순간적 존재성'에는 이와 같이 이중 의미를 가진 순간적 존재성이 이해되고 있다. 일상성 차원의 연속을 가능하게 하는 순간적 존재성과, 그 지속성을 절단하여 새로운 순간의 섬광을 창발하는 순간적 존재성이다. 윤회의 연속성을 절단하여 해탈하기 위해서는 적어도 그 전제조건으로 윤회의 연속성을 필요로 한다. 최종적으로 윤회의 연속성이 허구라고 해도 거기에 생사 윤회하는 고뇌의 실상이 통감되지 않으면 안 된다. 그렇지 않으면 처음부터 '해탈'

등은 문제가 되지 않는다. 여기서 '열반적정'은 '일체개고'와 표리일체인 것이다. 그것이 허구라고 알기 위해서는 지금까지 실재한다고 믿었던 일상성 차원의 순간적 존재성이 필요한 것이다. 다르마끼르띠에 의하면 자기 자신의 순수한 해탈은 있을 수 없다. 그렇기 때문에 일상성 차원의 연속적 순간적 존재성을 필요로 하는 것이며 궁극적 차원의 비연속적 순간적 존재성에서 귀환 가능한 해석을 허용한다. 그리고 그는 굳이 생사 윤회하는 일상성 차원에 계속해서 머물렀다. 그것은 자기 자신을 완전히 깨달은 자라고 생각하지 않고 또한 일단 깨달은 세계에서 동정심이라는 자비(慈悲)를 가지고 하강한 것도 아니다. 자비에는 그와 같은 여유가 없다. 그것은 고뇌하는 현실을 통찰한 어찌할 수 없는 자비로 일관하고 있다. 그리고 그 순간이야말로 다르마끼르띠 논리학의 논증을 향한 노력이 있었던 것이다. 쁘라상가를 정규논증으로 수용함으로써 자기와 타자라는 두 개의 연속체를 연기의 구조연관에 연동시켰던 것이다. 이미 기술한 바와 같이 쁘라상가는 일상성 차원의 자기와 타자를 연결하는 가교임과 동시에 일상성의 논리로부터 탈출을 가능하게 하는 것이기 때문이다. 그런 의미에서 다르마끼르띠는 자신의 입장을 경계선상의 대승보살도에 위치지우고 있다.

> (자신만의 해탈·구제밖에 생각하지 않는 사람은) 자비가 적기 때문에 (생사를 반복하는 윤회의 세계에) 머물려고 크게 노력하지 않는다. 그러나 큰 자비를 가지고 타인 한 사람 한 사람을 구제하는 사람들은 (생사를 반복하는 윤회의 세계에) 머무른다. (『쁘라마나바르띠까』 제2장, p.198cd~199ab.. 木村俊彦, 蹈見正浩 역 참조)

제5장

존재성으로부터의 추론
(순간적 존재성 논증 유형 2)

제5장
존재성으로부터의 추론(순간적 존재성 논증 유형 2)

　자발적 소멸론은 순간적 존재성을 존재론과 인식론의 관점에서 증명한 것이었다. 거기서 '존재가 비존재를 내장(內藏)한다'는 존재론적 필연성이 해명되었다. 그러나 논리적 관점에서 본다면 '자발적 소멸론'에는 하나의 전제가 있다. 즉, '만약 존재가 소멸한다면'이라는 전제다. '만약 존재가 소멸한다면 소멸은 비존재이기 때문에 원인이 없다. 따라서 자발적으로 소멸한다는 의미에서 존재는 순간적으로 소멸한다'는 것이 증명되었던 것이다. 그러나 그것으로부터 곧바로 '존재는 무엇 때문에 소멸하지 않으면 안 되는가'라는 것이 논리적으로 증명되고 있는 것은 아니다. 가령, 존재가 스스로 비존재를 내장하고 있다는 것이 아포하에 의해서 설명되기도 한다. 다르마끼르띠에 따르면 '순간적 존재성'은 지금 '존재성 그것'으로부터 논리적으로 증명되지 않으면 안 된다. 이 증명이야말로 슈타인켈너 박사가 말하는 것처럼 다르마끼르띠에 있어서 처음으로 볼 수 있는 논증이다.

디그나가 논리학의 한계(언어 게임으로서 형식적 논리)

그런데 다르마끼르띠의 논증에 들어가기 전에 여기서 디그나가 논리학을 기술하고자 한다. 처음에도 기술한 바와 같이 다르마끼르띠는 디그나가의 논리를 비판적으로 극복하고자 하였다.

디그나가의 논리에 관해서 카지야마 유이치 박사는 "디그나가의 논증은 순수하게 연역적인 것이 아니며, 실례를 통해서 필연성을 귀납하고, 그 필연성을 추리의 주제에 적용하여 귀결을 연역하는 이중의 성격을 지닌 것이다"라고 말하였다. 그 논증식은 가령 다음과 같은 것이다.

  주장 : 음성은 무상이다.
  이유 : 만들어진 것이기 때문이다.
  동류례 : 무릇 만들어진 것은 무상이다. 가령 병과 같이.
  이류례 : 무릇 상주하는 존재는 만들어진 것이 아니다. 가령
     허공과 같이.

논증의 정합성은 '논증인'이 '세 가지 조건'을 충족함으로써 이루어진다. 카츠라 쇼류(桂紹隆) 박사가 추출한 최종단계의 '세 가지 조건'을 아래에 제시하고자 한다.(「논리학파」, 『암파서점 동양사상8 인도불교 I 』)

  (제1조건) 논증인인 '만들어진 것이라는 성질'은 '음성'이라는

추리의 주제에 반드시 소속하지 않으면 안 된다. 이것은 '이유'에서 표현된다.

(제2조건) '만들어진 것이라는 성질'이 무상이라는 점에서 음성과 유사한 것, 가령 병과 같은 존재 속에만 존재한다는 것이다. 이것은 '동류례(同類例)'에서 표현된다.

(제3조건) 같은 논증인이 상주이며 음성과 유사하지 않은 것, 가령 허공과 같은 존재 속에는 결코 존재하지 않는다는 것이다. 이것은 '이류례(異類例)'에서 표현된다.

여기서 주의하지 않으면 안 되는 것은 추리의 주제인 음성이 유례(類例)의 영역으로부터 벗어나 있다는 것이다. 이것이 다르마끼르띠의 논리와 결정적으로 다른 점이며, 디그나가에 있어서 '모든 존재는 순간적인 것이다'라는 순간적 존재성 논증 그것이 증명되지 않았던 최대 이유다.

제1조건에 관해서 디그나가는 다음과 같은 보조적 규정을 부가한다. "논쟁하고 있는 양자가 제1조건을 인정하지 않으면 안 된다"는 것이다. 만약 그렇다면 항존하는 아뜨만에 관해서 불교 측은 전혀 비판할 수 없게 된다. 왜냐하면 불교 측에 따르면 모든 것은 무상이며 항존하는 아뜨만은 존재하지 않기 때문이다. 형식논리가 존재론에 전혀 관여하지 않는 것이 여기서 명확하게 나타난다.

제2조건과 제3조건에 관해서 디그나가는 유례에 근거한 일종의 체크리스트(check list, 카츠라 쇼류 박사가 쓴 위의 책에 나오는 용어)를 만

든다. 이것은 우선 논증주제를 제외한 뒤 유례의 영역을 동류례의 집합과 이류례의 집합으로 이분한다. 다음 논증인이 동류의 집합 전체에 존재하는 경우, 전혀 존재하지 않는 경우, 일부분에 존재하는 경우 등 세 가지로 나눈다. 이것을 조합하면 3×3이 되어 합계 9종류의 경우로 유별된다. 이 가운데 제2조건과 제3조건을 충족시키는 것은 두 개밖에 없다. 이것이 구구인(九句因)이라 부르는 것이다. 니야야학파의 웃또따까라는 이것에 동류와 이류의 집합 그것이 전혀 존재하지 않는 경우를 더하여, 4×4 '16구인'의 리스트를 구성하여 제시했다. 다르마끼르띠가 논증하려고 했던 '모든 존재하는 것은 순간적인 것이다'라는 언명은 논증주제가 '모든 존재'이기 때문에 그 이외에 존재하는 것과 같은 동류 집합도 이류 집합도 존재하지 않는다. 그것은 디그나가의 리스트를 제외하고 웃또따까라의 제16구, 즉 동류와 이류의 집합 그것이 존재하지 않는 경우에 해당한다. 웃또따까라는 이 제16구인에 관해서 다음과 같은 논증식을 구성한다.

주장 : 모든 존재는 항존한다.
이유 : 인식의 대상이기 때문이다.

다르마끼르띠에 의하면 이 체크리스트에 준거하는 한, 만약 제16구에 속하는 자신의 논증식이 바르다고 한다면, '모든 존재는 항존한다'는 것도 인정하지 않으면 안 된다. 즉, '모든 존재'라는 전칭명제에 관해서 유례에 기초한 체크리스트는 전혀 도움이 되지 않는다. 다르마끼르띠가 '본질적 관계'에 의해서 논증인을 새롭게 기초하지 않으면 안 되었던 이유가 여기에 있다. 그런데 디그나가에 의하면 추론은 아포하에 기초하고 있다. 가령 '연기'에 의해서 '저 산에 불이 있다'라는 추론을 할 때, 연기는 '불이 없는 곳'을 배제함으로써 연기가 있는 '저 산'에 '불 일반'을 귀속시킨다. 그 불은 일반상이기 때문에 지각되지 않는다. 또한 불과 연기의 필연성은 아궁이나 호수와 같은 일상 언어의 '사용례'에 근거해서 경험적으로 귀납된다. 나아가 불로부터 연기를 추론할 수 없는 것은, 뜨겁게 타오르는 철구는 불이라 볼 수 있지만 거기에 연기가 솟아오르는 것을 볼 수 없다고 하는, 경험적 사실로부터 귀납된다. 이와 같이 디그나가는 아포하 이론에 의해서 논리학을 형이상학에서 독립시켰다. 그러나 아포하의 배제기능은 일상 언어의 말의 사용을 전제하고 있다. 즉, 그것은 언어의 사용에 의해서 분절된 개념의 네트워크에 철저하게 지배되고 있다. 비트겐슈타인 식으로 말한다면 그것은 언어 게임이다. 게다가 일상 언어는 은밀하게 세속화된 형이상학을 전제하고 있다.

디그나가의 논리체계가 한계를 갖는 것은, 그 논리체계 내부에서 역설(paradox)이나 이율배반(antinomy)이 발생한다는 것이다. 아래 두 논증식은 논리적으로 바르지만 같은 '음성(śabda, 언어)'이 '무상이다'라고 말함과 동시에 '항상이다'라고 하는 완전히 모순된 결론이 귀결되어 이율배반을 발생한다.

주장 : 음성은 무상이다.
이유 : 만들어진 것이기 때문이다.
동류례 : 무릇 만들어진 것은 무상이다. 가령 병과 같이.
이류례 : 무릇 상주인 것은 만들어진 것이 아니다. 가령 허공과 같이.

이에 대해서 반대 주장은 다음과 같이 증명한다.

주장 : 음성은 상주이다.
이유 : 들리는 성질을 가지고 있기 때문이다.
동류례 : 무릇 들리는 성질을 가지고 있는 것은 상주이다. 가령 음성과 같이.
이류례 : 무릇 무상한 것은 들리는 것이라는 성질을 가지지 않는다. 가령 병과 같이.

이 양자는 서로 모순되는 결론을 도출한다. 그럼에도 불구하고 디그나가의 형식논리에서는 양자 모두 바른 것으로 증명되어버린다. 전자는 불교의 존재론의 언어 사용에 따르고 있다. 반면 후자는 음성성과 같은 일반상(보편)이 항존하며, 지각할 수 있다고 하는 존재론과 인식론을 가진 학파의 언어사용을 토대로 하고 있다. 이 이율배반은 '상위결정'(相違決定, 상용하지 않는 결론을 도출하는 바른 논증인)이라 명명하여 예외적인 것으로 배제한다. 디그나가의 논리체계에서는, 논증주제는 유례의 영역에서 벗어나 있기 때문에 그 논증주제에만 존재하는 고유성은 증명하지 않게 된다. 나아가 기타가와 히데노리(北川秀則) 박사가 지적한 치명적인 역설이 발생한다.

주장 : 음성은 들리지 않는다.
이유 : 의지의 노력에 의해서 만들어지기 때문이다.

이것이 디그나가 논리학의 체크리스트에서 바른 논증인이라는 것이 보증되어 증명되어버리게 된다. 그 최대 이유는, 여기서도 논증주제가 유례의 영역에서 벗어나 있다는 것이다. 논증주제의 고유성을 증명할 수 없다는 것이, 모순하는 성질을 증명하는 것으로 된다. 이러한 형식논리에서는 '무엇 때문에 존재는 무상인가' 라는 철학적 문제가 완전히 배제된다. 논리의 역할은 다만 일상 언어의 '말의 사용방법' 의 정합성만을 명시하는 것에 그친다. 이런 의미에서 디그나가의 논리학은 형식적 정합성만을 문제 삼는 현대의 형식논리에 가깝다고 할 수 있다.

인식론적 논리(다르마끼르띠)

디그나가의 논리학에서 발생하는 역설과 이율배반을 해결하기 위하여 다르마끼르띠는 '본질적 관계(svabhāvapratibandha)' 라는 규정을 도입한다. 그것은 실질적으로는 논증인이 '그것(所證, 논리적 귀결) 자체인 것(tādātmya)' 과 '그것(所證)으로부터 발생한 것(tadutpatti)' 이라는 규정을 가지는 것을 의미한다. 카지야마 유이치 박사가 통찰한 것처럼, 그것은 일종의 초월론적 규정에 가깝다. 일상 언어 사용의 자의성과 경험적 요소를 배제하고, 논리의 필연성을 초월론적으로 결정하려는 의도를 엿볼 수 있다. 이렇게 해서 그는 디그나가의 일상 언어의 사용례에 기초한 9개의 결합에 의한 결정방법을 새로운 규정으로 환원하려고 노력한다. 하지만 그러한 다르마끼르띠의 노력이 실질적으로는 디그나가의 체크리스트를 무효화한다. 다르마끼르띠는 이와 같은 필연성을 가진 논증인을 세 개로 한정한다. 첫째 '본질로서의 논증인(svabhāva hetu)', 둘째 '결과로서의 논증인(kārya hetu)', 셋째 '부정적 인식으로서의 논증인(anupalabdhi hetu)'이다. 제3은 제1의 부정형으로 간주하여 초기 텍스트에서는 실질적으로는 두 종류로 환원된다.

(A) 〈본질로서의 논증인〉

논증인A가 소증(증명되어야 할 것)B의 본질(그 자체)이라고 한다면, A는 B에 대해서 본질적 관계(필연성)를 가지고 있기 때문에, A로부터 B를 추론할 수 있다. 가령 만들어진 것(혹은 존재하는 것)은 무상성을 본질로 하기 때문에 만들어진 것(혹은 존재하는 것)으로부터 무상성을 추론할 수 있다. 이 관계에 의해서 '무릇 만들어진 것(혹은 존재하는 것)은 무상이다'라는 필연성이 성립한다. 혹은 씽싸빠나무는 나무의 본질(나무 그 자체)이기 때문에 '무릇 씽싸빠나무는 나무다'라는 필연성이 성립한다. 이러한 필연성은 디그나가와 같이 유례로부터 귀결되는 것이 아니다. 그러나 이러한 필연성의 결정문제에 관해서는 어려운 문제가 가로놓여 있다. 이것에 관해서는 뒤에서 고찰할 것이다.

(B) 〈결과로서의 논증인〉

논증인A가 소증(증명되어야 할 것)B의 결과라고 한다면 A에서 B를 추론할 수 있다. 가령 연기에서 불을 추론하는 것과 같다. 이렇게 해서 '무릇 어떤 곳 x에 연기가 있다면 그 x에 불이 있다'라는 필연성이 결정된다.

(C) 〈부정적 인식으로서의 논증인〉

'인식의 조건이 갖추어져 있음에도 불구하고, 인식되지 않는다' 라는 것에서 '여기에는 병이 없다' 라는 것이 추론된다. 이 부정적 인식은 '무릇 인식의 조건이 갖추어져 있을 때, 병이 있다면 반드시 인식된다' 라는 본질적 논증인의 대우를 취하는 것에 의해서 성립한다. 이 경우 인식되는 대상은 원래 지각 가능한 것이 되지 않으면 안 된다는 조건이 부가된다. 초감각적인 대상은 배제되기 때문이다. 이것은 (A)의 제1 사례의 대우로부터 만들어지는 것이다. 혹은 (A)의 제2 사례의 대우로부터 '무릇 어떤 곳 x에 나무가 없다면 그 x에 씽싸빠나무는 없다' 라는 필연성이 도출된다. 따라서 '나무가 없다' 라는 것으로부터 '여기에는 씽싸빠나무는 없다' 라는 것이 추론된다. 또한 (B)의 사례의 대우로부터 '무릇 어떤 곳 x에 불이 없다면 그 x에 연기는 없다' 라는 필연성이 도출되어 '불이 없다' 라는 것으로부터 '연기가 없다' 라는 것이 추론된다. 이 부정적 논증형식은 많은 결합을 낳는다. 또한 카지야마 유이치 박사가 밝혔던 불교논리학의 최종단계를 대표하는 목샤까라굽따 『따르까바샤』(논리의 언어)에는 16종으로 유별되었다.

그런데 이러한 필연성을 논증식의 제1지로 하여 (B)로부터, 가령 다음과 같은 논증식을 구성할 수 있다.

필연성 : 무릇 연기가 있는 곳에는 불이 있다. 가령 아궁이와 같이.
주제소속성 : 저 산에 연기가 있다.

〔결론 : 그러므로 저 산에 불이 있다.〕

그런데 '순간적 존재성 논증'은 '본질로서의 논증인'에 기초하여 논증되지만, 그 본질적 관계를 다시 한 번 논증하기 위해 뒤에서 보는 것처럼 후기 텍스트에서 '부정적 인식에 기초한 논증인'이 결정적 역할을 담당하게 된다. 이와 같이 다르마끼르띠는 논리를 인식론에 의해서 기초지우고 있다. 따라서 그의 논리학은 형식논리학이 아니라 논리 그것을 기초 지우려고 하는 메타 논리(meta logics)이다. 후라우왈너 박사가 '인식론적 논리학'이라 명명한 이유는 아마도 여기에 있다고 생각한다.

다르마끼르띠 이후는 긍정적 및 부정적 필연성을 논리적으로 동치의 존재로 보고 논증식을 구성한다. 그것은 디그나가의 '논증인의 세 가지 조건(因의 三相)' 가운데 제2, 제3조건(디그나가의 논증식의 동류례와 이류례)을 '논리적 필연성'으로 하여 제1지의 전제로 삼고, 이어서 제2조건(디그나가의 논증식의 '이유'와 '주장'에 있어서 추론의 주제')을 '주제소속성'으로 하여 제2지로 삼는다. 논증은 이러한 두 가지 논증식에 의해서 이루어진다. 디그나가의 '주장'은 '생략된 결론'에 대응한다.

긍정적 필연성 : 무릇 만들어진 것은 무상이다. 가령 병과 같이.
주제소속성 : 음성은 만들어진 것이다.
〔생략된 결론 : 그러므로 음성은 무상이다.〕

마찬가지로 부정적 필연성에 의해서 똑같은 논증식을 만들 수 있다.

부정적 필연성 : 무릇 상주인 것은 만들어진 것이 아니다. 가령 허공과 같이.

주제소속성 : 음성은 만들어진 것이다.

〔생략된 결론 : 그러므로 음성은 무상이다.〕

이 두 개의 논증식은 디그나가의 논증식을 단순하게 모두 바꾼 것이 아니다. 거기에는 결정적 차이가 있다. 디그나가의 논증식에는 논증주제에서 뒤에서부터 논리적 필연성을 적용하는 형식을 취하고 있다. 논리적 필연성을 예증에 의해서 결정하여 거기서부터 미지의 논증주제에 적용하는 귀납논리의 형식을 취하고 있는 것이다. 이에 대해서 다르마끼르띠의 논증식은 우선 전칭적으로 '모든'에 관한 논리적 필연성을 제시하고 있다. 그리고 거기에 논증주제를 대입하는 형태를 취하고 있다. 이것은 전칭적인 '모든' 속에 미리 논증주제를 몰래 포용하고 있는 연역논리의 구조다. 따라서 이 논증식은 일종의 형식논리의 추론규칙과 같다. 긍정적 및 부정적 필연성은 확정되는 것으로 전제되고, 거기에 주제소속성에 의해서 정항을 대입하는 논증식의 형식적 정합성만이 문제가 된다. 이것들은 나아가 현대논리학에서 '변항에의 대입' 규칙에 가까운 논증식으로 발전하다. 아래 사례에서 주제소속성의 '이들 (지금 여기에) 인식되는 것은……' 혹은 '이들 존재는 ……가정되고 있다'라는 것이 '변항x'에 대입되는 정항에 해당한다.('이들의 화제가 되고 있는 것은……'이라는 경우도 있다.)

긍정적 필연성 : 무릇 존재하는 것은 모두 순간적 존재다. 가령

비구름과 같이.

주제소속성 : 이들 (지금 여기에) 인식되고 있는 것은 존재한다.

〔생략된 결론 : 그러므로 이들 인식되고 있는 것은 모두 순간적 존재다.〕

마찬가지로 부정적 필연성에 근거해서 부정식을 구성하면 다음과 같다.

부정적 필연성 : 무릇 비순간적 것은 존재하지 않는다. 가령 토끼의 뿔과 같이.

주제소속성 : 이들 존재는 비순간적 것이라 〔가정된다〕.

〔생략된 결론 : 그러므로 이들 가정되고 있는 것은 존재하지 않는다.〕

후자의 정식화에는, '가정되어 있다' 라는 어구를 삽입하는 것과 같이 문제가 있다. 논증주제가 부정됨으로써 '제1조건' 을 충족시킬 수 없기 때문이다. 다르마끼르띠가 조건지우고 있지만, 귀류법(쁘라상가)을 정규 논증으로 도입하지 않으면 안 되었던 이유가 여기에 있다. 이것은 뒤에 다시 고찰할 것이다.

논리적 필연성의 결정(본질적 관계)

문제는 형식적 정합성에 있는 것이 아니라 오히려 '무릇 존재하는 것은 모두 무상이다'라는 추론식의 전제 그것에 있어서 논리적 필연성을 결정하는 것에 있다. 이것이 본래의 순간적 존재성 논증이다. 이 전제로서의 언명에 있어서 논리적 필연성은 논증인이 증명해야 할 '소증'과 필연적 관계를 가지고 있는 것에 의해 결정되지 않으면 안 된다. 그렇다면 다르마끼르띠는 이 논리적 필연성을 어떻게 결정하는가?라는 문제로 들어가보자. 그는 논리적 필연성을 유례에 근거해서 결정하지 않는다. 그렇지 않고 '논증인'과 '소증' 사이에 '본질적 관계'가 있다는 것에 의해서 결정된다고 본다. 이미 기술한 것처럼 '본질적 관계'에는 두 가지가 있다. '그것 자체인 것'과 '그것으로부터 발생하는 것'이다. '논증인A가 소증B 자체'라든가 '논증인A가 소증B의 결과'라는 것이 결정된다면 '논증인A'는 필연적으로 '소증B'를 귀결하는 것으로 보는 것이다. 순간적 존재성 논증에서 문제가 되는 것은 전자의 '본질로서의 논증인'이다. 체르바츠키 박사는 칸트의 초월론적 규정을 모델로 하여 '그것 자체'인 것을 분석판단에 의한 동일성이라 하고, '인과관계'를 종합판단에 의한 것이라 하지만 칸트의 프레임을 그대로 적용하는 것은 위험하다. 다르마끼르띠의 규정에는 그것만으로는 해결할 수 없는 것이 있기 때문이다. 즉, 다르마끼르띠의 텍스트에서는 형식논리를 해석할 때 논리적 관계와 인식론이 단순하게 분리되지 않기 때문에 이중 해석이 '그 자체로서의 본질'에 대해서 이루어지고 있다.

가령, '씽싸빠나무이기 때문에 나무다'라는 필연성에 대해서 다르마끼르띠는 다음과 같이 설명한다. "씽싸빠나무라고 명명하는 것은 특정 가지, 잎, 색깔, 모양 등을 가지고 있다고 판단할 수 있는 것으로 그것은 나무라고 명명하고 있는 것 자체에 다름 아니다." 이 의미에서는 언어사용으로서 아포하의 동일지시성의 관점에서 '동일성' 으로서 규정되고 있다. 두 개의 아포하의 차이선이 교차하는 '동일기체성' 에 기인한다는 것이다. 이것은 인식론을 포함한 의미론(semantics)의 차원에서 이루어지는 '내포적 해석' 이다. 그러나 이것은 단순히 지각되는 '동일한 실재대상' 과 같은 소박실재론이 아니라는 것에 주의해야만 한다. "동일한 대상이라면 논증인A와 소증B는 완전히 같은 것이기 때문에 추론할 필요가 없는 것 아닌가?"라는 질문에 대해서 다르마끼르띠는 다음과 같이 응수한다. "가령, 동일한 대상이라 하더라도 아포하의 차이선의 배제 방식이 다르기 때문이다." 이 책 제3장에서 제시한 프레게의 '그림H' 를 상기해보자. 가령, 동일한 '금성' 이라도 '새벽의 밝은 별' 과 '저녁의 밝은 별' 은 의미가 다르다. 그러나 다르마끼르띠가 프레게와 달리 그 대상을 소박하게 실재로서 말하지 않는다는 것은 '그림M' 에서 확인한 그대로다.

다른 한편, 다르마끼르띠는 논리적 필연성을 '변충관계' 의 관점에서 규정한다. 이것은 집합개념에 기초한 논리적 차원에서 이루어지는 '외연적 해석' 이다. 이에 의하면 동일성이 아니라 비대칭 관계다. 씽싸빠라는 나무는 나무의 일부분이다. 혹은 이렇게 말해도 좋을 것이다. '나무' 라는 집합개념은 '씽싸빠나무' 라는 집합개념을 완전히 포함하고 있다. 따라서 씽싸빠나무라면 반드시 나무의 집합에 포함되기 때문에 나무라는 것이 귀결된다. 인도 논리학에서는 이러한 관계를 '변충관계(vyāpti)' 라는 용어로 설명한다. 'B가 A를 완전히 포함한다' 라는 것을 'B가 A를 변충하고 있다' 라고 표현한다. 즉, 'B가 존재하는 범위가 A가 존재하는 범위를 완전히 물로 채우는 것처럼 덮고 있다' 라고 표현하는 것이다. 따라서 A라면 반드시 B의 물에 의해서 당연히 덮여져 있다고 말하는 것이다. 그 경우 채우고 있는 쪽 B를 '능변(能遍)'이라 하고, 채워지는 쪽 A를 '소변(所遍)'이라 한다. 위 사례를 가지고 말해보면 '씽싸빠나무'는 소변이고, '나무'는 능변이다. 이 경우 소변과 능변의 관계는 동일성이 아니라 비대칭이다. 외연이 같은 경우는 앞에서 말한 아포하의 동일지시성으로 설명할 수 있다. '그것 자체로서의 본질적 논증인'이 동일성에 기초하는가 그렇지 않으면 비대칭관계에 근거하는가 하는 문제에 관해서, 슈타인켈너 교수와 마츠모토 시로 교수 사이에 벌어진 논쟁이 있다. 포스트 다르마끼르띠안의 주석도 착종하고 있다. 필자 자신은 현재, 그 논쟁은 위에 기술한 바와 같이 다르마끼르띠의 텍스트에 내포적 해석과 외연적 해석이 공존하고 있는 것에 기인한다고 생각한다. 내포적 해석으로부터 동일성이 귀결되고, 외연적 해석으로부터 비대칭성이 귀결된다고 보아도 무방할 것이다. 이 해석의 양의성은 당연히 '본질로서의 논증인'에서 고쳐 쓰여진 부정적 인식에 영향을 주고 있다. 그러므로 제6장에서 보는 바와 같이 포스트 다르마끼르띠안의 주석에서 해석을 이분(二分)하여 '순간적 존재성 논증'에 관한 격렬한 대립을 유발한다고 생각한다. 게다가 다르마끼르띠는 이미 본 것처럼 존재론·인식론 시점에서도 '순간적 존재성 논증'을 시도하고 있다. 그 경우, 존재의 필연적 소멸에서 '그것 자체의 본질'은 대상의 동일성이 아니라 순간적 자기차이성이었다. 게다가 뒤에 보는 것처럼 본질적 관계를 종자가 발아하는 최종적 순간 모델을 가지고 설명할 때, '완전원인군에서 결과가 나타나는 필연성'이라는 비대칭성으로 설명하고 있다.

'본질'이라는 말을 들으면, 존재의 형이상학을 기저로 하는 아리스토텔레스나 토마스 아퀴나스(T. Aquinas, 1225~1274)의 '본질'을 떠올릴지도 모른다. 또한 최근 천재로 평가받고 있는 크립키(Saul A. Kripke, 1940~)가 '가능세계'의 의미론 속에서 전개한 고유명사에 관한 '본질주의'를 상정할지도 모른다. 어떤 것이 가진 모든 성질의 가능성의 묶음에서부터 거기에 포함된 일부 성질을 필연적으로 추론하려는 형식은, 다르마끼르띠의 '완전원인군'이라는 해석에 가깝다고 할 수 있다. 그렇지만 이들이 말하는 본질과 다르마끼르띠의 본질적 관계의 결정적 차이는, 후자가 연기에 연동하는 '아포하'를 기저로 하고 있다는 점이다. 여기서 본질은 존재의 핵심이 아니라 그러한 존재의 자기동일성을 해체하는 자기차이성으로서의 순간적 소멸성이다.

'존재' = '효과적 작용을 하는 것'

'모든 존재는 순간적인 것이다'라는 것을 증명할 때, 최초에 '존재'를 어떻게 생각하고 있는가가 문제일 것이다. 다르마끼르띠는 '존재'를 '효과적 작용능력을 가진 것'이라고 규정한다. 이것은 연기구조에서 결과를 초래하는 형성능력을 의미한다. 즉, '존재하는 것'은 '인과관계에서 결과를 발생하는 원인으로서의 능력을 갖는 것'이라 규정하고 있다. 다른 학파 중에는 독단적 형이상학적 입장에서 '존재'를 비순간적인 항상한 것이라고 규정하는 학파도 있다. 그와 같은 비시간적 존재를 처음부터 전제한다면 순간적 존재라는 시간성을 존재로부터 추론하는 것은 완전히 불가능하다. 그러므로 모든 존재의 정의를 인식의 활동 영역으로 환원할 필요가 있다. 인식근거는 지각과 추론밖에 없다. 어떠한 초월적 존재도 우리가 그것을 인식하기 위해서는 이 두 개의 인식근거를 통과하지 않으면 안 된다. 그것이 인식결과로서 효과적 작용을 하는 것이다. 이와 같이 인식 불가능한 초월적 실체는 배제된다. 만약 그와 같은 독단적 실체가 있다고 해도 인식영역을 통과할 때 모순을 일으키고 시간화되어버릴 것이다. 뒤에 기술하는 것처럼 즈냐나스리미뜨라는 '효과적 작용능력을 가진 것'이라는 정의가 모든 존재의 정의를 공통기반으로 하는 메타 차원의 정의이며, 다른 학파의 정의들과 같은 반열에 둘 수 있는 정의가 아닌, 고차원의 정의라고 말한다.

 이와 같이 존재를 '효과적 작용능력'으로 바꾸어 읽음으로써 존재는 처음부터 시간이 제거된 '존재'가 아니라 '사건'의 '관계의 역동성'으로 치환됨과 동시에 '작용'이라는 시간적 양상이 존재로 읽혀지게 된다. 또한 '효과적 작용을 하는 것'은 '연기'를 기저로 하는 다르마끼르띠의 인식론으로 보아, 제1의적으로 '인과관계에 있어서 결과를 발생하는 것'을 의미한다. '인간의 목적의 성취'라는 해석은 인식의 확실성이나 인간의 인식행위의 넓고 유용한 효과가 이 연기구조와 연동하는 한 주어질 수 있다고 볼 수 있을 것이다. 연기구조를 주관과 객관으로 이분하고, 인식주체의 차원(인간의 유용한 행위)과 존재론의 차원(자연계의 객관적 과정)으로 나누어 해석하는 것은 자유지만, 그렇게 되면 분석 철학자를 만족시킬 뿐, 다르마끼르띠의 본의에서 벗어나버리게 된다. 존재의 세계를 미리 형이상학과 같이 전제하지 않기 때문에, 그 순간의 작용결과의 유효성에 한정하는 것은 경험할 수 없는 영역에서 발생하는 이율배반을 배제한다. 따라서 다르마끼르띠의 인식론을 광의의 프라그마티즘으로 해석하는 것은 가능하지만, 그것은 인간중심주의를 기저로 하는 종래의 어떠한 프라그마티즘도 거부한다. 왜냐하면 연기구조에 연동하지 않으면 안 되기 때문이다.

또한 '효과적 작용능력' 을 가진 '결과를 발생하게 하는 능력' 과 '인간의 목적을 달성하게 하는 능력' 이라는 양의성은, 연기구조를 가능하게 하는 것에 추론을 연동하게 함으로써 존재의 실상에 이르게 하는 논리적 행위를 의미한다. 이 의미에서 추론의 타당성은 연기를 가능하게 하는 '실재로서의 작용' 에 간접적으로 연동한다. 이것이야 말로 뒤에서 보는 바와 같이 그러한 존재의 실상으로 향하는 논리적 행위가 그대로 붓다의 깨달음의 내용에 이르게 하는 경우도 있을 수 있는 것이다. 깨달음은 존재의 실상을 바르게 보는 것으로부터 열리는 것이며, 그 이외의 감추어진 초월적인 것의 비의(秘儀)로부터 열리는 것이 아니다. 불교철학에 있어서 추론이라는 행위 그 자체도 연기에 의해서 이루어지는 것이다. 여기서 '인간의 목적 달성' 이라는 것은, 일상적인 유용성을 부정하고 깨달음으로 향하는 것을 의미한다.

이것은 다르마끼르띠가 『쁘라마나바르띠까』의 제3장 「지각」에서 '여기서 효과적 작용을 하는 능력이 있는 존재가 궁극적 차원의 존재다' 라고 하면서 '효과적 작용능력은 일상성의 차원에서 생각되는 것은 아닌가?' 라는 중관파의 비판에 대해서 '그렇다, 그것은 인정한다' 라고 답하고, '궁극적으로는 작용은 부정된다' 라고 스스로 기술하는 것에 근거해서 추리할 수 있다. 이 응답은 얼핏 보면 모순하는 것으로 볼 수 있기 때문에, 주석자들은 중관파계, 유형상유식계, 무형상유식계로 나누어져 각자의 시점에서 해석하고 있다. 위에서 기술한 양의성은 삼성설(三性說)의 의타기성(依他起性)이 가진 이중구조나 중관의 이제설(二諦說, 일상적 차원의 진리와 궁극적 차원의 진리라는 두 개의 시점을 가진 이중진리론)로 파악할 때, 그것은 '성냥을 그으면 불이 붙는다' 라는 단순한 인과관계에 그치는 것이 아님이 분명하다. 그러나 다르마끼르띠는 자신의 입장을 유식이나 중관에 고정하지 않는다. 다르마끼르띠 자신의 사상의 생동성에 즉해서 텍스트를 읽어 본다면 그와 같이 '존재의 자기차이성' 을 본질로 하는 한, 추론은 폐쇄된 일상언어 게임의 고정된 설 내의 동일성, 즉 동어반복에 한정되지 않는다. 다르마끼르띠에 따르면 추론은 그와 같은 통상의 논리학을 의미하지 않는다. 그에 따르면 궁극적으로 추론은 추론 자신을 추론에 의해서 초월하지 않으면 안 된다. 따라서 '본질적 관계'의 '본질' 이란 그에 따르면 정지적인 '동일성' 의 의미가 아니다. '이것(A)이 있을 때, 저것(B)이 있다. 이것(A)이 없을 때, 저것(B)이 없다' 라는 연기의 순관과 역관은 그대로 '본질적 관계' 라고 하는 '전환의 논리의 필연성' 을 의미하고 있다.

  이 존재의 규정은 이미 기술한 것처럼 붓다에까지 소급할 수 있다. 즉, 붓다의 최후의 말씀에서 볼 수 있다. '모든 상까라(연기에 의해서 형성되고 있는 존재)는 소멸한다.' 그러나 이미 본 바와 같이 이 '상카라' 는 아비달마 시대가 되면 존재의 전 영역이 아니라 일부 영역으로 국한된다. 이것은 근본적인 오해다. 다르마끼르띠는 경량부에 준거하여 무시간적인 무위법을 존재영역에서 배제한다. '만들어진 것 (Saṃskṛta Dharma, 유위법, 과거완료형)' 을 현재형 '만들어지는 것' 으로 간주하고 '연기에 의해서 만들어진 것' 즉, '결과를 가져오는 효과적 작용능력을 가진 것(형성력)'으로 간주하였다. 이미 작용이 완료하여 무시간적으로 고정된 과거완료형을 현재의 순간적 작용이라는 시간성으로 전환한 것이다. 그리고 '연기에 의해서 만들어진 것이 아닌 것은 존재하지 않는다'라고 해석하고 있다. 새로운 연기구조를 발현하기 위해서 지금까지의 구조연관은 소멸하지 않으면 안 된다. 그것은 결과를 발생하는 순간에 있어서 자발적으로 소멸하지 않으면 안 된다. 따라서 무위법에 편입되어 있는 '열반'은 지금까지 존재의 최종 순간에 있어서 자발적 소멸에서 새롭게 창발하는 '전환의 생동성'으로서 새로운 시간성을 띠고 있다. 지금 '순간적 존재성'의 문제는 '깨달음으로 전환'을 가능하게 하는 가장 중요한 문제가 되고 있다.

원인총체 모델(최종 순간상태)

이와 같이 다르마끼르띠의 논리와 인식론은 '연기(緣起)'에 기초하고 있다. 따라서 '순간적 존재성'도 '연기'에 근거하고 있다. 그것은 식물을 예로 한 유기체모델로 표현한다. 종자가 발아하는 순간을 생각해보자. 일반적으로는 단순하게 '원인인 종자'에서 '결과인 싹'으로 변화했다고 한다. 그러나 단지 종자를 콘크리트 위에 두기만 한다면 발아하지 않을 것이다. 따라서 여기서 '종자'는 그 조건인 햇빛이나 물 등을 포함하지 않으면 안 된다. 또한 발아 직전의 순간까지 각 순간순간 누적되어왔던 원인총체의 계시적인 변용을 그 순간에 이르기까지의 원인으로 간주하지 않으면 안 된다. 발아조건이 충족되는 순간, 지금까지의 원인총체가 소멸함과 동시에 발아상태가 출현한다. 지금까지의 존재상태가 소멸하지 않으면 새로운 존재상태는 발생할 수 없다. 그 식물이 종자에서 싹으로 이행하는 연속은 순간적 소멸이라는 비연속에 의해 가능하다. 이와 같이 싹의 완전원인군이 필연적으로 싹을 발생하게 하는 것을 다르마끼르띠는 '본질적 관계'라 한다. 지금의 경우, 완전원인군이 싹 그 자신의 본질이 되어 필연적으로 싹을 발생하게 함과 동시에 필연적으로 원인상태도 소멸하기 때문이다.

이와 같이 종자 상태에서 싹의 상태로 전환하는 것으로 본다면 싹의 상태가 발생하는 순간에 종자 상태는 자발적으로 소멸하지 않으면 안 된다. 종자 상태의 소멸이 그 순간에 싹의 상태를 인기(引起)한 것이다. 이미 기술한 것처럼 바수반두는 경량부의 시점에서 '존재는 외적 원인 없이 소멸한다'고 하였다. 그러나 이미 제2장에서 기술한 바와 같이 '자발적 소멸' 논증은 다르마끼르띠에 의해서 '본질적 관계'에 의해서 기초 지워진다. 이것을 명확하게 의식한 것에 있어서도 바수반두의 증명과 한 획을 긋는 것이다. 지금의 경우 조건에서 독립한 '종자'가 원인인 것이 아니라 그 순간상태까지의 종합적 연관의 수속이 원인인 것이다. 결과도 '싹' 이라는 단순한 존재가 아니다. 그 순간적 소멸에 의해서 인기(引起)된 새로운 순간적 구조연관으로서의 종합상태가 결과인 것이다.

계시적인 '종자-싹 모델' 외에 원인군이 동시에 결과를 발생하는 '지각발생 모델'을 다르마끼르띠는 제시한다. 전자가 공동원인에 의한 계시적인 연속적 변용의 최종순간으로부터 결과가 발생하는 것에 비해서 후자는 공동원인이 접근하여 동시에 공존하는 순간으로부터 결과가 발생하는 경우다. '대상'과 '빛', '장애물이 없는 것' 등과 결함이 없는 감각기능 등의 조건이 갖추어지면 직후 순간에 그 대상의 인식이 발생한다. 가령 각종 약초가 상호작용하여 열을 가라앉히는 효과를 내는 것과 같다. '존재' 즉, '결과 발생'이 이와 같이 '계시적'과 '동시적'이라는 두 개의 존재방식을 가진다는 것이 다르마끼르띠 제2논증의 키워드(keyword)가 된다. '결과의 발생' 즉, 존재는 두 개의 모델 모두 그 직전의 조건군이 소멸하자마자 '무간에'(틈을 두지 않고) 발생한다. '종자-싹' 모델에서는 직전 순간까지 누적된 조건이 소멸하고 비재화하는 순간, 거기서 결과인 존재가 현출한다. 제2의 '지각발생 모델'의 경우는 인식의 영역 내에 직전 순간에 있어서 인식조건이 충족될 때 결과가 발생하는 것이다.

반순간적 존재성 이론(2)

여기서 실재론적 관점에서 논리학을 구축한 니야야학파의 바짜스빠띠미슈라(Vācaspatimiśra, 900~980년경)의 중요한 반순간적 존재성 이론을 살펴보자. 그것은 다르마끼르띠 논증의 긍정적 필연성에 관해서, 논증인인 '존재성'이 확정되어 있지 않다는 것, 따라서 부정적 필연성이 의심스럽다는 것을 공격하고 있는 것 같다. 바짜스빠띠미슈라는 "항존하는 주요 원인으로서 존재가 지속하고 있고, 그것이 보조 원인에 의해서 결과의 발생 조건을 충족시킬 때, 결과를 발생하고 보조 원인이 기능하지 않을 때, 결과를 발생하지 않는 것이다. 자발적으로 결과로서의 소멸이라는 '비존재'를 발생하는 필연성은 없다"라고 보고 있다. 이에 대해서 다르마끼르띠는 이미 회답을 예상하고 있었다. 주요 원인의 본질이 항상성인 한, 보조 원인이 그것을 바꿀 수는 없다. 왜냐하면 본질은 변화하지 않기 때문이다. 또한 보조 원인을 변화시키기 위해서 또 다른 제2의 보조 원인이 필요하기 때문에 무한후퇴의 오류를 범하게 된다. 다르마끼르띠는 원인집합의 다발을 그와 같이 이분하지 않는다. 이에 대해서 바짜스빠띠미슈라는 거듭 "단순한 접근으로 원인집합은, 수속하기도 하고 새롭게 첨가되는 성질(atiśaya)을 발생할 수는 없다. 존재는 소멸 원인이 그것에 작용하기까지는 지속하지 않으면 안 된다. 또한 거기에 단순한 부분 집합 이외에 '전체(avayavin)'가 존재하지 않으면 안 된다"라고 한다. 실재론은 이와 같이 어떠한 것도 실재하지 않으면 만족하지 않을 것이다. 다르마끼르띠는 부분과 전체를 이분하는 것을 허구라 하여 그 실체성을 이미 부정했다.(이 책 제9장 참조)

두 개 차원의 인과관계

니야야학파의 실재론과 함께 실재의 관점에서 고착하기 쉬운 일상성의 차원에 있어서 상식적으로 '원인-결과관계'는 '원인으로서의 순간'과 '결과로서의 순간'의 점시각적인 두 순간에 있어서 성립한다고 생각한다. 그러나 엄밀하게 말하면 '최종순간에 있어서 조건이 순간적으로 결과를 발생한다'라는 것은, 순간을 이전과 이후 둘로 나누는 것이 아니다. 이전 존재의 비재가 이후 존재의 출현을 의미한다. '비재'에 주의한다면 '순간적 소멸(찰나멸)'이며 '출현'에 주의

한다면 '순간적으로 존재하는 것'이다. 이것은 이미 살펴본 스티라마띠의 '빠리나마'의 해석과 일치한다. 그것은 '원인으로서의 순간적 존재가 소멸함과 동시에 결과로서의 순간적 존재가 발생한다'라고 하는 것이다. 조건이 되는 씨앗, 물, 햇볕, 흙이나 빛, 결함이 없는 감각기능 등도 시점을 개입하면 각각 '결과 발생'으로 볼 수 있기 때문에 선행하는 결과로서의 존재는 새로운 결과로서의 존재를 발생하는 순간에 소멸하지 않으면 안 된다. 그렇지 않으면 새로운 원인으로서의 존재가 발생하지 않기 때문이다. 즉, 존재는 자기의 소멸을 처음부터 내장하여 자발적으로 소멸함으로써 비로소 존재하는 것이 가능하다. 존재의 소멸이 그대로 결과인 존재의 생성 근거가 되기 때문에 '연기'를 가능하게 하는 것이다. 이런 의미에서 '순간'은 시간 축을 전제로 한 점적 시각이 아니다. 따라서 '인과관계'는 두 순간에 걸친 것이 아니라 '존재'와 '비재'의 전환이다. 뒤에서 보는 바와 같이 이 '전환', 즉 자기차이화의 작용이 역으로 순간이라 규정되는 것에서 시간이 발생한다. '비재'로부터 '출현'으로 '전환', 혹은 '출현하는 존재'로부터 '비재'로 전환이라는 자발적 차이화야말로 연기의 시간성이다. 이와 같이 최종적으로 완비된 원인총체로부터 결과가 발생하는 '본질적 관계'에서는 원인으로부터 결과를 추론할 수 있다. '효과적 작용을 하는 것은 순간적 존재다'라는 추론에서 '효과적 작용을 하는 것'은 '본질로서의 논증인'이라 한다.

   이에 대해서 상식적인 '원인-결과관계'는 '원인으로서의 순간'과 '결과로서의 순간'의 점시각적인 두 순간에서 성립한다고 생각하고 있다. 이 경우 원인으로부터 결과를 추론하는 것은 불가능하다. 가령 불이라는 원인에서 연기라는 결과를 추론할 수는 없다. 완전 연소하는 경우나 뜨겁게 달구어진 철구는 연기를 배출하지 않기 때문이다. 그렇지만 결과에서 원인을 추론하는 것은 가능하다. 이와 같이 '연기가 있다면 불이 있다'라고 할 때, '연기'를 다르마끼르띠는 '결과로서의 논증인'이라 명명한다. 따라서 다르마끼르띠가 '본질적 관계는 결과로서의 논증인도 포함한다'라고 할 때, 그는 시간적으로 비대칭인 '연기의 인과관계'를 기저에 두고 있지만 관점은 완전히 다르다. 다르마끼르띠의 '상식적인 인과관계'의 일반적 결정은, 가령 '불과 연기의 인과관계'를 결정하려는 경우, '(1)불도 연기도 없다, (2)불이 발생한다, (3)연기도 발생한다, (4)불이 소멸한다, (5)연기도 소멸한다'라는 조작이 필요하다. 그러나 카지야마 유이치 박사에 의하면 이 문장은 지각과 부정적 인식의 회수를 명확하게 기술하지 않았기 때문에 이처럼 5회로 보는가, 3회로 보는가에 따라 후대 해석이 두 가지로 나누어진다.

이 결정조작은 카르도나(Cardona), 쟈야틸레케(Jayatileke), 카노(宇野) 교수가 말한 바와 같이 초기불교에서 연기의 순관과 역관, 즉 '이것이 있다면 저것이 있다. 이것이 없다면 저것은 없다(A→B)'와 'A가 없다→B가 없다'에 기초하고 있다. 이것은 현대양상논리학의 의미론에서 루이스(D. Luise)의 '반사실적 조건법'과 형식적으로 동등하다. 다만 연기는 거기서 신학적인 '가능적 세계'의 모델을 가지고 있지 않다. 또한 연기(緣起)의 통속적 해석에서도 그 순간 가산된 팩트가 불가역적으로 존재하는 특성(atiśaya)을 발생하는 비선형성을 가지고 있다. 그것은 고전물리학처럼 초기 조건에서 결과를 결정할 수 없다. 또한 현재 초기의 떨림이 증폭되고 불가역적인 결과를 초래하는 것을 추적하는 카오스로서 비선형의 복잡계 과학이 결정론과 확률론의 대립을 지양하는 것으로서 각광을 받고 있다. 그리고 그것은 생명현상이나 사회현상을 기술하는 것에 응용되고 있다. 그렇지만 그것은 어디까지나 객관적 현상을 기술하는 것임을 잊어서는 안 된다. 불교의 연기는 그와 같은 현상을 파악하고 있는 바로 그 연구자 자신의 실존을 끌어당기고 있다. 그렇기 때문에 우리들 자신의 죽음과 삶에 관한 '순간적 존재성'이 문제시되는 것이다.

반소증거척 인식근거에 의한 논증

일반적으로 '모든 존재는 순간적인 것이다'라고 할 때 '모든'에 관한 언명을 전칭명제라고 한다. 그런데 존재하는 것 모두가 순간적인 존재, 즉 찰나멸이라는 긍정적 필연성을 직접 논증하기는 어렵다. 왜냐하면 끝없는 존재자 하나하나를 확인하는 것은 불가능하기 때문이다. 여기서 그러한 것은 단념하고, 간접적으로 논증한다. 그런데 '모든 A는 B다'라는 명제와 '무릇 B가 아닌 것은 A가 아니다'라는 명제는 대우 관계에 있기 때문에 논리적으로는 같은 말이다. 즉, '모든 존재하는 것은 순간적인 것이다'라고 말하는 대신 '순간적이지 않은 것은 존재할 수 없다'라는 것을 증명하면 된다. 이렇게 해서 '만약 무상성을 상실하면 만들어진 것(존재하는 것)이 가능하지 않음을 증명하지 않으면 안 된다. 바꾸어 말하면 '비순간적 존재'가 '존재하는 것'과 논리적으로 모순함을 증명하면 되는 것이다. 이 모순을 파악하는 인식이 '부정적 인식'에 근거한 '반소증거척 인식근거'다. 이와 같이 초기에는 본질로서의 논증인의 파생태로서 부정적으로 바꾸어 기술된 '부정적 인식으로서의 논증인'이 지금은 그 지위를 역전하여 전면으로 부상하게 된다. 이것은 귀류논증과 형식적으로는 같은 유형이다. 그러나 인식론적으로는 차이가 있다. 다르마끼르띠 자신이 양자의 관계에 관해서 주제적으로 논하고 있지는 않다. 그러나 이 인식론적인 차이가 뒤에서 보는 것처럼 후대 라뜨나까라샨띠와 즈냐나스리미뜨라 사이에 격렬한 논쟁을 유발하게 된다. 여기서 논증인으로서 '부정적 인식'의 사례를 다시 한 번 제시하고자 한다.

무릇 어떤 곳 x에 나무가 없다면, 그 x에 씽싸빠나무는 없다.

다르마끼르띠는 이것을 '능변의 부정적 인식'에 의한 필연성이라고 한다. 능변인 '나무'가 인식되지 않으면 필연적으로 소변인 '씽싸빠나무'도 인식되지 않기 때문이다. 다만 여기서 능변인 나무가 인식되지 않는 것은 초기 다르마끼르띠 이론에서 보면 '본질로서의 논증인'의 부정형으로서 부정적 인식에 의해서 분명하게 결정되지 않으면 안 된다는 것에 주의해 둘 필요가 있다. 그러나 다르마끼르띠는 후기 텍스트에서, 내포논리적 시점에서 이루어진 동일성 해석을 하지 않고, 변충관계에 기초한 비대칭성에 의한 해석을 채용하고 있다. 또한 '반소증거척'에 기초한 논증은 이 '능변의 부정적 인식'에 의한 논증에 다름 아니라고 말하고 있다.

B가 존재하는 범위는 A가 존재하는 범위를 완전히 물로 채우는 것처럼 포함해버릴 때, 능변B라는 물이 모두 바짝 말라 없어져버린다면, 당연히 소변A도 없어지게 될 것이다. 이 사례를 가지고 말해보

면, 능변(나무)을 부정한다면 소변(씽싸빠나무)은 필연적으로 부정되어버리게 된다. 이것이 '능변의 부정적 인식'이라 하는 것이다.

각설하고 본격적으로 '비순간적인 것은 존재할 가능성이 없는 것'을 증명하는 다르마끼르띠의 논증식으로 들어가보자. 존재를 '효과적 작용을 하는 것'으로 규정하고 있기 때문에 이것은 '비순간적인 것은 효과적 작용을 할 수 없다'는 것을 증명하게 된다. 여기서 '비순간적인 것'이 '반소증'이다. 증명되어야 할 소증인 '순간적인 것'의 반정립이 되기 때문이다. 지금 그것이 '효과적 작용을 하는 것'과 모순한다면 거척할 수 있다. 따라서 그것에 의해서 '비순간적인 것은 존재할 수 없다' 즉 '모든 존재하는 것은 순간적인 것'임이 증명된 것이다.

작용은 계시적으로 이루어지든가, 그렇지 않으면 비계시적(동시적)으로 이루어지든가 둘 중 하나이며 제3의 가능성은 없다. 그 의미에서 '계시적 작용과 비계시적 작용'은 '효과적 작용을 하는 능력'을 변충하고 있는 것이 된다. 따라서 계시적 작용과 비계시적 작용 양자를 부정한다면 효과적 작용을 하는 것이 불가능해진다. 여기서 모순이 발생하는 것은 다음과 같이 쁘라상가(귀류)에 의해서 증명된다.

> 비순간적인 존재는 시간적 양상이 배제되고 있기 때문에 과거·현재·미래에 걸쳐서 자기동일성을 보존하고 있다. 그와 같은 존재가 계시적으로 작용하거나 하지 않는 것은 불가능하다. 본질적으로 동일성이 가정되고 있기 때문이다. 또한 동시에도 결과를 발생하는 것을 완료할 수 없다. '현재 작용하고 있는 상태'와 '작

용을 완료하여 더 이상 작용하지 않는 상태'가 동일한 존재에서 일어날 수 없기 때문이다. 따라서 가정된 항상적인 존재는 효과적 작용능력을 지니지 않기 때문에 존재하지 않는 것이다.

이 쁘라상가에 있어서 부정은 '양립 불가능한 것의 인식' 즉, '그 본질과 모순하는 것을 인식하는 것'이라는 '부정적 인식'에 기초하고 있다. 그것에 의해서 변충이 부정되고, 그것으로부터 소변이 부정된다고 하는 의미에서는 '비순간적인 것은 존재할 수가 없다'라는 것이 '계시적 작용과 비계시적 작용'이라는 능변을 부정함으로써 '능변의 부정적 인식'에 근거해서 증명되게 된다. 그러나 이 경우 작용을 하기 위해서 존재는 그 자신의 본질을 차이화하지 않으면 안 됨에도 불구하고 가정된 비순간적 존재는 항상 동일한 본질을 가지고 있는 한 작용을 하는 것이 불가능하다는 이 쁘라상가에 주목한다면 이 논증은 '양립 불가능한 것의 인식' 즉, '그 본질과 모순하는 것을 인식하는 것'이라는 쁘라상가의 '부정적 인식'에 근거하고 있다고 볼 수 있다. 이와 같이 다르마끼르띠의 '유형2의 순간적 존재성 논증'은 두 개의 부정적 인식에 기초해 있음과 동시에 그 '부정적 인식'은 본질적 논증인과 마찬가지로 이중의 해석을 허용하고 있다.

이 논증은 '존재성으로부터의 추론'이라 명명되며, 이미 기술한 것처럼, 슈타인켈너 박사는 그 출현을 『쁘라마나비니쉬짜야』 제2장에서 보고 있다. 다음의 『헤뚜빈두』에서 그 논증방법이 '반소증거척 인식근거'라고 규정된다. 여기서는 '비순간성을 가정한다면 존재하지 않는다는 것이 쁘라상가(귀류, 귀결)되어 버리기 때문이다'라고 말하기 때문에 이 단계에서 다르마끼르띠는 '귀류(쁘라상가)'와 '반소증거척 인식근거'를 구별하고 있지 않다. 나아가 『바다니야야』에서 그것이 '능변의 부정적 인식'이라는 것이 분명하다. 최종단계의 『바다니야야』에서도 다르마끼르띠는 '반소증거척 인식근거'를 엄밀한 의미에서 논증식으로 구성하고 있지 않다. 까말라쉴라는 유례를 가진 귀류라 보고 있다. 그것을 유례를 가지지 않는 독립된 논증으로 간주한 사람은 다음 제6장에서 문제가 되는 라뜨나까라샨띠라고 생각한다. 다르마끼르띠의 기술을 논증식으로 바꿀 수 있지만 긍정적 논증에 유례를 잔존하고 '반소증거척 인식근거'를 더하여 논증식으로 바꾸어 쓰지 않는 것은 무엇을 의미하는가? '실재하는 다르민으로서의 논증주제에 논증인이 존재하지 않으면 안 된다'라는 디그나가의 규정을 고수하는 한 '반소증'을 거척하는 것은 불가능하기 때문이다. 다른 한편 이미 다르마끼르띠는 유례에 근거하여 디그나가 논리학의 한계를 파악하여 '반소증거척'을 새로운 독립의 인식근거로 할 필요에서 '반소증거척 인식근거'라고 명명하였다. 여기에 다르마끼르띠의 기술은 흔들린다. 굳이 '반소증거척 인식근거'에 근거하여 논증식을 구성하면 다음과 같다.

필연성 : 계시적으로도 동시적으로도 작용할 수 없는 것은 효과적 작용이 없다.
주제소속성 : 비순간적인 것은 계시적으로도 동시적으로도 작용할 수 없다.
〔결론 : 그러므로 비순간적인 것은 효과적 작용을 할 수 없다.〕

여기서 유례(가령 전혀 존재하지 않는 토끼의 뿔 등)를 제시하는가 제시하지 않는가 하는 것과, 주장자인 불교 측에 있어서 비실재의 '비순간적인 것'을 '주제소속성'의 '주제'로 하는 것이 가능한 것인가라는 문제는 다음 장에서 보는 바와 같이 격렬한 대립을 발생시킨다. 그것은 다르마끼르띠가 '부정적 인식'에 대해서 내포적 해석과 외연적 해석이라는 이중의 해석을 허용하고 있는 것에 기인한다.

그런데 이미 기술한 바와 같이 디그나가에 의하면 지각은 개념구상을 떠나 있다. 또한 그와 같은 지각의 대상은 1회로 한정되는 현전하는 인식의 형상이며 다른 것과 공통하지 않는 '독자상'이다. 이것에 대해서 추론은 언어에 근거한 것이며 개념에 의해서 구상된 '일반상'을 대상으로 한다. 그것은 아포하의 분절(分節)에 의해서 구성된다. 여기서 주목해야 할 것은, '독자상'과 '일반상'은 전혀 다른 차원에 있고 중복되지 않는다는 것이다. 개념구상에 근거하여 '언어'가 구축하는 세계는 허구 세계다. 언어는 대상을 직접적으로 나타내는 것이 아니라 '그 이외의 것을 배제하고 부정하는 것'에 의해서 일반상으로서의 대상을 구축하고 있는 것이라고 디그나가는 말한다. 일반상으로서의 '구름'은 동시에 배경인 '하늘'이나 '해'나 '산' 등을 배제하는 한 동일한 대상을 구성하고 있다. 즉, 체크리스트는 개념의 네트워크의 위치에서 대상의 의미가 결정되는 것이며 지각대상과 대응하는 것은 아니다. 그 추론대상도 아포하의 배제기능에 근거한 추론에 의해서 '일반상인 구름'인 것이다. 이와 같이 디그나가의 아포하 배제기능은 일상언어의 사용이 전제되고 있다. 앞에서도 기술한 바와 같이 이러한 형식논리에서는 '무엇 때문에 존재는 무상인가?'라는 것을 문제 삼지 않는다. 철학적 문제가 논리의 공간에서 배제되는 것이다. 이 경우 논리의 역할은 다만 일상언어 사용의 형식적 정합성만을 명시하는 것에 그친다.

반면 제3장에서 본 바와 같이 다르마끼르띠의 아포하 이론은 디그나가의 일상언어의 유별이나 카테고리를 새로이 해체하고 그것을 불교의 연기구조에 연동시킨다. 따라서 논리학은 불교의 존재론이나 인식론, 특히 지각과의 경계영역에 간접적으로 관계를 맺게 된다. 추론은 지각과 겹쳐지지 않는다. 그것은 그럴지도 모른다. 그러나 추론이 거기에 있어서 끝나는 곳, 거기서 지각과 간접적으로 관련을 맺는다고 할 수 있을 것이다. 양자를 이분(二分)한 채로 끝내버릴 수는 없었을 것이다. 그는 여기서 '부정적 인식'에 주목하고 있다. 그것은 추론의 영역에 있으면서 '지각되어야 하는 것이 지각되지 않는다'는 의미에서 간접적으로 지각과 관련을 맺는다. 전자에 의해서 디그나가의 지각과 추론의 경계선이 흔들리고, 후자에 의해서 경계영역은 더욱 확장되어 간다. 여기에 디그나가가 탐구하지 못했던 문제, '본질로서의 논증인에 의한 순간적 존재성 논증'이나 '지각에 의한 순간적 존재성 논증', 나아가 '논리와 시간성의 경계'가 문제되는 것이다. 이와 같이 다르마끼르띠는 디그나가의 형식논리학과는 전혀 다른 시점에서 논리학을 재구축한다. 이것에 의해서 비로소 '순간적 존재성 논증'이 가능하게 되었던 것이다.

제6장

포스트 다르마끼르띠 안에 있어서 대립

제6장
포스트 다르마끼르띠안에 있어서 대립

라뜨나까라샨띠의 내변충론(반소증거척 인식근거)

　11세기 즈냐나스리미뜨라(980~1031년경)와 동시대의 약간 선배로서 출현한 무형상유식론의 완성자 라뜨나까라샨띠는, 다르마끼르띠의 '반소증거척 인식근거'를 최강의 논증방법으로 간주하고 자신의 저술인 『내변충론』의 논리적 근거로 삼았다. 라뜨나까라샨띠의 이론은 다르마끼르띠의 이론을 철저화한 것이라 할 수 있다. 『내변충론』은 카지야마 유이치 박사에 의해서 번역되어 사상의 전모가 밝혀졌다.

　후기의 다르마끼르띠는 위에서 기술한 바와 같이 '반소증거척 인식근거'에 의해서 '비순간적인 것은 존재할 수 없다'라는 '부정적 필연성'을 논증하는 데 성공하였지만, 거기서 '모든 존재하는 것은 순간적인 것이다'라는 '긍정적 필연성'에 '병(甁)'이라는 유례를 부기하고 있다. 다만 이미 본 바와 같이 '본질적 관계'라는 개념을 도입하고, 그것을 '반소증거척 인식근거'에 의해서 결정할 수 있음을 증명한 시점에서, 유례는 디그나가 논리학의 형해(形骸)로서 그 역할을 상실했다고 라뜨나까라샨띠는 해석한다. 긍정적 필연성에 근거한 논증은 그것으로부터 대우를 취함으로써 도출할 수 있다고 생각한다. 다르마끼르띠 자신은 『쁘라마나바르띠까스바브리띠』에서 "유례는 이해력이 없는 자에 대해서 부기한 것에 지나지 않는다"라고 말하고 있다. 이것은 디그나가가 "부정적 필연성을 기술할 때 '토끼의 뿔'과 같은 비실재의 유례를 꼭 기술할 필요는 없다"라고 말한 것을 수용한 것이다. 따라서 라뜨나까라샨띠의 논증은 유례를 결여하고 있다. 이렇게 해서 그는 변충관계를 외부의 유례에 근거하여 귀납적으로 결정하려고 하는 자를 '외변충론자'라 명명하고, 자신의 이론을 논증주제의 영역 내부에서 결정할 수 있는 '내변충론'이라고 주장하기에 이르렀다. 『내변충론』의 핵심적인 부분을 카지야마 유이치 박사의 번역을 통해 보도록 하자.(이 책의 용어에 부합시키기 위해서 원문을 약간 바꾸었다.)

여기서 '존재성'이란 '효과적 작용을 하는 것'이다. 존재에 대한 그 이외의 정의(특징)는 타당하지 않기 때문이다. 그리고 그것은 계시성과 동시성에 의해서 변충되고 있다. 이 두 가지는 상호 배제하는 특징을 가지고 있다. 그 (두 가지) 이외에 (제3의) 다른 집합은 없기 때문이다. 비순간적인 것에는 계시성과 동시성이 존재하지 않는다. (비순간적인 것 즉) 전후 두 순간에 걸쳐서 부동(不動)인 동일한 본질을 가진 존재에 작용자성과 비작용자성이라는 모순하는 두 개의 성질이 있다는 것은 불가능하기 때문이다. 그 가운데 우선 계시성은 불가능하다. 계시적인 존재 하나하나에 대해서 전후 두 순간이 작용자와 비작용자일 수는 없기 때문이다. 이와 같이 모든 계시성은 없는 것이 되기 때문에, 다만 모든 결과를 동시에 (발생하는 것만이) 남게 된다. 그러나 그 경우에는 전후 두 순간에 작용자성과 비작용자성이 귀결되어버리는 모순은 더 명백하다. 동일한 다르민에 두 개의 모순하는 작용자성과 비작용자성은 있을 수 없기 때문이다. 어느 순간에 걸쳐서 동일한 본질을 보존하는 것이 비순간적인 것이라고 알려져 있다. 거기에는 계시성과 동시성이라는 두 가지 모순하는 특성이 함께 존재할 수는 없다. 이와 같이 비순간적인 존재에 있어서 존재성은 능변(=계시성과 동시성)의 부정적 인식에 의해서 변충되기 때문에 순간적으로 소멸하는 존재만이 남게 된다. 즉, (존재성은) 순간적 소멸성에 의해서 변충되는 것이다. 따라서 그것(=순간적 존재성)에 의해서 변충되고 있는 그 (존재성)이 있는 것이라고 한다면 그것에 있어서 순간적 소멸성을 성립시킨다. (카지야마 유이치「라뜨나까라샨띠『내변충론』」,『불교대학원연구기요』17, 8~9, 1989년 참조)

유례가 배제되면 디그나가가 유례의 영역에서 제외한 '논증의 주제'의 의미는 완전히 변경되게 된다. 즉, '논증주제'가 논의영역의 전 영역을 점하게 된다. 여기서 라뜨나까라샨띠는 '변충관계는 논증주제 그것에서 결정되어야 한다'라고 주장하기에 이른다. 또한 이와 같이 '논증주제'가 논의영역의 전 영역을 점하지 않는다면 '과소부정의 의사적 논증인'은 당연히 바른 논증인으로 인정하지 않으면 안 된다. 즉, 논증주제(가령 '음성')만의 속성인 논증인(들리는 것)은 그 이외에 유례가 없다는 이유에서 논증능력이 없는 것으로 간주되었기 때문이다.

또한 그는 논증주제가 '비순간적인 존재'와 같이 실재하지 않는 것일 경우, 종래의 '주제소속성'의 규정은 무효라고 간주한다. '실재하는 다르민으로서의 논증주제에 논증인이 존재하지 않으면 안 된다'라는 디그나가의 규정을 고수하는 한, '반소증을 거척하는 것'은 불가능하기 때문이다. 아마도 다르마끼르띠가 '반소증거척 인식근거'라고 명명한 것을 철저하게 받아 들여 '새로운 독립적 인식근거'라 해석한 것이라 생각한다. 다르마끼르띠는 초기 『쁘라마나바르띠까』에서 인식근거는 지각과 추론 둘뿐이라고 하였다. 그럼에도 불구하고 그는 최종단계에 속하는 『헤뚜빈두』에서 제3의 인식근거로 받아들이지 않을 수 없는 '반소증거척 인식근거'라는 표현을 취하기에 이르렀기 때문이다.

이 논증은 유례에 근거하여 증명되는 것이 아니라 '능변의 부정적 인식'에 의해서 연역적으로 증명되고 있다. 여기서 주목해야 할 것은 주제로서의 반소증인 '비순간적 존재'는 입론자에 의해서 부정되어야 할 '비존재'이며, 종래의 추론조건인 '주제소속성'을 충족시키지 않는다는 것이다. 이것을 극복하기 위해서는 '능변의 부정적 인식'에 일정한 해석을 가하여 가령 주제가 비실재라고 해도 유효한 독립적 인식근거라 하지 않으면 안 된다. '반소증거척'을 인식근거라고 다시 규정한 후기 다르마끼르띠의 의도는 바로 여기에 있었을 것이다. 라뜨나까라샨띠는 분명히 후기 다르마끼르띠에 준거하고 있다. 그러나 이 논증이 쁘라상가를 포함한 복합논증이라는 점에서 본다면 뒤에서 기술하는 바와 같이 이 논증형식은 직접적으로는 다르못따라(750~810년경)에 근거하고 있다고 할 수 있다. 왜냐하면 다르마끼르띠의 쁘라상가 해석을 둘러싸고 그 뒤 다르못따라와 쁘라즈냐까라굽따(9세기 전반경) 사이에 대립이 발생하고, 그 가운데 라뜨나까라샨띠의 '부정적 필연성'을 결정하는 논증식은 '절대적 부정'에 의해서 해석하는 다르못따라의 '쁘라상가 환원식'과 같은 유형이기 때문이다.

사상적 연대기의 역전(즈냐나스리미뜨라의 신외변충론)

라뜨나까라샨띠의 『내변충론』은 즈냐나스리미뜨라의 제자인 라뜨나끼르띠(11세기 경)의 『순간적 소멸론』 이후 그것을 비판하며 썼다는 것이 종래 가장 유력한 설이었다. 그러나 나는 그 관계가 반대가 아닌가 생각한다. 그 이유의 하나는 즈냐나스리미뜨라가 '반소증거척 인식근거'를 몰랐던 것이 아니라 충분히 알고 있었다는 것이다. 그는 그 가운데 『순간적 소멸론』 제3장에서 '반소증거척 인식근거론자'라는 용어를 사용하여 '반소증거척 인식근거'의 독립성을 비판하고 있다. 다만 라뜨나까라샨띠를 지목하여 비판한 적은 없다. 또한 '반소증거척 인식근거론자'는 복수형으로도 표기되어 있다. 따라서 뒤에서 보는 바와 같이 '반소증거척 인식근거'의 독립성을 주장한 다르못따라와 그 아류를 비판하고 있을 가능성도 남기고 있다. 그러나 '반소증거척 인식근거'가 『내변충론』의 유일한 이론적 근거이기 때문에 라뜨나까라샨띠를 포함한 일군의 '내변충론자'를 비판했을 가능성이 높다. 게다가 즈냐나스리미뜨라는 '반소증거척 인식근거'를 이차적인 것이라 하여 그 유효성을 인정하고 있다. 내변충론자를 의식하고 있는 그는 '반소증거척 인식근거'를 이차적 증명으로 논증식을 구성하고 있다. 다음 장에서 보는 바와 같이 그것은 라뜨나까라샨띠의 논증식과 달리 비존재 유례인 '거북의 털'을 포함하고 있다.(라뜨나까라샨띠는 '토끼의 뿔'을 유례로 사용한다.)

확실히 즈냐나스리미뜨라와 라뜨나끼르띠는 유례로 '비구름'이나 '병'을 거론하기 때문에 그것을 외변충이라 간주하여 라뜨나까라샨띠가 비판했다고 말할 수 있다. 그러나 라뜨나까라샨띠가 말하는 외변충론자는, 논증인이 주제에만 존재하고 유례가 존재하지 않는다는 이유에서 '과소부정인(불공부정인)'을 오해했다고 한 다르못따라나 샹까라난다(Śaṅkarānanda, 10~11세기경) 등일 가능성이 크다. 왜냐하면 이미 다르마끼르띠에게 있어서 디그나가의 '과소부정인'의 의미는 변경되고 있었으며, 외변충론자를 즈냐나스리미뜨라와 라뜨나끼르띠로 한정할 필연성은 없다고 생각하기 때문이다.(뒤에서 기술하는 것처럼 라뜨나까라샨띠는 다르못따라의 사상에 준거하고 있다. 여기서는 다르못따라의 외변충적 경향을 비판했다고 볼 수 있다.)

또한 즈냐나스리미뜨라의 증명은 유례에 기초하는 것이 아니라 뒤에서 보는 바와 같이 귀류와 귀류환원법으로 논증한다. 즈냐나스리미뜨라의 외변충론은 이미 디그나가 논리학의 잔재로서 유례를 사용한다는 의미가 아니다. 만약 라뜨나까라샨띠가 뒤에서 즈냐나스리미뜨라를 비판하면서 이 귀류와 귀류환원법을 언급하지 않았다면 그 비판은 과녁을 벗어났다고 말해도 할 말은 없다. 그런데 그것에 관해서 라뜨나까라샨띠는 전혀 언급하지 않고 있다.

위에서 기술한 것으로 볼 때 즈냐나스리미뜨라의 이론은 라뜨나까라샨띠가 공격하는 종래의 외변충론과 다른 것이라 생각한다. 그런 의미에서 즈냐나스리미뜨라의 견해를 여기서 '신외변충론'이라 부르고자 한다. '신외변충론'은 다음과 같이 요약할 수 있다.

논리적으로는 '모든 존재는 순간적인 것이다(긍정적 필연성)'라는 것과 '비순간적인 것은 존재하지 않는다(부정적 필연성)'라는 것은 등가라고 해도, 인식론적으로는 지각가능한 긍정적 필연성이 제1차적인 것이며, 부정적 필연성은 긍정적 필연성이 결정되기 때문에 순수 논리적으로 대우에 의해서 바꾸어 쓸 수 있는 제2차적인 것이다. 결코 그 역은 아니다. 또한 부정적 필연성을 결정하는 '반소증거척 인식근거'는, 긍정적 필연성을 이해할 수 있는 능력이 없기 때문에 그것을 의심하는 자에 대해서 보조적으로 증명할 수밖에 없다. 단순한 거부만으로는 어떤 특정한 주장을 적극적으로 긍정할 수 없기 때문이다. 따라서 '반소증거척 인식근거'는 독립적인 인식근거는 아니다. 독립적 증명은 '긍정적 필연성'을 결정하는 귀류와 귀류환원식에 의해서 이루어진다.

쁘라즈냐까라굽따는 다음 장에서 보는 바와 같이 귀류를 중시한다. 마쯔모토 시로 교수가 연구한 바에 의하면 라뜨나까라샨띠는 특히 중관 쁘라상가의 찬드라끼르띠를 격렬하게 비판하고 있기 때문에 라뜨나까라샨띠 자신이 귀류를 채용한 적이 없고, 귀류를 '반소증거척 인식근거'와 결정적으로 다른 것으로 보았다. 또한 라뜨나까라샨띠의 무형상론의 텍스트를 즈냐나스리미뜨라의 『유형상성립론』에서 인용하여 비판하고 있는 것이 카지야마 유이치 박사에 의해서 발견되었다. 이것에서 보아 『내변충론』도 마찬가지로 즈냐나스리미뜨라에 의해서 비판될 가능성은 충분하다고 말할 수 있다. 놀라운 것은, 즈냐나스리미뜨라의 직계 제자로 여겨지는 라뜨나끼르띠는 이미 기술한 바와 같이 스승의 '귀류와 귀류환원식'과 라뜨나까라샨띠의 '반소증거척 인식근거' 사이에 격렬한 논쟁과 대립이 있었음에도 불구하고 그것에 관해서는 전혀 언급하지 않고 양자를 동등한 것으로 인정하고 있다는 점이다. 또한 후대의 목샤까라굽따(Mokṣakaragupta, 11~12세기경)는 두 논증을 병기하는 것으로만 그친다. 무엇 때문에 즈냐나스리미뜨라가 이차적이라고 하면서 '반소증거척'을 인정할 수밖에 없었는지 그 상세한 이유와, 라뜨나끼르띠가 양자를 동등하다고 인정하기에 이르렀던 이유는 다음 장에서 고찰하고자 한다.

즈냐나스리미뜨라의 긍정적 논증식(쁘라상가와 그 환원식)

그렇다면 여기서 즈냐나스리미뜨라의 귀류논증을 살펴보자. '모든 존재는 순간적인 것이다. 가령 비구름과 같이'라는 것을 증명하기 위해서, 가령 비구름이 순간적 존재가 아닌 항상적 존재라고 가정해보자. 이 경우 항상적 존재라는 것은 두 순간 이상에 걸쳐서 동일한 불변의 본질을 가진다는 것을 의미한다. 뒤에서 기술하는 것처럼 즈냐나스리미뜨라의 논증은 다르못따라를 비판하는 쁘라즈냐까라굽따의 '쁘라상가와 그 환원식'에 준거하고 있다. 그러나 그것을 '순간적 소멸 논증'에 적용한 것은 즈냐나스리미뜨라의 독창일 것이다. 그는 『순간적 소멸론』 제2장 「긍정적 필연성」에서 '전칭화할 수 있는 변충관계'로서의 '긍정적 필연성'을 증명하기 위해 3조의 쁘라상가와 그 귀류환원식(prasaṅga viparyaya)에 기초한 논증식을 구성한다. 그것은 라뜨나까라샨띠가 공격한 것과 같은, 유례에 기초한 귀납적 논증이 아니라 쁘라상가를 동반한 연역적 논증이다.

즈냐나스리미뜨라의 논증은 다음과 같은 과정을 거치고 있다. 먼저 '존재'를 '효과적 작용을 하는 것'이라 정의한다. 이것은 모든 독단적 정의를 메타 차원의 인식론 시점에서 공통적 기저로 하는 것으로 규정한다. 가령 초월적 실체를 존재로 상정해도 그것을 인식하기 위해서는 최종적으로 경험 가능영역을 통과하지 않으면 안 되기 때문에 모든 정의는 경험 가능한 두 개의 인식근거(지각과 추리)에 의해서 결정되는 인식결과로 환원되며, 그 효과적 작용의 효과성의 차원으로 돌아가지 않으면 안 된다는 것이 그 이유다. 이것에 의해서 긍정적 필연성에 기초한 논증의 주제소속성을 확보한다. '존재의 항상성'을 주장하는 대론자는 '존재는 두 순간 이상에 걸쳐 동일한 본질을 가지고 있다'고 생각한다. 하지만 즈냐나스리미뜨라는 '존재는 각 순간순간 다른 본질을 가지고 있는 것'임을 증명하려고 한다. 효과적 작용을 하는 제1순간의 능력은 이미 그 작용이 행해지고 난 뒤에는 없다. 지금 그 동일한 능력이 제2순간까지 지속하여 작용을 하는 것이 가능하다고 한다면 그 작용은 제1순간의 작용과 동류의 작용을 하든가 아니면 다른 작용을 하든가 둘 중 하나다. 또한 제3의 가능성으로서 전혀 작용을 하지 않든가이다. 이 세 개의 가능성을 쁘라상가에 의해서 모두 부정하고 그 결과를 반전시킨 환원식을 만든다면, 존재는 적어도 두 순간에 걸쳐 동일성을 가지고 있다는 것을 부정할 수 있다.

  궁정적 필연성 : 무릇 존재하는 것은 순간적인 것이다. 가령 비구름과 같이.
  주제소속성 : 이들 대상은 존재한다.
  〔결론 : 그러므로 이들 대상은 순간적인 것이다.〕

여기서 존재성이란 인식근거에 기초(해서 인식)된 효과적 작용에 있어서 작용력이며, 그것(=작용력)은 이미 이루어진 것에는 성립하지 않는다. 또한 (그 이외의) 다른 순간에도 같은 종류의 존재로서 이루어지는 것도 아니고, 다른 존재로서 이루어지는 것도 아니다. 혹은 작용이 없는 것 또한 아니다. 이들 두 개의 (유능력의 경우의 작용과 무능력의 경우의 무작용이라는 본질의 차이의) 존재방식도 순간적으로 소멸하는 것에 타당하기 때문에 (순간적으로 소멸하는 것)이 소증(=논증되어야 할 것)으로 귀결된다.

 이것을 증명하기 위해서는 먼저 능력과 작용이 '시간·공간·본질'에 관해서 동일한 것으로 규정되는 것과 같이 제한되지 않으면 안 된다. 일상언어에서 '존재'와 '(작용)능력(=원인)'과 '작용·결과'를 각각 다른 것으로 생각하고, 존재나 능력은 동일한 것으로 지속하지만 작용·결과는 조건의 순서에 따라 지연한다든지 변화한다고 생각하기 때문이다. 따라서 논증의 핵심은 '전제'에 있다. 즈냐나스리미뜨라의 쁘라상가 논증에서 전제가 되는 '긍정적 필연성'은 다음과 같은 것이다.

필연성 : 무릇 어떤 X가 있을 때, 어떤 것 Y를 발생할 능력이 있다면 X는 그 순간 Y를 반드시 발생하게 한다. 가령 최종의 원인 총체가 그 자신의 결과를 발생하게 하는 것과 같이.

이 '쁘라상가의 전제'로서의 '필연성'을 즈냐나스리미뜨라는 다음과 같이 증명한다.

'현재 발생하고 있는 것'을 떠나서 '능력'이 정립된다면 모든 것이 모든 것에 관해서 작용력을 가지고 있다는 바람직하지 않는 언어사용을 귀결(쁘라상가)해버릴 것이다. 그러나 (실제로) 경험된 언어사용은 이 (지시대상의 시간, 공간, 본질에 의해서) 제한된다. 게다가 '현재 발생하고 있는 것' 이외에 이 (언어사용의) 근거(발효원인)는 요해(了解)되지 않는다. 따라서 '현재 발생하고 있는 것'을 떠나서 (제한된 언어사용으로서 '능력'이 존재하지 않는다)라는 이류례에서 제한을 가질 때 정의(언어사용)를 변충하고 있는 것('현재 발생하고 있는 것')이 배제됨으로써 그 자체의 존재성이 배제되어버리는 경우에, ('발생하는 능력'이라는 언어사용은) '현재 발생되는 것'에서만 정착하는 것이다. 따라서 '능력'이라는 언어사용의 지시대상 영역에만 따르는 것이 '발생하게 하는 당체인 것'이 증명된다. 이것이 '변충의 증명'이다.

'발생하는 능력'이 반드시 '현재 발생하는 것'을 귀결하는 것이 쁘라상가에 의해서 증명되었다. 여기서 언어사용의 적합성은 결정적인 역할을 담당한다. 이 '필연성'의 근거 아래 다음과 같은 '비구름'의 세 가지 존재방식을 '주제소속성'으로서 대입한다.

(A) 제2순간 등(과거와 미래)에 작용을 할 경우. 동일한 능력이 지속하여 제1순간과 같이 작용을 하는 경우.
(B) 제2순간 등(과거와 미래)에 작용을 할 경우. 제1순간의 작용이 완료했을 때도 제1순간과 동일한 능력이 지속하여 다른 작용을 하는 경우.
(C) 모든 순간(과거·현재·미래)에 작용을 하지 않을 경우. 제1순간과 같은 능력이 없는 본질이 지속하는 경우.

즈냐나스리미뜨라는 긍정적 필연성의 변충관계를 세 묶음의 쁘라상가와 그 환원식에 의해서 결정할 수 있다고 한다. 그리고 그는 이 논증을 이미 기술한 바와 같이 라뜨나까라샨띠의 '반소증거척 인식근거'에 기초한 논증으로 대치시켰던 것이다. '모든 존재하는 것은 순간적 존재다. 가령 비구름과 같이'라는 것을 증명하기 위해서 즈냐나스리미뜨라는 지각 가능한 유례를 주제로 간주하여 그 '비구름'에 대해서 쁘라상가를 적용하고 그것으로부터 정규논증으로 환원하려고 한다. 그 환원식의 주제(다르민)는 반소증거척 논증과 같이 허구된 '비순간적인 존재'가 아니라 리얼한 '비구름'이며 주제소속성을 충족한다.

⟨A의 경우⟩

쁘라상가A와 그 환원식A는, 제1순간에서 이미 행한 작용과 같은 작용을 제2순간에도 한다고 가정한 경우의 쁘라상가와 그것을 정규논증으로 환원한 것이다.

⟨쁘라상가A⟩

필연성 : 무릇 어떤 순간, 어떤 존재 X가 어떤 존재 Y를 발생하는 (효과적) 작용능력을 가지고 있다면, X는 그때 Y를 반드시 발생하게 한다. 가령 원인이 (완전하게) 종합된 최후의 (순간적) 상태가 그 자신의 결과를 발생하게 하는 것과 같이.

가정된 주제소속성 : 그 비구름은 그 자신의(구름의) 내부에 물을 보존하면서 존재하는 상태 그대로 농부의 눈에 기쁨을 가져다주는 것 등의 결과를 가져온다. 혹은 비(물)를 현재 내리게 할 경우 그와 같은 작용을 한다. 또한 이와 같은 (가능성으로서의) 능력은 그들 두 개의 상태에서 두 개의 사물의 결과를 이룰 수 있다고 반론자는 주장하고 있다.

〔결론 : 그렇다고 한다면 이 비구름은 현재에서도 과거와 미래의 시점에 속하는 결과를 발생하게 하는 것으로 되어버린다. 그러나 이것은 사실과 다르다.〕

이상, 본질적 논증인의 쁘라상가.

전후 두 순간에 걸쳐서 존재가 동일성을 가지고 있다고 가정한다면, 비구름은 현재에도 과거와 미래 시점에 속하는 결과를 발생시키는 것으로 되어버리는 쁘라상가에 빠지게 될 것이다. 이어서 전제의 '필연성'을 대우에 의해서 바꾸어 기술하여, 쁘라상가의 결과를 반전(viparyaya)시켜 '주제소속성'을 구성한다면 다음의 정규 논증식과 같은 유형의 '귀류환원법(prasaṅga viparyaya)'이 도출된다.

〈쁘라상가A의 환원식〉
필연성 : 무릇 어떤 순간, 어떤 존재 X가 어떤 존재 Y를 발생하게 하는 작용을 하지 않는다면 그 X는 Y에 대해서 (효과적) 작용능력을 가지지 않는다. 가령 보리가 벼의 싹에 대한 것과 같이.
주제소속성 : (이 비구름은) 제2순간 이후에 있어서 제1순간에 기능한 작용을 행하지 않는다. 즉, 제1순간에 있어서 제2순간 이후에 기능한 작용을 행하지 않는다.
〔결론 : 이 비구름은 각각의 작용에 관해서 유능력과 무능력을 본질로 함으로써 각 순간순간 차이를 발생하게 한다. 즉, 이 비구름은 순간적인 것이라는 것이 증명되게 된다.〕
이상 능변의 부정적 인식(에 기초한 논증).

제1순간에 이미 행한 작용과 같은 작용을 제2순간에도 행한다고 가정한 경우, 바람직스럽지 않은 쁘라상가를 귀결하기 때문에 이것으로부터 '제1순간에 이미 행한 작용과 같은 작용을 제2순간에는 행하지 않는다'라는 것이 환원된다. 이것에 의해서 순간적 존재성이 귀결된다.

⟨B의 경우⟩

다음에 즈냐나스리미뜨라는 제2의 쁘라상가의 형식을 제시한다. 그것은 제2순간 등(과거와 미래)에 작용을 할 때, 제1순간의 작용이 완료했다고 해도 제1순간과 동일한 능력이 지속하여 다른 작용을 하는 경우다.

⟨쁘라상가B⟩

필연성 : 무릇 어떤 것 X가 있을 때, 어떤 작용 Y를 행하는 능력이 있다면 그것 X는 그 순간 그 작용을 행한다. 가령 최종의 원인 총체와 같이.

가정된 주제소속성 : 이 (항상한 것, 즉 비구름의) 작용력은 모든 작용이 없다고 해도 존재한다.

〔**결론** : 이 (항상한 것, 즉 비구름의) 작용력은 모든 작용이 없다고 해도 작용한다. 이것은 모순이다.〕

⟨쁘라상가B의 환원식⟩

필연성 : 무릇 어떤 것 X가 어떤 것 Y를 행하지 않는다면 그것 X는 그것 Y에 관해서 능력이 없다. 가령 보리가 쌀의 싹을 만들 수 없는 것과 같이.

주제소속성 : 기능하고 있지 않을 때, 기능하고 있을 때의 결과를 가져오는 작용을 행할 수는 없다.

〔**결론** : 이것은 기능하고 있지 않을 때, 기능하고 있을 때의 결과를 가져오는 능력은 없다.〕

이 환원식에 의해서도 순간적 존재성이 귀결된다. 즉, 비구름은 각각의 작용에 관해서 유능력과 무능력을 본질로 하는 것에 의해서 각 순간순간 차이를 발생하게 한다.

〈C의 경우〉

만약 그렇지 않을 때에는 어떻게 해도 '작용이 없다'라는 제3의 선언지(選言支)로 귀결되어버린다. 그런데 만약 능력이 없는 것이 본질이라고 한다면

〈쁘라상가C〉

필연성 : 무릇 어떤 것 X가 어떤 것 Y에 관해서 무능력이라면 그것 X는 그것 Y를 행하지 않는다. 가령 보리가 쌀의 싹에 대하는 것과 같이.

가정된 주제소속성 : 이 비구름은 작용이 없는 순간과 같이, 다른 순간에도 능력이 없다.

〔결론 : 이 비구름은 작용이 없는 순간과 같이 다른 순간에도 작용하지 않는다. 그러나 현재의 비구름은 작용하기 때문에 이것은 모순이다.〕

이것은 '변충하지 않는 것과 양립하지 않는 것(모순 혹은 대립하는 것)의 인식'(이라는 논증인의 형식)에 의해서 '어떤 순간에도 작용을 하지 않는다'라는 것이 논증인의 의미다.

〈쁘라상가C의 환원식〉

필연성 : 무릇 어떤 것 X가 어떤 것 Y를 행한다면 그것 X는 그것 Y에 관해서 작용을 초래하지 않는 것은 아니다. 가령 최종의 원인총체와 같이.
주제소속성 : 이 비구름은 물을 지니며 (운반하는) 것을 행한다.
〔결론 : 이 비구름은 현재 작용하기 때문에 작용능력을 가진다.〕
이것은 '양립하지 않는 것에 의해서 변충된 것의 인식' (이라는 논증인에 근거한다.)

이상 세 묶음의 논증식에 의해서 비구름이 '본질의 차이' 를 가진 것임이 증명된다. 즉, 같은 비구름이 '어떤 순간에 어떤 효과적 작용을 하는 능력이 있다' 라는 본질과 '그 이외의 순간에 그 효과적 작용을 행하는 능력은 없다' 라는 두 가지 본질을 모두 가지고 있는 것이 증명되는 것이다. 이것이 '순간적 존재' 를 의미하는 것이다.

그런데 이상의 논증에서는 각 순간순간 존재는 본질을 바꾸고 있다는 것만이 증명되기 때문에 제1순간에 작용하고 제2순간에 작용을 정지하여 소멸한다고 해석된다. 따라서 존재는 그 한순간만은 자신의 본질을 확립하여 자기동일성을 가진 것처럼 볼 수 있을지도 모른다. 현대의 양상논리학을 시제논리로 변형한 사몬 등은 '시간절편 (時間切片)' 이라는 개념을 도입하지만 그것은 존재로부터 분리된 선형시간을 전제로 한다. 그러나 만약 한순간이라도 자기동일성을 가지고 머문다면 작용이라는 운동성을 갖는 것이라 할 수 없을 것이다. 또한 다음 순간과의 틈은 어떻게 되는가? 이 문제에 관해서는 이미 살펴본 '자발적 소멸론' 이 답이 될 수 있을 것이다. 존재는 자신 속에 소멸(=비존재)을 내장하고 있기 때문에 한순간이라도 자기동일성을 가지고 머물 수 없는 것이다.

실제 즈냐나스리미뜨라는 중관(中觀)적 시점에서 '존재'와 '비존재'라는 양 극단을 부정한다. 그는 '존재가 자발적으로 소멸하는 것'을 '존재 그 자체로서의 비존재'라 간주하고 그것을 '존재와 비존재는 차이가 없을 뿐'이라고 표현한다. 이것은 존재와 비존재가 '동일하다'라는 것을 의미하지 않는다. 이것은 이중의 차원에서 고찰하지 않으면 안 된다고 즈냐나스리미뜨라는 말한다. 이중의 차원이란 이중진리론(二諦說)을 의미하며, 인식근거에 기초하여 고찰될 때까지는 바르다고 생각하는 상태가 일상성의 차원이고, 그것이 부정되는 것에 의해서 그 순간 분명하게 되는 상태가 궁극적 차원이라 말할 수 있다. 이미 제2장에서도 고찰하였지만 일상성의 차원에서는 대상의 자기동일성을 쉽게 믿기 때문에 동일한 대상이 존재와 비존재라는 모순된 것을 동시에 가질 수 없다. 그것을 선형시간상에서 치켜 올려서 '동일한 대상이 제1순간에 존재하고 나서 제2순간에 소멸한다'라고 표현한다. 그러나 이미 본 바와 같이 이것은 전혀 잠정적인 상식적 사고에 지나지 않는다. 이에 대해서 궁극적 차원에서는 실체의 자기동일성이 공관(空觀)에 의해서 해체(空無自性化)되기 때문에, 존재와 비존재는 그 자신에 있어서 동일한가, 다른가 등과 같은 이분된 개념구상이 배제된다. 중관철학의 표현을 빌리면 '불일불이(不一不異)'이며 '단상중도(斷常中道)'이다. 즈냐나스리미뜨라는 극단에도 그것을 "이와 같이 존재는 존재하지 않는 것이기 때문에 그 존재 자체가 부정될(절대적 부정) 뿐이라는 것이 적절하다. 가령, 토끼의 뿔처럼."과 같이 철저한 중관파의 입장에서 표현하고 있다. 그러나 경계선상에 자신을 세운 다르마끼르띠에 있어서 순간적 존재성은, 가령 궁극적으로는 그와 같이 표현한다고 해도 이중진리론의 양 극단을 고정하는 것은 중관파 자신에 있어서도 허용되지 않기 때문에, 다르마끼르띠 자신은 그 순간적 존재성에 존재의 실상을 보고 있다고 할 수 있을 것이다. 이 책은 그것을 '자기차이성'이라 표현하고 순간적 존재성으로서 시간성의 시점에서 날카롭게 공격하고 있는 것이다.

그런데 즈냐나스리미뜨라는 '전칭화할 수 있는 변충관계'의 문제로 들어간다. 일반적으로 긍정적 필연성의 증명은, 가령 유례의 '이 비구름'에서 검증된다고 해도, 무한의 유례에 관해서 일반화할 수 없기 때문에 '전칭화할 수 있는 변충관계'로 하기 위해서 그 '대우'를 증명하게 된다. 즉, '긍정적 필연성'은 직접 증명되지 않기 때문에 오히려 그 대우로서 '부정적 필연성' 쪽을 증명하는 것이다. 라뜨나까라샨띠계의 '내변충론'은 이 입장을 취하여 '부정적 필연성'을 '반소증거척 인식근거'에 의해서 결정하려고 했던 것이다.

반면, 즈냐나스리미뜨라는 '긍정적 필연성'을 쁘라상가와 그 환원식에서 결정하려고 한다. 즉, 그는 '반소증거척 인식근거'에 의하지 않고 쁘라상가와 그 환원식으로 임의의 실례 '가령 비구름'에 '본질의 차이(다른 본질을 가진 것)'를 증명하고 그것을 일반화(보편화)할 수 있다고 보았던 것이다. 여기에 임의의 n항과 n+1항 사이에 성립하는 식을 실례로 하는 제1항에 적용하는 과정에서 '이하, 마찬가지로'라는 무한회의 조작을 허용하는 일종의 수학적 귀납법적 발상을 읽을 수 있다. 여기서 실례는 종래의 귀납적 유례에서는 전혀 없는 모든 대상x에 관해서 성립하는 것과 같이 전칭화하는 보편화 양자(量子)의 범위에서 현재 대상이 존재하는 것을 보증하는 역할과 함께 임의의 '변항x'로서의 역할을 연출하고 있다. 현대논리학의 의미론에서도 전칭화의 영역이 공(空)이 아님을 보증하기 위해서 '모든'을 어떤 특정의 영역으로 제한하고 그 영역에서만 '존재술어E'가 성립하는 '존재가정으로부터 자유로운 자유논리'가 만들어진다. 마그다못뜨가 루트레이의 논리계에 준거하여 라뜨나끼르띠의 부정적 논증식을 기호화한 것도 그 변형으로 보인다. 그러나 이것은 대상 그것의 자기차이성을 기술할 수 없다. 시간은 존재로부터 분리되어 '존재술어E'의 변역으로서 '가능세계'가 되기 때문이다. 이런 기호화는 나 자신도 일찍이 대학원 시절 시도했었고 최근 에드게 박사도 시제논리를 시도하고 있지만 같은 이유에서 문제는 아직 해결되지 않은 채로 남아 있다.

　이미 기술한 바와 같이 이 '긍정적 필연성'의 증명은 라뜨나까라샨띠가 '외변충론자'로서 공격한 사람의 증명은 아니다. 이것은 유례에 의한 귀납적 논증이 아니기 때문이다. 유례 '비구름'을 사용하고 있지만 그것은 쁘라상가의 환원식이 주제소속성이라는 지각과 연동하는 '약동하는 비구름'의 실상을 충족하는 정규논증이기 때문에 주제(다르민)로 도입되었던 것이다. 변충관계는 외적 유례에 의해서 결정되는 것이 아니라, 라뜨나까라샨띠와 마찬가지로 주제 그것의 내부에서 결정되고 있다. 라뜨나까라샨띠가 '부정적 필연성'을 선결(先決)하는 데 반해서 즈냐나스리미뜨라는 '긍정적 필연성'의 선결(先決)을 주장한다. 또한 이 유례의 주제화는 지각형상의 존재를 주장하는 유형상유식론을 토대로 하고 있다. 이상에서 정설과는 반대로, 즈냐나스리미뜨라는 무형상유식론자인 라뜨나까라샨띠의 '내변충론'을 비판하기 위해서 『순간적 소멸론』을 저술한 것은 아닌가? 라고 추정하는 것이다.

대립하는 '부정적 인식'의 해석
(다르못따라와 쁘라즈냐까라굽따)

라뜨나까라샨띠와 즈냐나스리미뜨라의 논증식은 모두 쁘라상가를 포함하고 있다. 쁘라상가에서 전자는 '능변의 부정적 인식'으로서의 '쁘라상가 환원식'을 부정형으로서의 반소증거척 인식근거에 의해서 증명한다. 이에 대해서 후자는 '실례'에 의해서 주제소속성을 확보하고, 쁘라상가의 '양립 불가능한 대립항의 인식'이라는 부정적 인식에 의해서, 정규의 긍정적 추론식으로서의 '쁘라상가 환원식'으로 바꾸어 기술하고 있다. 따라서 이들 논증식은 모두 쁘라상가로부터 바꾸어 기술한 문제와 관련을 가지고 있다고 말할 수 있다.

일반적으로 부정되어야만 하는 타자의 가정A를 인정하면, 논리적 필연성 'A→B'에서 타자 자신이 인정하기 어려운, 모순하는 'B'를 귀결한다. 거기서 'B가 아니다'를 전제로 하여, 대우 'B가 아니다→A가 아니다'에 의해서 가정된 'A'를 거부한다. 전반이 쁘라상가이고, 후반이 쁘라상가 환원식이다.

이 다르마끼르띠의 귀류논증 해석을 둘러싸고 다르못따라와 쁘라즈냐까라굽따 사이에 논쟁이 벌어졌다. 귀류논증에서 논증주제가 되는 것은, 입론자가 이것으로부터 부정하려고 하는 반대 논사의 주제다. 가령 '비순간적인 것'은 입론자인 불교 측에서는 존재하지 않는 것이다. 이렇게 존재하지 않는 것에 대해서 어떻게 '주제소속성'을 보존할 것인가 하는 문제가 발생한다. 쁘라상가는 일반적으로 본래의 정규적인 논증인을 가질 수가 없다. 그러나 쁘라상가 환원식은 본래의 논증인을 가질 수 있다.

다르못따라에 의하면 '능변의 부정적 인식'은, 가령 논증주제가 실재하지 않는다고 해도, '절대적 부정'에 의해서 논리적으로 유효하다. 따라서 환원식은 정규 논증이라 간주하고, '반소증거척 인식근거'는 독립적인 인식근거로서 인정된다. 이 논증형식은 라뜨나까라샨띠의 내변충론에 기초한 순간적 소멸 논증과 같은 형태다. 그것이 쁘라상가로부터의 환원식이기 때문에 라뜨라까라샨띠의 논증식이 쁘라상가를 포함하는 이유도 여기에 있을 것이다. 또한 지각작용의 비춤의 '빛'만이 존재하고, 형상은 주제(다르민)가 되지 않고 거척되는 무형상유식의 입장을 취하면, 유례를 형상화하는 것 없이 '그 인식 그것이 없다'라는 형식에서 절대적 부정으로 '반소증거척'을 독립적인 인식근거로 간주할 수가 있다. 그 경우 '비순간적인 것은 존재할 수 없다'라는 부정형에 구애될 필요가 있었던 것이다. 이것에 의해서 지각되고 있는 형상을 가정하는 것이 아니라, 지각되지 않는 지각작용 그것의 순간성과 그 작용만의 존재성을 귀결할 수 있기 때문이다. 시라사키 겐세이(白崎顯成) 교수와 마츠모토 시로 교수의 최근 연구 성과에 의하면, 다르못따라는 라뜨나까라샨띠와 같이 무형상유식 계열에 들어간다. 무형상유식론의 시점에서 본다면 '실재하지 않는 논증주제'는 문자 그대로 존재하지 않는다. 그것은 단적으로 무형상인 존재로서 부정되어야만 한다.

이에 대해서 쁘라즈냐까라굽따는, 주제가 지각되지 않는 경우 쁘라상가와 그 환원식은 정규논증이 아니라고 본다. 그것은 모순의 지적에만 그칠 뿐 정설을 적극적으로 증명할 수 없다. 부정은 '양립불가능한 존재의 인식' 즉, '그 본질과 모순하는 존재를 인식하는 것'

이라는 '귀류'로서의 '부정적 인식'에 기초해야만 하며, 다르못따라의 부정적 필연성의 증명은 다르민을 결여하고 있기 때문에 귀결을 이끌어낼 수 없다. 따라서 적어도 인식론적으로는 그것을 긍정적 필연성으로 바꾸어 기술할 수가 없다고 비판한다.

그러나 다른 한편, 쁘라즈냐까라굽따는 '주제가 존재하는 경우의 쁘라상가'를 제기한다. (이것은 최근 岩田孝 박사에 의해서 추출되었다. 필자 자신 일찍이 같은 종류의 텍스트에 관해서 논문을 쓴 적이 있지만 미처 알아차리지 못했던 것이다. 이하 그 성과를 순간적 존재성 논증에 적용해보고자 한다.) 그것은 타자가 인정하는 '보편'을 부정할 때, '형색 등이 그것으로 간주한 보편'을 다르민이라고 한 경우의 논증식이다. 이 '형색 등이 그것으로 간주한 보편' 즉, 현재 지각되고 있는 형상에 겹쳐진 보편을 '입론자와 대론자의 공통된 주제(다르민)'로서 쁘라즈냐까라굽따는 쁘라상가를 구성한다. 거기서 모순이 발생하는 것으로부터 지각되고 있는 '형색'을 다르민으로서 환원식을 정규논증으로 간주한다. 유형상유식론자인 쁘라즈냐까라굽따의 시점에서 본다면 언제나 기저에 지각되고 있는 형상으로서 다르민이 존재하지 않으면 안 된다.

가령, 어떤 대상을 부정하는 경우에도 그 판단의 기저에 형상화되고 있는 인식은 전제되어야만 한다. '비순간적인 존재'가 실례의 '비구름'이라는 지각형상과 겹쳐지면, 이미 보았던 '본질로서의 논증인'의 쁘라상가와 그 쁘라상가 환원식을 구성할 수 있다. 여기에 이르면 주제 그것으로부터 벗어난 종래의 귀납적 외변충론의 '유례'는 주제 그것의 실례로 전화되었다고 말할 수 있을 것이다. 이미 기술한 바와 같이 이 유례는 디그나가의 귀납적 유례와는 결정적으로 다르다. 즈냐나스리미뜨라는 분명하게 쁘라즈냐까라굽따에 준거하고 있다. 이 부정조작은 '상대적 부정·제한'에 기초하고 있다. 쁘라즈냐까라굽따에 의하면 '능변의 부정적 인식'으로서 '쁘라상가 환원식'이라고 하지만, '지각 가능한 존재의 부정적 인식' 내부에 머물고 있을 뿐, 그 부정조작은 절대적 부정이 아니라 상대적 부정이 아니면 안 되었던 것이다. '인식 그것은 없다' 라는 것이 아니라, 바로 그 대상의 대항자(대립 모순하는 대상)를 인식함으로써 바로 그 대상을 부정하지 않으면 안 된다. 그러므로 그는 지각 가능한 실례로서의 주제와 그것에서 '양립 불가능한 대립항의 지각(인식)'에 구애되었던 것이다. 지각과 추론이 전혀 다른 인식수단이라고 한다면 지각되고 있는 '독자상'의 순간과 추론된 '순간적 존재성' 사이에는 어떠한 관계도 있을 수 없고, 추론이 리얼한 지각에 접근할 가능성은 단념하지 않으면 안 된다. 다르마끼르띠와 비교하여 즈냐나스리미뜨라는 거기서 '양립 불가능한 존재의 부정적 인식'을 연동시키고 있다. '부정적 인식'은 추론의 차원에 귀속하고 지각 그것은 아니지만 양립불가능한 존재 한쪽의 지각이 다른 쪽의 비존재를 결정할 수 있다. 그렇지만 형상 '비A'를 지각하는 것은 'A가 존재하지 않는다' 라는 것을 직접 언어로 표현할 수 있다고 즈냐나스리미뜨라는 『부정적 인식의 비요(秘要)』에서 주장한다. 이것에 의해서 즉, 지각 차원의 배제기능이 부정적 인식이라고 함으로써 '부정적 인식'은 지각과 추론의 경계영역에 있게 되어 최강의 논증인으로 간주되었던 것이다. 쁘라상가 논증은 이 '양립 불가능한 존재의 부정적 인식'에 기초한 것이다.

이에 대해서 반론자(아마도 무형상유식론을 견지하는 라뜨나까라샨띠라 추정된다)는 다음과 같은 견해를 피력한다. 지각에 의해서 결정되는 것은 절대적 부정으로서의 '바로 그 대상의 인식은 없다'라는 것 뿐이다. 따라서 그것에 의해서 '변충되고 있는 대상이 없는 것'을 결정하는 것은 지각이 아니라 추론의 영역에서 '능변의 부정적 인식'으로서의 '반소중거척 인식근거'에 의거하지 않으면 안 된다.

양자의 대립은 다르마끼르띠의 '부정적 인식' 그것이 가진 양의성에 근거해서 유발되었다고 생각한다. 이미 기술한 바와 같이 초기에 다르마끼르띠는 부정적 인식을 '본질로서의 논증인'의 파생태라 보고 있었다. 부정적 인식은 '본질로서의 논증인'을 단순히 부정적으로 바꾸어 기술한 것에 지나지 않는 것이라 생각하고 있었던 것이다. 그러나 후기에 이르면 그 관계는 역전한다. 애당초 본질적 관계는 동일한 대상인가 다른 대상인가에 준거해서 초월론적으로 '동일성'과 '인과성'으로 도입되었다. 그렇지만 이윽고 무엇 때문에 그것이 논리적 필연성을 갖는 것인가? 라는 문제를 논리적으로 증명해야만 했다. 그는 그 증명을, 원래는 파생태였던 '부정적 인식' 가운데 '능변의 부정적 인식'을 '반소중거척 인식근거'로서 변충관계의 시점에서 재해석함으로써 증명하려고 했다. 처음에는 '본질로서의 논증인'에 의해서 규정되고 있던 부정적 인식은 여기에 이르러 역으로 '본질로서의 논증인'을 결정한다는 역전이 이루어졌다. 가정된 소중의 부정형을 '반소중'으로 전제하는 논증형식에서 보아, '반소중거척'은 본래 '긍정적 필연성'이 의심될 때에만 그것을 체크하는 보조적 증명이라고 생각한다. 그러나 후기의 다르마끼르띠는 그것을 과감하게 독립적 인식근거로 봄으로써 위치를 역전시켰다.

이미 본 바와 같이 전기의 다르마끼르띠는 '본질로서의 논증인'을 내포적 시점에서 동일성으로서 규정하였다. 부정적 인식은, 이 시점에서 부정형을 '양립 불가능한 존재에 대한 한 쪽의 인식'으로서 도입했던 것이다. 이에 대해서 후기의 다르마끼르띠는 비대칭의 필연적 논리적 관계로서 '변충관계'를 중시했다. 그 부정형이 '능변의 부정적 인식'이다. 그는 그것을 '반소증거척 인식근거'로서, 독립적인 인식근거라 간주하기에 이른다. 이렇게 해서 '부정적 필연성'이 우선 '반소증거척 인식근거'에 기초해서 독립적으로 결정되고, 긍정적 필연성은 그것을 대우에 의해서 바꾸어 기술하여 이차적으로 추론되게 된다. 이 역전은 '순간적 존재성'을 증명하기 위해 반드시 요구되는 과정에서 유발되었다. 쁘라즈냐까라굽따와 즈냐나스리미뜨라의 논증은 '역전' 이전의 다르마끼르띠의 해석해 준거하고 있다. 이에 대해서 다르못따라와 라뜨나까라샨띠는 이 '역전' 이후의 다르마끼르띠의 사상을 철저화한 것이다.

즈냐나스리미뜨라의 '부정적 인식'에 관해서 약간 덧붙이고 싶다. 이미 본 바와 같이 전기의 다르마끼르띠는 '부정적 인식'에 '지각 가능한 것이 인식되지 않는 것'이라는 조건을 넣고 있다. '지각 불가능한 존재를 인식하고 있지 않다'는 것에서 '그것이 존재하지 않는다'는 것을 귀결할 수 없다. 지각할 수 없는 영역에 존재하고 있을지도 모르기 때문이다. 이것에 의해서 다르마끼르띠는 형식논리의 적용을 경험가능한 영역에 제한하고 있다. 따라서 '비순간적인 것은 존재하지 않는다'라고 할 때 그것은 '효과적 작용'의 범위 내에 있는 것이다. 논리를 지각 가능한 영역으로 한정하는 한, '병이 없다'라는 것은 병이 있는 바의 지면이 지각되지 않으면 안 된다. 병은 '텅 빈 지면'이라는 대항자를 가지고 있지 않으면 안 되는 것이다. 지금의 경우 '비순간적인 것'은 존재하지 않는다는 것이 증명되어야만 하기 때문에 그것은 '토끼의 뿔'과 같이 실재하지 않는 것이다. 다른 한편, 추론 조건에 의하면 논증주제는 실재하고 인식 가능한 것이 아니면 안 된다. 그렇지 않으면 논증인은 존재해야 할 장(영역)을 잃게 되고 '주제소속성'의 조건을 충족시킬 수가 없을 것이다. 쁘라즈냐까라굽따는 이 경우의 부정은 '양립 불가능한 존재의 인식' 즉, '그 본질과 모순하는 것(대항자)을 인식하는 것'이라는 '상대적 부정'으로서의 '부정적 인식'에 근거해야만 하고, 어떤 형태로든 주제의 다르민은 존재하지 않으면 안 된다고 한다. 그는 유형상유식의 입장에서 다르민의 존재를 설정할 필요가 있었던 것이다. 복주석자(復註釋者) 야마리(Yamari, 11세기)는 쁘라즈냐까라굽따를 옹호하고, 다르못따라의 '능변의 부정적 인식'을 '지시대상을 결여한 부정적 인식'이며 다르마끼르띠의 '지각 가능한 대상'이라는 제한에 위반하는 것이라고 하여 비판한다.

즈냐나스리미뜨라의 부정적 논증식(반소증거척)

5장에서 기술한 바와 같이 즈냐나스리미뜨라의 외변충론은 이미 디그나가 논리학의 잔영으로 유례를 사용한다는 의미는 아니다. 그는 신외변충론의 시점에서 내변충론자를 의식하여 '반소증거척 인식근거'를 이차적 증명으로 논증식을 재구성하여 제시한다. 그것은 라뜨나끼르띠의 주장과는 달리 다음과 같은 비존재 유례 '거북의 털'을 포함하고 있다.(라뜨나끼르띠는 '토끼의 뿔'을 유례로 한다.)

필연성 : 계시적으로도 동시적으로도 작용할 수 없는 것은 효과적 작용이 없다. 가령 거북의 털과 같이.
주제소속성 : 비순간적 존재는 계시적으로도 동시적으로도 작용할 수 없다.
〔결론 : 비순간적인 존재는 효과적 작용을 할 수 없다.〕

'반소증거척'에 관해서 즈냐나스리미뜨라는 적어도 개념구상의 범위 안에서 긍정적 필연성과 부정적 필연성이 동치라는 것을 보존하기 위해서 그 유효성을 인정하고 있다. 즉, 그는 '거북의 털'이라는 허구의 형상을 도입하고 그 허구의 형상의 존재를 '기저에 있는 공허한 인식 그것'을 인식함으로써 상대적으로 부정할 수 있는 한, 반소증거척을 유효한 것이라 하였다. 그러나 '절대적 부정'에 의한 '능변의 부정적 인식'으로서의 '반소증거척 논증'은 긍정적 필연성을 결정하기 위해서 도입된 이차적인 것이며, 그것이 부정적 필연성을 독립적으로 증명할 수 있다는 것을 거부한 것이다. 그 최대 이유는 '반소증거척 논증'이 주제(다르민)를 결여하고 있고 또한 인식론적으로는 독립된 정규논증으로 인정되지 않기 때문이다.

리얼한 유례인 '구름'의 경우는 직접적으로 지각되고 있는 다르민을 쁘라상가의 기저의 다르민으로서 그것으로부터 같은 그 형상화된 다르민인 '리얼한 구름'에서 환원식을 만들 수가 있었다. 그러나 '토끼의 뿔'과 같은 허구의 대상으로서의 다르민에서 정규논증으로서의 환원식은 구성할 수 없다. 가령 '공허한 인식 그것'을 지각하는 것에서 '토끼의 뿔과 같은 비순간적인 것은 존재하지 않는다'는 것을 귀결할 수 있다고 해도, 정규논증으로서의 환원식에 의해서 긍정적인 주장을 할 수는 없다. 인식 그것이 형상화되고 있지 않는 한 환원식으로 바꾸어 쓸 수 없는 것이다. 그러한 한에서 쁘라상가에 머무는 것이다. 만약 환원식을 도출한다면 이미 제시한 긍정적 필연성에 근거한 쁘라상가로부터 도출하지 않으면 안 된다.

즈냐나스리미뜨라의 논증식에서 기저의 주제(다르민)는 '공집합으로서의 인식 그것'이다. 그것을 지각함으로써 허구로서의 '거북의 털'의 존재를 거척한다. 존재하지 않는 것을 '존재하지 않는다'라고 하는 한에서 유효하다. 유형상유식론의 시점에서는 가령 비실재의 '토끼의 뿔'의 존재를 부정하는 경우에도 대항자가 지각되지 않으면 안 된다. 병의 존재의 부정이 병이 있는 곳에 '텅 빈 지면'을 대항자로서 지각하고 있는 것에서 인식되는 것처럼 '텅 빈 장소 그것'으로서의 인식 그것이 자기인식에 의해서 지각되지 않으면 안 되는 것이다. 그 경우 집합론에서 '공집합'은 전적인 비존재가 아니며 '텅 빈 장소'로서 존재하고 있는 것처럼 '공허한 인식 그것'으로서 인식의 형상은 지각 가능한 대항자로서 존재하고 있다고 보는 것이다.

그런데 '공허한 인식 그것'이란 어떠한 것인가? 그것은 형상화할 수 없는 인식 아닌가? '공집합'은 장소만이 존재하는 것이며 장소 그것이 비존재인 것은 아니라고 해석할 수 있다. 사실 즈냐나스리미뜨라는 '인식 그것은 없는 것이 아니다'라고 하여 무형상유식론을 비판하고 있다. 그렇지만 '공허한 인식 그것'은 형상화된 인식이 아니다. 억지로 말하면 '대상으로서 설정된 장(場)으로서의 인식'이다.

그러나 그것은 유형상유식론의 시점에서 어떻게 형상할 수 있을까? 대상과 주관으로 이분(二分)된 것을 지각할 수 있다는 것은, 가령 유형상유식이라고 해도, 최종적으로 주관·객관의 이분구상(二分構

想)을 배제하는 것을 지향하고 있는 한, 어렵다고 생각된다. 자신의 이론을 무형상유식론에 대해서 이차적 이론으로 폄하하고 있다고 하기는 어렵다.

그런데 '공허한 인식 그것'은 '형상화할 수 없는 인식'일 것이다. 그렇다면 라뜨나까라샨띠의 형상화 작용만의 인식과 어떤 차이가 있을까? 수학의 '공집합'과 같은 추상적 개념구상도 자기인식에 의해서 지각할 수 있다고 하지만, '공허한 인식 그것'을 지각할 수 있을까? '형상화되지 않은 인식'으로 간주되는 것은 라뜨나까라샨띠의 무형상인식론과 한 선을 긋는 극한 형식임과 동시에 끝없는 무형상유식론으로 접근할 위험성을 가지고 있다. 이러한 이유로 즈냐나스리미뜨라는 '반소증거척'을 독립적인 인식근거로 간주할 수밖에 없었다고 생각했다.

토끼의 뿔은 예리한가, 예리하지 않는가?

이와 같이 즈냐나스리미뜨라는 이차적이지만 '반소증거척'을 인정하며, "비순간적 존재와 같은 비실재의 존재는 존재하지 않는다"라는 언명은 의미가 있다고 하였다. 이에 대해서 후대 니야야학파의 우다야나(Udayana)는 "주어(비실재의 존재)는 존재하지 않기 때문에 그것에 대한 술어는 모두 무의미하다"라고 하여 즈냐나스리미뜨라와 라뜨나끼르띠를 비판한다. 이것은 실재론의 입장에서 공격한 것이다.(우다야나의 반순간적 존재론에 관해서는 제9장에서 주제적으로 다루고자 한다.)

"'토끼의 뿔은 예리한가, 예리하지 않은가' 라는 판단은 아무래도 무의미하다. 토끼의 뿔이 존재하지 않기 때문이다. 따라서 '비순간적인 존재에 효과적 작용이 있는가, 없는가' 라는 판단 자체는 성립하지 않는다" 라는 것이 우다야나의 불만이다. 반면 즈냐나스리미뜨라의 입장은 "'비순간적인 존재' 가 지각되고 있는 인식과 겹쳐지면 '공허한 인식 그것' 이 인식되기 때문에 '비순간적인 것은 존재하지 않는다' 라는 것이 부정적으로 인식된다. 따라서 '비순간적인 것은 존재하지 않는다' 라는 명제는 올바르다"라고 말한다. 거기에 인식 그것이 없는 것은 아니라고 말하는 것이다. 이것은 라뜨나까라샨띠를 비판하는 것이기도 하다. 기저의 지각의 영역에 허구의 개념구상을 겹쳐서 대상화하면 적어도 대상으로 설정되고 있는 한 배중율을 적용할 수 있다. 이미 본 바와 같이 다르마끼르띠는 개념구상을 자기인식하는 한 지각할 수 있다고 보고 있다. 그 경우 '토끼의 뿔은 예리하지 않다' 라는 명제는 참이지만, '토끼의 뿔은 예리하다' 라는 명제는 거짓이 된다.

그렇다면 '비순간적 존재는 계시적으로도 비계시적으로도 작용할 수 없다' 라는 판단을 어떻게 해석해야만 할까? 그 경우 즈냐나스리미뜨라는 콘텍스트에서 보아 비실재의 존재에 긍정적 술어를 부가할 수 없다고 한다. '계시적 혹은 비계시적 작용' 이라는 것은 '효과적 작용을 행한다' 라는 실재의 술어이며 지금의 경우 배중율은 '효과적 작용을 한다' 라는 것과 '효과적 작용을 하지 않는다' 라는 것에 적용되어야만 한다고 한다.

현대논리학에서 러셀은 '현재 프랑스왕은 대머리인가 그렇지 않으면 대머리가 아닌가' 라고 할 때 지시대상을 존재가정을 가지지 않는 변항x로 치환하는 과정에서 '가령 부정하든 하지 않든 간에 인식의 대상으로서 존재하지 않으면 안 된다'라는 마이농(A. Meinong, 1853~1920)의 주장을 물리치고 단적으로 현재 프랑스왕이 존재하지 않는다는 것을 이유로 '대머리이다'라는 명제를 부정한다.(다만 초기의 러셀은 마이농에 준거하고 있다.) 그러나 그렇다면 '현재의 프랑스왕은 대머리가 아니다'도 현재 프랑스왕이 존재하지 않는다는 것을 이유로 거짓이 된다. 이것에 대해서 러셀은 "이 명제는 '지금 프랑스왕이 있고 게다가 대머리가 아닌 어떤 존재가 존재한다'를 의미한다면 거짓이지만, 만약 이것이 '지금 프랑스왕이 있고, 게다가 대머리인 어떤 존재가 존재한다는 것은 거짓이다'를 의미할 때에는 참이다"라고 말한다. 이렇게 해서 그는 후자의 경우에 배중율을 확보하고 "이렇게 해서 우리들은 프랑스왕이 '가발'을 쓰고 있다고 하는 결론을 벗어날 수 있는 것이다"라고 맺고 있다. 이러한 조작은 일반적으로 '기술이론(description theory)'이라 한다. 이에 대해서 스트로손(P. F. Strawson, 1919~2006)은 이야기 중에서 그 언명을 발화할 때 충분한 의미가 있다고 보았다. 가령 '설록 홈즈는 베카 거리에 머물고 있다'라는 명제는 참이며, '머물고 있지 않다'라는 명제는 거짓인 것이다. 최근에는 크립키의 본질이론(다만 그 자신은 '만약 그것이 이론이라면 그것도 오류를 범하기 마련'이라고 한다. 이것은 飯田隆의 『언어철학대전』에 의해서 지적되고 있다)이나 카프란이나 도네란 등의 『이름이 지시하는 이론』 즉, 일상의 사회적 언어사용에 기초한 '직접지시이론' 등이 화제가 되고 있다. 후자는 언어사용자의 입장에서 잘 분간하여 사용하는 프라그마틱스의 문제로서 처리하려고 한다. 나아가 마이농주의 입장에서 '존재한다'라는 것에 차원을 도입하여 파슨즈

(C. D. Parsons) 등이 발언을 하지만 여기서 일일이 열거하여 검토할 여유는 없고, 이들 현대논리학의 최신 성과와 상세하게 비교 검토하는 일은 후일을 기약하고자 한다.

그런데 즈냐나스리미뜨라는 배중율이 무효가 되는 딜레마에 대해서 중관적 쁘라상가를 사용하고 있지만, 그는 '대상으로서 설정하는 것'을 언어사용자의 입장에서 설정된 허구대상의 차원에 대응하여 구별해 사용하고 있다. 또한 유식론에 입각하면 현실로서 존재하는 것이 의타기성에 의해서 허구로 반전하기 때문에 현실은 허구세계와 같은 허구인 것이다. 라뜨나끼르띠는 이 시점에서 개념구상 사이의 모순을 자기인식하고 있는 한 지각에 기초지워진다고 해석하고, '반소중거척 인식근거에 기초한 논증'과 '쁘라상가와 그 환원식에 의한 논증'을 동등한 것으로 보았다고 생각한다. 이러한 중층적 진리론을 고려하면 라뜨나끼르띠의 해석의 가능성도, 라뜨나까라샨띠를 격렬하게 비판하고 있음에도 불구하고, 이미 즈냐나스리미뜨라 속에 있었다고 말할 수 있다. 그러나 지각에 의해서 개념구상의 허구성을 항상 해체하고 있는 즈냐나스리미뜨라의 지각 중시 자세를 라뜨나끼르띠의 텍스트에서 읽어낸다는 것은 어려운 일이다.

사상적 연대기의 역전과 인도불교논리학의 특수성

지금까지 정설로 여겨진 바대로 즈냐나스리미뜨라와 라뜨나끼르띠를 내변충론자인 라뜨나까라샨띠가 비판한 것이 아니라 라뜨나까라샨띠를 즈냐나스리미뜨라가 신외변충론의 입장에서 비판한 것이라고 한다면 이 사상적 연대기의 역전은 인도 논리학 그것의 특수성과 평가에 관련된 중요한 문제를 포함하고 있다고 할 수 있을 것이다.

라뜨나까라샨띠는 유례에 기초한 변충관계의 결정을 부정하고, 변충관계는 논증주제에 있어 '반소증거척 인식근거'에 의해 결정된다고 하였다. 의미론을 배제한 형식논리의 시점에서 이것은 높게 평가해도 좋을 것이다. 여기서 인도논리학은 현대의 형식논리학에 극히 가까워졌다고 할 수 있다. 그는 다르마끼르띠의 논증 세 개 가운데 이 제2의 형식적 논증만을 문제 삼고 존재론과 인식론에 관한 다른 두 개에 대해서는 언급하지 않았다. 그것에서 보면 라뜨나까라샨띠는 형식적 연역논리의 구축을 겨냥하고 있다고 생각할 수 있을지도 모른다. 그러나 그 논리형식은 실은 무형상유식론이라는 인식론을 기저로 하고 있다.

최첨단 현대 논리학에서도 '논리' 그것의 의미는 결코 해결되지 않고, 논리형식을 기초지우는 '의미론'이 우선 문제가 되고 있다. 논리 그것을 논리적으로 기초지우는 것 자체가 자기 언급적 파라독스를 발생하기 때문이다. 논리를 인식론이나 존재론에 의하여 기초지우고자 하는 의미론에서 콰인(Quine, 1908~2000)은 '존재한다는 것은 변항값이 되는 것'이라 하여 과잉의 존재를 말살한 뒤, 크립키는 '가능적 세계'라는, 마치 라이프니츠(Leibniz, 1646~1716)의 형이상학이나 기독교의 신학과 같은, 존재론(ontology)을 도입했다. 이와 같이 '논리'는 결코 중립적인 것이 아니다. 다시 한 번 인도논리학으로 눈을 돌리면 거기에는 처음부터 쁘라마나(인식근거)가 문제되고 있었음을 알 수 있다.

따라서 의미론을 고려하지 않고 현대의 연역논리·형식논리로 환원시킨다는 것은, 가장 고도로 형식화된 것임과 동시에 그것이 존재와 관계없는 형식이 된다는 것을 의미한다. 일종의 기호게임으로서 구축된 현대기호논리학은 완전히 동일한 정합적 추론식을 상반하는 존재론에 적용하면, 이율배반을 발생할 수 있다는 것을 잊어서는 안 될 것이다. 가장 순화된 기호 시스템은 존재론과는 전혀 관계가 없는 것이다. 그렇다고 하면 여기서 '존재'에 '효과적 작용을 하는 것'이라는 정의를 적용하지 않고 다른 정의에 의해서 증명할 가능성이 재발한다. 또한 시간에 대한 다른 해석에 의해 '존재의 항상성'을 논증한다고 하는, 완전히 반대의 결론을 귀결할 가능성도 발생한다. 사실 니야야학파에 속하는 우다야나는 재인식을 인정하는 인식론을 적용함으로써 정합적인 논증을 구성하여 계속해서 불교에 대항한다. 나아가 형식논리의 대상영역을 제한하지 않으면, 논리는 경험 가능한 영역을 초월하여 니야야학파 등이 주장하는 '신의 존재논증'을 부정적 필연성에만 근거하는 '순수 부정 논증식'이나 긍정적 필연성에만 근거하는 '순수 긍정 논증식'에 의해서 증명 가능하게 될 것이다.

다르마끼르띠가 '반소증거척 인식근거'를 사용하면서 내변충론으로 전면적으로 이행하지 않았던 것은 디그나가에 대한 생각도 있었던 것으로 해석되지만, 결코 논리적으로 미발달한 단계에 있었기 때문이 아니라 이러한 형식화의 위기를 느꼈기 때문이었을 것이다. 다르마끼르띠가 '형식적인 유형2'의 논증뿐만 아니라 존재론과 인식론에 관한 '유형1 자발적 소멸론'과 '유형3 지각에 의한 순간적 존재성 논증'에 노력을 아끼지 않았던 것도 이것을 뒷받침하고 있다.

무케르지(S. Mookerjee) 박사 이래 내변충론을 최종단계에 위치지우는 것은 하나의 가설에 입각한 것처럼 생각된다. 아리스토텔레스부터 현대 기호논리에 이르기까지 유럽논리학의 사상사적 발전에서 연역적 논리가 중심인 것에서 보아도 우리는 '유례의 귀납성을 불식시켜 연역논리로 향하는 것'만을 논리적 발전으로 보는 전제가 있는 것은 아닌가? 적어도 다르마끼르띠의 논리는 이미 본 바와 같이 논리에 '시간성'을 도입함으로써 동일성에 기초한 동어반복에 균열(틈)을 발생시켜 그 논리대상의 자기차이성이라는 '순간적 존재성'을 추적해가고 있다. '반소증거척 인식근거'에서 논리적 조작도 간접적인 귀납논증의 성격을 불식시키지 않는다. 따라서 다르마끼르띠에 의하면 추론은 일반적인 형식논리의 범위 안에서 정합성에 머무는 것이 아니라 그러한 논리를 논리적으로 초월해가는 것을 의미한다. 즉, 그것은 본질적으로 넓은 의미의 귀류(쁘라상가)라고 말할 수 있다. 귀류의 모순이 작열하는 곳은 현실 지각의 실상이다. 즈냐나스리미뜨라는 그것으로부터 귀류를 환원한다. 논리는 여기서 지각과 접촉한다. 라뜨나까라샨띠라고 해도 절대적 부정의 배후에 무형상유식론이라는 인식론을 가지고 있는 것이다. 거기서 논리는 인식론과 존재론으로부터 독립하지 않는다. 그것은 대상의 자기동일성을 전제로 하여 형식논리의 비시간적·항상적 진리를 지향하는 것이 아니다. 진리는 고정적 동일성에 의해서 결정되는 것이 아니라 자발적으로 전환하는 본질적 필연성에 의해서 결정된다. 따라서 '순간적 존재성' 논증은 형식논리학의 하나의 연습문제로 끝나는 것이 아니라, 그 자신이 순간적으로 소멸함과 동시에 새로운 순간적 존재의 섬광을 창발한다는 의미에서 '논증행위자' 자신의 인식론과 존재론의 전환을 의미하는 것이다.

 이와 같이 우리는 '유례에 기초한 귀납논리에서 명사의 외연관계에 기초한 연역논리로' 라는 테제만으로, 후기인도불교논리학을 '외변충론에서 내변충론으로' 의 발전으로 보는 것이 아니라 인식론적 논리학(쁘라마나)의 시점에서 다시 볼 필요가 있다. 만약 형식적인 연역논리의 시점으로만 한정한다면 후기불교논리학은 현대 형식논리학의 흐름 위에서만 위치 지워져 그 발전의 전단계인 채로 끝나버리게 되어 후기불교논리학 의미론의 고유성은 상실되어버린다. 즉, 언어나 추론이 기초하는 개념구상은 아포하에 의해서 구축된 허구이며 진리는 그 허구의 언어게임의 정합성이나 그 허구의 연장선 저쪽에 있는 존재론에 의해서 결정되는 것이 아니다. 오히려 추론 대상의 자기동일성을 '순간적 존재성' 의 자기차이성에 의해서 해체함과 동시에 그 차이선을 역행하여 지각의 순간성에 이르는 것이야말로 후기불교논리학이 통상의 논리학과 결정적으로 다른 최대의 고유성이다.

제7장

지각되는 순간적 존재
(순간적 존재성 논증 유형 3)

제7장
지각되는 순간적 존재(순간적 존재성 논증 유형 3)

흔들리는 불꽃

자기 자신을 차이화하여 약동하는 현재 순간의 '비재'가 다시 한 번 언어에 의해서 제동이 걸려 보전되고, 시간성이 박탈되든 되지 않든 '자기동일성'이 보증된 존재로 정착한다. 그러나 그와 같이 뒤에 보전된 존재는 허구이며, 참된 실상을 결여하고 있다. 이미 기술한 바와 같이 다르마끼르띠는 디그나가에 준거하여 지각과 추론 둘만을 인식근거로 인정한다. 지각은 개념구상을 떠나 착각이 없는 인식이며 다른 것과 공통하지 않고 1회에 한정된 '독자상'을 대상으로 한다. 반면 추론은 개념구상에 근거한 언어인식이며 '일반상(보편)'을 대상으로 한다고 정의하고 있다. '독자상'은 '일반상'과 전혀 다르다. 후자는 개념이나 언어에 의해 반복해서 동일한 대상을 표상하기도 하고 지시할 수 있는 자기동일성에 근거하여 허구된 것이기 때문이다. 그렇다면 이들 두 개의 구별된 정의에 따르는 한 양자를 가로

지르는 대상은 없는 것이다. 앞장에서 본 바와 같이 다르마끼르띠는 부정적 인식을 지각에 간접적으로 연동하고자 하였다. 그러나 그것은 지각에 간접적으로 연동하는 것이지 지각 쪽에서의 직접적 연동은 아니다.

지각한 직후에 그 지각 인식 순간의 충격(impact)을 받고서 개념구상이 발생한다고 할 수 있다. 그러나 그 구상은 독자상을 일반상에 의해서 파악한 것이며 착각에 의한 인식이다. 결국 바로 그 독자상을 일탈하고 있다. 개체(개물)는 독자상이 아니다. 그것은 이류(異類)의 존재를 배제하여 개념구상된 일반상이다. 이 의미에서 그것 이외의 순간적 존재를 배제하여 '이것!'이라고 해도 심층에서 배제기능이 은밀하게 작동하는 한 독자상은 이미 빠져나가버린다. 가령, 언어가 지각의 직후에 기능한다고 해도, 그것이 언어기능의 이분법에 근거하고 아포하에 의하는 한, 지각상을 직접적으로 파악할 수 있는 것은 아니기 때문이다. 이와 같이 추론에 의해서 결정된 '순간적 존재성'이 역으로 거슬러 올라가 지각의 '독자상'에 정확하게 겹쳐진 것이나, 직접 부분적으로 연동하는 것도, 이미 지각된 독자상을 상기(想起)에 의해서 재현전화하는 것도 불가능하다.

이미 살펴본 바와 같이 다르마끼르띠는 인식근거를 '새로운 인식'이라 정의한다. 이것은 상기에 의해서 재현전화된 동일한 인식을 인정하지 않는다는 것을 의미한다. 이것은 진리라는 것이 재현 가능한 영원불변의 동일한 것이라는 사고방식에서 결연히 벗어날 것을 표명한 것이다. 다만 1회에 한정된 섬광과 같이 빛나는 현출은 지각에 의해서 이미 결정적으로 인식되고 있는 것이다. 그렇다면 추론은 그것과는 다른 대상을 인식하는 것이 아니면 안 된다. 섬광과 같이 밝게 현출하는 '순간적 존재', 항상 이미 추론 직전에 소멸하는 '순간' 은 언어에 의해서 파악될 수 없다. 모든 언어의 보전을 거부하는 지각 차원의 '생동적 순간적 존재', 그것을 '존재' 와 '비존재' 로 이분하여 고정할 수 없다. 개념구상을 배제한 독자상을 개념구상을 배제하고 있는 지각이 어떻게 해서 대상화할 수 있을까? '인식하는 주체' 와 '인식되는 대상' 으로 이분하는 것이 불가능한 영역을 어떻게 언어로 기술할 수 있을까? 이미 지각은 언어 기능의 구상작용을 전면적으로 거부하고 있다고 하는데, 과연 지각은 완전히 깨달은 침묵 속에서 사라지는가, 광신적으로 절대자의 지위에까지 완전히 올라가버리는 것일까?

다르마끼르띠는 여기서 "'그것이 무상이다' 라는 것은 바로 그 존재 이외의 다른 것(무상성)을 제시하고 있는 것이 아니다"라고 말한다. 독자상과 '순간적 존재성' 은 어떻게 관계를 맺을 수 있을까? 이것은 양자 사이를 단호하게 절단하여 이분한 디그나가가 묻지 않았던 문제다. 가령 베르그송이 말한 바와 같이, '양복과 양복걸이' 는 형상이 전혀 다르다. 하지만 그 양자 사이에는 '양복을 건다' 라는 작용효과에서 어떤 종류의 함수관계를 구축할 수 있다고 생각할 수 있다. 그러나 지금의 경우 독자상은 양복걸이와 같은 긍정적 개체가 아니기 때문에 그것에 이르기 위해서는 전혀 새로운 방법이 필요할 것이다.

다르마끼르띠의 인식론에 의하면 모든 것은 자기인식에 의해서 지각된다. 이런 의미에서 비로소 배중율에 의해서 이분된 독자상과 일반상의 관계는 중층화된다. 즉, 일반상이라고 해도 그것이 자기인식에 의해서 지각되는 한 독자상으로 변환하게 된다. 자기인식에서는 인식과 그 대상이 각각 독립적으로 존재할 수 없다. 다만 하나의 진실한 형상이 순간적으로 독자상으로 세워져 나타나고 있다는 사실만이 존재한다. 자기인식이라는 지각에서는 인식된 대상과 인식하는 형상으로 이분되어 대상화되지 않는다. 그것은 형상을 대상으로 고정하는 개념구상이 없기 때문이다. 그것이 자기인식이라는 '닫혀진 시스템(closed system)'인 한, 지각이 착각할 가능성은 없다. 디그나가는 그와 같이 유식(唯識)의 영역 안에 머물러 있었던 것처럼 보인다. 그러나 의사(疑似)지각을 무시하지 못하여 별도의 항목으로 기록하고 있다. 이것에 대해서 후기의 다르마끼르띠는 지각의 정의로 '착각하지 않는 것'이라는 보조적 규정을 삽입한다. 따라서 추론은 이 착각에 의한 지각을 배제한다고 하는 적극적 역할을 담당하게 된다. 추론대상이 일반상임을 불식할 수 없다고 해도 지각에 접근할 수 있는 가능성이 여기서 비로소 주어진다는 것은 주목할 만하다. 일반상의 기저에 있는 지각대상으로서 독자상이 이미 지각에 의해서 성립되었을 때는 그 일반상도 반드시 증명되기 때문에 더 이상 추론할 필요가 없다. 그러나 독자상이 의사지각에 의해서 착각될 때는 그것이 순간적인 것이라는 것을 증명하기 위해 추론이 인식근거(쁘라마나)로 기능한다.(『쁘라마나바르띠까』 제3장 103 d 요지) 지각이 자기인식인 한 지각은 자기 자신이 착각하고 있음을 알아차릴 수 없기 때문이다.

그런데 다른 한편 지각판단은 지각상의 형상으로부터 일탈하지 않는다고 해도 그것이 개념구상인 한에서 지각상을 그대로 긍정적으로 모사하는 것은 불가능하다. 지각판단은 두 개의 인식근거의 정의 가운데 제1의 '일탈하지 않는 인식'을 충족시킨다고 해도 제2의 '새로운 인식'을 충족시키지는 못한다. 왜냐하면 지각판단은 지각상의 재인식이며 상기이기 때문이다. 그렇다면 지각판단의 대상은 지각대상과 동일하기 때문에 새로운 인식이 아니라고 해석할 수 있다. 그러나 동일한 것은 아니다. 다르마끼르띠는 재인식과 기억의 대상을 철저하게 지각대상으로부터 배제한다. 개념구상을 떠난, 현재 순간의 독자상은 그 일회성에서 순간적으로 소멸하기 때문이다. 이런 의미에서 상기의 대상은 직전의 독자상도, 과거의 대상 그것도 아니다. 상기의 대상은 우리의 인식이 현재 순간에서 개념에 의해 구상한 것이다. 다만 독자상을 재현하고 있다는 의미에서 새로운 대상은 아니다. 하여튼 지각판단의 대상과 지각의 독자상 사이는 단절되고 있다. 다만 다르마끼르띠가 추론된 순간적 존재성이 지각되고 있는 독자상의 순간성과 전혀 관계가 없는 것으로 분리하는 것을 승인한 적은 없다. 만약 승인해버린다면 그의 논리학에 대한 모든 노력은 수포로 돌아가버리기 때문이다. 그는 다음과 같이 기술한다.

지각은 동류의 지각내용이 연속하게 되면 기만될 가능성이 있다. 가령 마술사가 머리 위에 있는 공을 머리 뒤로 감추는 순간, 입에서 모양이 같은 공을 꺼내면 관객은 똑같은 공이 머리에서 입으로 나오는 것처럼 생각해버린다. 그러므로 '순간적 존재성'을 추론하지 않으면 안 되는 것이다. 그런데 바람에 흔들리는 화염 등은 순간순간 모습을 바꾸기 때문에 한순간 타올랐던 불꽃은 소멸하고 다음 순간에 다른 불꽃이 출현한다고 보는 것은 쉽다. 엄밀하게 말하면 예리한 지각능력을 완전하게 갖춘 '위대한 지자'는 언어에 의한 분석이나 추론이 없어도 순간적 존재를 결

정할 수 있다. (『쁘라마나바르띠까』 제3장, 104~107 요지)

여기서 '위대한 지자' 란 누구를 가리키는 것일까? 주석에 의하면 요가를 실천하는 자를 가리키는 것 같다. 또한 제10장에서 기술하는 바와 같이 그것은 후대 샨따라끄시따나 즈냐나스리미뜨라에 의해서 '전지자·일체지자' 로 신격화된다. 그러나 다르마끼르띠는 '전지자·일체지자' 의 존재를 거부한다. 다르마끼르띠의 '요가의 인식' 은 뒤에서 기술하는 바와 같이 사성제(四聖諦, 4단계의 진리)의 직관과 수습에 있는 것이며 신비적인 시간 직관이 아니다. 그렇지만 여기서 다르마끼르띠는 대개 "예리한 지각능력을 완전하게 갖춘 위대한 지자는 언어에 의한 분석이나 추론을 하지 않아도 순간적 존재를 결정할 수 있다"라고 하기 때문에 요가에서 일반상으로서 '순간적 존재성' 이 개념구상을 떠난 독자상으로 전환될 수 있음을 부정하지는 않는다. 그런데 『쁘라마나바르띠까』 제2장에서 다르마끼르띠는 "요가수행자의 경지는 고찰하는 것이 불가능하다"라고 단언하고 있다. 그렇다면 가령 가능성은 부정할 수 없다고 해도 추론의 대상으로서 '순간적 존재성' 이 요가에 있어서 개념구상을 배제한 직관의 독자상 가운데 낙천적으로 용해해버릴 수는 없을 것이다. 또한 다르마끼르띠가 "궁극적 차원에서는 다르민(성질을 가진 것)과 다르마(성질)를 구별할 수 없다"고 말했다고 해도 다른 한편에서 그는 독자상과 일반상을 구별하려고 한다. 다르마끼르띠의 기술에는 양의성이 있는 것처럼 보인다.

그러나 여기서 '지각되고 있는 독자상으로서 순간적 존재' 와 '추론대상으로서 순간적 존재성' 은, 가령 '다른 것이 아니다' 라고 표현해도, '동일한 것이다' 혹은 '동일한 실재가 가진 성질 그것' 이라는 표현을, 다르마끼르띠는 주의 깊게 피하고 있다. 만약 그렇게 하지 않고 '동일한 존재다' 혹은 '동일한 실재가 가진 성질 그것이다' 라고 한다면 지각대상과 추론대상은 구별이 되지 않는다. 가령 바이세시카학파나 니야야학파가 실재론을 근거로 하여 '동일한 실체(지각된 순간적 존재)에 성질(추론된 순간적 존재성)이 처음부터 내속하고 있다' 라고 하는 것과 다르지 않게 될 것이다.

이 경우 두 개의 해석이 가능하다. 제1의 해석은 뒤에서 보는 바와 같이 샨따라끄시따나 즈냐나스리미뜨라가 취한 해석이다. 그것은 요가수행자의 명상에 있어서 수습의 심화에 따라 표상된 일반상은 차례대로 독자상화되어 최종 단계에서 같은 것으로 규정될 가능성이 있다고 본다. 그리고 거기서부터 즈냐나스리미뜨라의 경우는 다소 주저를 보이면서도 전지자의 존재논증을 도입하고 있다. 이미 기술한 바와 같이 위에서 기술한 다르마끼르띠의 텍스트에서 그와 같이 해석할 수 없는 것은 아니다. 그러나 나는 그와 같이 생각하기 전에 다르마끼르띠 자신의 해석으로 간과해서는 안 되는 제2의 해석이 있다고 생각한다. 그는 전지자의 증명을 거부하며, 궁극적인 것을 한 번도 낙천적으로 말한 적이 없다. 적어도 다르마끼르띠는 샨따라끄시따나 즈냐나스리미뜨라와 같이 요가의 직관을 논의의 중심에 두고 있지 않다. 그 가능성을 인정하면서도 궁극적 경지를 마치 완전히 깨달은 것처럼 낙천적으로 말하는 것을 의식적으로 피하고 있다. 아마도 그것을 만약 말할 수 있다고 하면 그의 인식론적 논리학에 관한 철학적 노력의 전부가 처음부터 요가의 실천으로 흡수되면서 수포로 돌아갈 위험성을 다르마끼르띠는 감지하고 있었던 것은 아닐까? 이 시점에서 다시 한 번 더 생각해 보고자 한다.

지각대상으로서 독자상은 단순히 같은 것으로 규정되거나 모사되지 않는다. 그것을 기술하기 위해서 '언어'는 최고도의 대가를 지불하지 않으면 안 된다. 즉, '언어'의 대상의 자기동일성을 자기부정하는 것이다. 그것에 의해서 지각상 그것은 자기동일성을 가지고 정지해 있는 것이 아니라 언제까지나 자기 자신을 차이화하는 시간성을 가지고 있는 것으로 기술할 수밖에 없을 것이다. 재인식이나 지각판단과 달리 추론에는 배제(아포하)라는 부정적 기능이 있다. 다음 장에서 상세히 기술하겠지만 아포하에는 이중의 작용이 있다. 아포하에 의해서 대상을 이분하여 언어 대상을 각각 자기동일성을 가지게 하여 고정하는 작용과, 역으로 그 차이화한 차이선을 거슬러 올라가 차이화작용의 근거로서 '차이성'에 이르게 하는 작용이다. 이 가운데 후자의 거슬러 올라가는 작용을 주목해야 한다.

그런데 다르마끼르띠는 아포하의 배제선을 거슬러 올라가서 지각의 기술 가능성에 도전한다. 그 과감한 도전은 그로 하여금 '순간적 존재성'을 지각 차원으로 거슬러 올라가는 추론에 의해서 결정하는 것으로 향하고 있다. 일반상이라고 하지만 '순간적 존재성'은 통상의 '일반상'과는 전혀 다르다. 전자는 일반상이면서도, 그 자신은 개념구상에 근거한 자기동일성을 해체하는 자기부정을 내장하고 있다. 즉, '찰나멸'이나 '무아'와 같은 일반상은, 그 자신이 일반상에 머무르는 것을 부정하는 계기를 내장한 일반상이다. 이것이야말로 다르마끼르띠가 '순간적 존재성 논증'에 필생의 철학적 노력을 기울인 최대 이유다. 즉, 간접적이긴 하지만 다르마끼르띠는 '순간적 존재성'을 추론함으로써 추론 그것에 지각과 관련을 맺는 방향을 부여하고 있는 것이다. 그 경우 지각의 대상으로서 독자상은 자기동일성을 가진 실체가 아니다. 독자상이라는 '언어'는 이미 자기차이화하는 지각대상과 겹쳐져 있지는 않다. 다르마끼르띠에 의하면 지각과 추론은 구별되면서도 지각은 대개 추론과 간접적이긴 하지만 연동하고 있다. 다만 그것은 제1의 해석과 같이 긍정적 과정의 극한에 의해서 일치하는 것이 아니라 차이화작용(아포하)이라는 부정적 과정에서 연동하는 것이다. 이것에 의해서 지각은 추론이나 지각판단과 구별된 채로 그것과 연동할 가능성이 주어진다. 이것은 동시에 추론이 지각 차원으로부터 단절된 단순한 언어게임으로 끝나지 않음을 의미한다. 이 문제에 관해서는 다음 제10장에서 재론하고자 한다.

빛나는 갠지스강과 같이

즈냐나스리미뜨라의 『순간적 소멸론』은 마지막장「자발적 소멸론」의 끝부분에서 '지각에 의해서 증명된 순간적 존재성'을 테마로 한다. 후라우왈너 박사가 지적한 '제3유형의 순간적 존재성 논증'의 가장 발전된 형태를 여기서 볼 수 있다. 추론된 '순간적 존재성'이 단순한 개념구상의 허구가 아니라고 한다면, 그 추론대상은 무엇인가의 형태에서 지각에 의해서 기초지어지지 않으면 안 된다. 독자상이 순간적으로 소멸하는 것을 지각이 추론보다 앞서 지각하고 있는 것이라는 말은 다르마끼르띠가 이미 한 바 있다. 그러나 다르마끼르띠가 지각대상을 반드시 긍정적으로 보고 있다고는 할 수 없다. 그 부정적 측면은 라뜨나까라샨띠의 형상허위론으로서의 무형상유식론으로 분기되었다. 그러한 한 순간적 존재는 지각된 형상의 순간성이 아니라 인식작용 그것의 순간성이 된다. 이에 대해서 지각 형상만이 진실로서 존재한다고 하는 유형상유식의 입장에서 즈냐나스리미뜨라는 순간적 소멸이 지각의 형상으로 지각되는 것을 증명하고자 한다. 여기서도 즈냐나스리미뜨라는 쁘라즈냐까라굽따의 '지각으로부터 순간적 소멸 논증'에 준거하고 있음이 분명하다. 쁘라즈냐까라굽따는 대상이 아니라 지각이라는 인식이 한순간에만 기능하는 것을 자기인식하는 것에 의해서 증명하려고 한다. 지각 그것은 언어로 직접 표현할 수 없다. 왜냐하면 지각 그것은 개념구상을 배제하고 있기 때문이다. 따라서 '지각에 의한 순간적 존재성 증명'은 그것이 언어에 의해서 표현되는 한 추론인 것이다. 여기서 즈냐나스리미뜨라는 지각과 추론의 경계를 기술하는 메타 차원의 인식론에 시점을 두고 있다. 뒤에서 보는 바와 같이 요가에서 독자상화된 순간적 존재성의 문제가 여기서는 제외되고 있다.

그러나 무릇 어떤 경우 지각이 순간에만 존립(지속)하는 것을 파악한다고 하는 다른 인식근거의 성립에 의존하여 언어화한 것만을 증명하는 추론이, (지각) 직후에 발생한 한정 없는 개념구상에 의해서 그 사람에게만 명시되어 알려진다. 그때 '지각으로부터의 순간적 소멸 논증'이라고 직접적으로 명명되는 것이다. 그것은 다음과 같은 의미다. 순간성은 지각 인식에 의해서 다하며, 그 위에 이 언어화가 다시 다한다고 할 수밖에 없다. 따라서 현전의 파악을 논증인으로 함으로써 그 언어화만이 완성된다. 순간적 소멸이 다른 경우에 성립하지 않을 때, 지각에 의한 직접적 파악이 확정되는 것이다. 지각에 의해서 직접적으로 파악하는 것으로부터 이 순간적 소멸이 확정되는 것이다. (『순간적 소멸론』 제4장, p.155)

지각되고 있는 것, 그것은 개념구상을 떠나 있기 때문에 직접 언어화할 수 없다. 그러나 지각하고 있는 기능은 한순간에만 지속하는 것을 추론의 차원에서 언어화할 수 있다. 이와 같이 즈냐나스리미뜨라는 '지각에 의해서 증명되는 순간적 존재'를 메타 차원의 추론으로 증명하려 한다. 여기서 '지각되고 있는 것과 지각하고 있는 것의 필연적 대응관계'가 토대가 된다. 유형상유식론에 의하면 형상은 다양한 채로 통일되어 있다. 그 형상의 순간적인 현현을 자기인식의 장에서 순간적 형상으로 즈냐나스리미뜨라는 기술한다. 논증식은 다음과 같다.

필연성 : 무릇 어떤 것 x가 현현할 때, 그 x는 그대로 완결하고 있다. 가령 (그 순간 흰색·노란색·붉은색을 띠고서) 빛나는 갠지스 강의 물과 같이. 만약 그렇지 않다면 각각의 실재에 대응하는 (고유한 효과적) 작용력은 잡란한 존재 속에 상실되어버릴 것이다.

가정된 주제소속성 : 감각적 인식에서 한순간(만) 현현하고 있는 상스까라(=존재로서 형성되고 있는 것, 존재의 형성력)는 한순간(만)을 보면 아직 보이지 않는 다른 불명(不明)의 삼시태로서의 표적의 색깔과 모양의 발생은 잡란한다.

〔결론 : 따라서 감각적 인식에 한순간(만) 현현하는 상스까라(존재로서 형성되고 있는 것, 존재의 형성력)는 잡란한 존재 속에 상실되어버릴 것이다.〕

이것은 본질적 논증인에 기초한 논증식이다. (『앞의 책』)

이 쁘라상가는 이미 다르마끼르띠가 '다양한 그대로의 독자성'으로서 중시한 이론을 '지각차원의 순간적 존재성'에 적용한 것이다. 다양한 색채를 띤 호랑나비의 날개를 보도록 하자. 그것은 다양한 색채 그대로, 적어도 색이 혼동 없이 직관된다. 지각은 개념구상을 떠나 있기 때문에 노란색과 검정색의 분할선은 개념구상이 부여한 것이 아니다. 지각상은 개념에 의해서 분할되지 않지만, 그 자신 분절하여 그 위에 통일되어 있는 것이다. 그와 같이 지각 차원은 독자의 순간성을 가지고 있으며, 과거와 미래가 혼입하고 있지는 않다. 이 지각 차원의 순간적 존재성은 일반상으로 언어화된 '순간적 존재성'과는 전혀 다르다. 만약 전후 두 순간에 걸쳐 동일성이 있다고 한다면 이미 본 대상의 과거 형상 이외에 다른 형상은 배제되기 때문에 현재와 미래의 다른 대상이 현현할 가능성이 없어져버릴 것이다.

그러나 지각과 개념구상이 전혀 다른 인식수단이라 한다면 지각내용을 언어에 의해 기술할 가능성은 완전히 단념하지 않으면 안 된다. 가령 근사적이긴 해도 지각의 내용을 간접적으로 기술하기 위해서 이전에 한 번 인용한 텍스트의 강조점 부분에서 본 바와 같이, 그는 지각 직후의 '아직 고착하고 있지 않는 발생기의 개념구상'을 끌어낸다. 궁색한 해답이다. '추론으로부터 지각으로 향하는 증명'이 아니라 '지각의 방향에서 하는 증명'이기 때문에 지각 직후에 발생하고, 게다가 개념구상에 의한 착각을 제어할 수 있는 지각의 수습에 의한 인식근거가 요청되었던 것이다.

> 두 종류의 '지각에 후속하여 발생하는 개념구상'이 있다. '지각한 것만의 개념구상'은 '지각한 것이 옷인가 혹은 그렇지 않는 것인가'라는 것(을 구상하는) 것이다. (또 하나는) '본질규정을 한정하는 개념구상'이며, '가짜가 아닌 즉, 진짜 보석'이라는 것 등에 관해서 (구상하는) 것이다. 그 가운데 후자는 대상에 관한 유사성을 배제하고 별도로 발생한 우둔한 인식의 착각이 방사(放射)하여 성립한 것이, 수습(修習)의 우세가 될 가능성에 의해서 배제된다. 따라서 (수습의) 우세 정도에 대응하여 생기하는 시간의 속도(고속화, 극한적 순간화) 정도가 결정될 때, 보는 순간 직후에도 이 (지각의) 생기에 도달할 수 없을지도 모른다는 것이 부정된다. (『앞의 책』 p.157)

즈냐나스리미뜨라는 여기서 '본질규정을 한정하는 개념구상' 그 자신은 개념구상이면서 지각상을 간접적으로 표시하는 추론의 가능성을 확보하고자 한다. 혹은 과거로부터의 잠재인상에 의해서 구축된 일상언어 차원이 허구임을 간파하고 수습함으로써 역방향의 잠재인상화 가능성이 주어진다고 말해도 좋을 것이다. 다른 텍스트에서 그는 수습을 통해 지각상으로서의 형상을 결정할 수 있는 예리한 지각을 획득할 수 있다고 보고 있다. 일상성 구축의 기저에 있는 개념의 항상성을 해체하는 역방향 벡터를 발생시키는 것이 '순간적 존재성'이라는 추론행위다. 그렇지만 주의해야만 할 것이 있다. 강조점 부분에서 즈냐나스리미뜨라는 "이 (지각의) 생기에 도달할 수 없을지도 모른다는 것을 부정한다"라고 말하고 있지만 직접적으로 "도달할 수 있다"고 말하지는 않는다는 점이다. 그것은 동일한 인식론 차원에서 도달할 수 없는 가능성을 부정하는 것에 지나지 않는다. 지각판단으로서의 개념구성은 지각형상의 방향으로 접근할 수 있는 가능성을 부여하고 있지만, 지각과 개념구상의 경계선은 여전히 어느 쪽이라고 규정할 수 없는 중간지대에 놓여 있다.

이것에 대해서 '지각한 것만의 개념구상'은 지각 직후에 '지각했다고 말하는 것만의 공허한 개념구상 장소'에 '지각으로부터 독립한 일상언어의 구조에 의해서 정착한 하드한 개념구상'이 유입됨으로써, 제2순간 이후 지각과는 다른 인식이 연속하여 발생한다. 지각 직후 제2순간 이후에 있어서 개념구상이 지각과는 다른 각종 원인총체의 착오가 발생할 수 있는 가능성을 포함한다는 것으로부터, 역으로 지각이 한순간 소멸했음을 추정하게 한다. 그러나 이것도 간접적으로 지각대상에 접근할 수 있는 것에 지나지 않는다. 어느 쪽이라 규정할 수 없는 중간지대에 있는 경계선과 간접적으로 암시되고 있는 지각 그것의 영역을, 이 책 제10장에서 보는 바와 같이, 아마도 샨따라끄시따에 준거하여 즈냐나스리미뜨라는 '요가의 수습의 극점'으로서 전지자의 직관에 의해 충전한다. 이 점이 다르미끼르띠와 결정적으로 다른 것이다. 다른 한편 즈냐나스리미뜨라는 같은 텍스트에서 다음과 같은 내용을 반복해서 기술하고 있다.

지각인식은 순간적이다. 그것은 그 자신과 같은 시간 존속하는 실재를 한정(paricceda)한다. 그것과 동시에 그 시간에 관계하지 않는 것을 배제한다. 나아가 그 시간에 대해서 착각하지 않는 것이 다음 시간에 결합하는 것을 배제한다. 이렇게 해서 그것이 한 순간 존속하는 것, 즉 순간적 존재성이 파악되는 것이다.

여기서 '한정'과 '배제'라는 것은, 규정자체는 개념구상 시점에 이루어지는 것 아닌가라는 문제는 여전히 남아 있지만, 지각 차원에서 아포하(차이화)의 기능으로 볼 수 있을 것이다. 이 아이디어는 이미 다르마끼르띠에서 나타난다. 본질의 규정은 그 본질 이외의 것을 배제함으로써 획정되고 있기 때문에 그 자체로 완결된 것이다. 그것을 두 번 다시 나눌 수는 없다. 또한 획정된 것이 계시적으로 집합하여 고차의 집합체를 구성했다고 해도, 그 제1순간 그것은 그 자체 완결된 것이다. 나아가 이미 기술한 바와 같이 하나 하나 완료된 것이 그 뒤 그대로 지속하는 것은 불가능하다. 대상과 그 인식의 대응관계가 어긋나버리기 때문이다. 이것을 즈냐나스리미뜨라는 다음과 같은 쁘라상가 논증으로 나타낸다.

필연성 : 무릇 어떠한 경우에도 각각의 형색이 결정된 것에 대응하여 현재 현현하고 있을 때 다른 인식근거를 열망한다면, 그것은 거기에 있어서 현현에 대응하는 것이 아니다. 가령 색이 현현할 때의 맛과 같이.

가정된 주제소속성 : 그와 같이 그 순간에 현현함에도 불구하고 이전 상태로 확정한 것에 대응한 다른 인식수단(근거)이 요구된다.

〔결론 : 그 순간에 입각해 현현하고 있는 것에서 이전 상태로 확정한 것에 대응한 다른 인식수단(근거)이 요구되는 것은 그 순간에 있어서 현현에 대응하는 것이 아니다.〕

이것은 '(부정대상=소증)과 양립할 수 없는 소변(=변충되고 있는 것)을 확인하는 것'에 기초하여 정립되는 것이며, 한순간 존립하고 있는 것만이 존재의 본질임을 지각의 현현에서 명시하고 있다. (『앞의 책』 p.158)

이와 같이 유형상유식론의 자기인식을 근거로 하여, 메타 차원으로 이행된 '지각형상의 현현과 그 인식수단(근거)의 필연적 대응'에 의해서, 지각이라는 인식근거의 순간성으로부터 지각형상의 존재로서 현현한 순간성이 증명된다.

그런데 즈냐나스리미뜨라는 '아포하 이론'에서 다음과 같이 언어의 한계를 강조하고 있다.

'모든 존재방식(다르마)은 언어의 대상이 아니다'라는 것을 확정하기 위해서 '언어와 논증인에 의해서 아포하(배제)가 밝혀지게 된다'라는 정립이 증명된다.

카츠라 쇼류(桂紹隆) 박사는 다음과 같은 사실을 밝혀냈다. 즈냐나스리미뜨라는 "언어의 대상은 아포하(배제·부정)다"라는 다르마끼르띠의 언명을 '언어의 대상 그것의 아포하(배제·절대적 부정)'로 바꾸어 읽고 있다는 것이다. 즈냐나스리미뜨라의 논거는 이미 본 바와 같이 'x의 비존재가 있다'라는 것을 'x의 존재는 없다'라고 말하는 것처럼 절대적 부정으로 해석하는 것에 기인한다. 그렇게 해서 '아포하 이론은 단순한 이론적 설정에 지나지 않고, '일체법은 불가언이다'라는 궁극의 진리로 이끌기 위한 일종의 방편이라는 즈냐나스리미뜨라의 기본적인 테제가 밝혀지게 되었다. 이 철저한 '실재와 언어의 단절'은 즈냐나스리미뜨라의 텍스트를 보는 한 바르다고 할 수 있다. 이미 언급한 바와 같이 '순간적 존재성'은 요가에 있어서 직관으로 돌리고 있다.

그렇지만 다르마끼르띠의 "언어의 대상은 아포하(배제·부정)다"라는 언명을 즈냐나스리미뜨라처럼 해석할 수 있을까? 즈냐나스리미뜨라는 이 언어의 한계를 이용하여 언어를 초월한 실재를 역으로 긍정적으로 말해버린 것은 아닐까? 그의 '지각에 의해서 증명된 순간적 존재성'의 논증도, 언어에 기초한 추론에 리얼한 순간적 존재는 출현할 수 없다는 것에서, 그것과는 전혀 다른 지각의 영역에 반드시 출현한다는 일종의 논리적 요청에 근거하여 증명되고 있다. 이와 같이 지각과 추론이 경계선에 의해서 이분되어버리면 역시 경계선상에 입각한 다르마끼르띠의 자발적 소멸론의 철저한 부정을 볼 수 없다고 느끼는 것은 우리뿐일까? 언어의 세계와 언어를 배제한 세계를 이분하여 지각경험 세계의 순수성과 절대성을 믿는 것은 너무나 낙천적이다. 그 절대적 극점은 허구된 '부재의 중심'이기 때문이다. 그러나 이 책 제10장에서 보는 바와 같이 즈냐나스리미뜨라는 그 '부재의 중심'을 요가에서 수습의 극점이라 보고 '전지자의 존재'에 의해서 충족시킨다. '순간적 존재성'이라는 일반상은 요가에 의해서 개념구상이 불식됨과 동시에 지각 대상으로서의 독자상으로 변환된 다고 말하는 것이다. 이미 기술한 바와 같이 다르마끼르띠 자신의 텍스트에서 그와 같은 해석을 허용하는 표현이 있다는 것은 부정할 수 없다. 그렇지만 다르마끼르띠의 진의가 거기에 있는 것은 아니다. 그는 언어에 의한 철학적 노력을 단념하지 않았다. 이 문제는 아래 제8장에서 고찰하고자 한다.

반순간적 존재성 이론(3)

여기서 '지각에 의해서 증명되는 순간적 소멸성'에 대한 다른 학파의 비판을 살펴보고자 한다. 우선 카네쿠라 엔쇼우(金倉圓照, 『인도의 자연철학』, p.266~286)에 의해서 주목을 끈 바이세시카학파의 슈리다라(Śrīdhara, 10세기)의 『니야야간다리』(Nyāyakandalī, 이 책은 최종 시구를 근거로 991년에 썼다고 알려짐)에 있어서 비판을 보도록 하자.

〔바이세시카학파〕 나아가 아주 대담하게 '순간적 소멸은 지각에 의해서 증명된다' 라고 어떤 사람은 말하지만 '결코 그와 같은 것을 직접 인식할 수는 없다' 라고 답하고자 한다. 왜냐하면 '이것은 푸른색이다' 라고 인식하는 것이지, '이것은 순간적인 것이다' 라고 인식하는 것은 아니기 때문이다.

〔불교〕 순간적 존재성은 푸른색임을 떠나서 존재하지 않는다. 왜냐하면 그것(=순간적 존재성)이 (푸른색으로부터) 고립한 효과

적 작용을 하는 것은 아니기 때문이다. 따라서 푸른색인 것이 파악된다면 순간적 존재성도 또한 파악되는 것이다. 아주 유사한 순간의 차이가 파악되지 않기 때문에 그와 같이 (순간적인 것으로서) 간접적으로 결정할 수 없는 것이다.

〔바이세시카〕 이것이 직접적으로 인식되는 것이라 설명해 두면서 그 파악된 것이 간접적으로 결정되지 않는다는 것은, 얼마나 뛰어난 지혜인 것인가? 이것은 (확인할 수 없는) 신기루(와 같은 것)이다. 지각의 힘에서 발생한 간접적 결정 이외에 지각에서 보여진 것을 확정할 근거는 인정되지 않기 때문이다. 대개 어떤 것 A가 간접적으로 결정되고 있을 때 필연적으로 어떤 것 B는 간접적으로 결정되지 않는다. 가령 푸른색과 노란색 사이(의 관계)와 같이. 그들 두 개(순간적 존재성과 청색성) 사이에 '그 자신인 것'을 요구하는 것도 실없는 짓이다.

이 바이세시카학파의 반론은 언어의 지시대상이 실재한다고 보는 '범주적 실재론'의 시점에서 이루어진 것이며, 동일한 실재에 대해서 동시에 다른 판단을 하는 것이 불가능하다고 생각한다. 이에 대해 불교 측은 판단이 아포하에 근거하는 한 다른 언어가 동일한 지시대상을 가지는 것(동일기체성)은 가능하다고 생각한다. 게다가 불교 측에 의하면 이 동일기체는 실재하지 않는다. 그러나 지금의 경우 그 동일기체는 지각에 의해 뒷받침되기 때문에 이미 본 바와 같이 지각작용 그것에 아포하의 기능을 잘 읽고 이해하여 자기인식되고 있는 지각 인식의 순간성을 메타 차원에서 증명하고자 한다.

〔불교〕 지각으로서의 인식은 순간적인 것이다. 그것 자신과 같은 시간에 현존해야 할 대상의 존재성을 획정함과 동시에 그 시간과 관계가 없는 것을 배제한다. 그와 동시에 그 (현재의) 시간에 (관계)하지 않는 착각하는 것, 즉 다른 시간(과거와 미래)에 관계하는 것도 배제하면서 그 (현재의) 한순간에 존립하는 것, 즉 순간적 존재성을 파악하는 것이다.

〔바이세시카〕 이것은 (물에 빠진 사람이) 지푸라기라도 잡고 싶어 하는 것과 같은 것이다. 인식은 자기 자신 그것을 파악할 수 없다. (더구나 인식은) 대상이 인식 그 자신과 같은 시간이라는 것을 어떻게 파악할 수 있을까? 혹은 가령 파악할 수 있다고 가정해 보자. 그렇다고 해도 이 (인식은) 이전에는 존재하지 않고, 이후에도 존재하지 않는 것이 될 것이다. 따라서 그 (현재의 순간)에서 지각이 (전주하여) 각성하는 것이 없게 된다. 왜냐하면 전후의 시간을 파악하지 못하기 때문이다. 그런데 현재의 시간성을 획정할 때, 그것 이외의 시간을 배제하는 것은 바르다. 왜냐하면 존재와 비존재 사이에는 양립불가능성이 있기 때문이다. 그러나 다른 시간과의 (결합)관계를 배제하는 것은 바르지 않다. 진주와 그것을 꿰는 실과 같이. 하나의 존재가 많은 것과 (결합)관계를 가지는 것은 양립불가능하지 않기 때문이다. 이 의미는 『따뜨바쁘라뽀따』와 『따뜨바상바띠니』(이들 텍스트는 현재 미상)에서 상세하게 기술했기 때문에 여기서는 그 이상 더 언급하지 않는다.

여기서 불교의 반론은 이미 본 바와 같이 기본적으로 다르마끼르띠와 즈냐나스리미뜨라의 반론과 일치한다. 바이세시카학파는 '인식 그 자신은 형상이 없고 인식의 형상은 외계의 대상에서 주어진다'는 무형상인식론을 전제하고 있다. 따라서 지각을 인식 그것의 자기인식이라고 하는 불교 인식론을 허용할 수 없는 것이다. 또한 언어의 지시대상은 아포하가 아니고 그대로 실재하는 것으로 보기 때문에 '시간'은 '존재'의 카테고리에서 분리된 채로 실재하게 된다. 그것은 마치 많은 진주를 꿰는 실과 같이 항존하고 '시간 그것'과 '존재 그것'이 소멸하는 것은 아니다. 이에 대해 불교는 '시간 그것'과 '존재 그것'은 아포하에 의해서 '생동적인 순간적 존재'로부터 각각 추상되어 고정된 허구(fiction)에 지나지 않는다고 생각한다. 양자 사이에는 결정적인 인식론의 차이가 있다.

『니야야간다리』는 '순간적 존재성'을 비판하는 텍스트의 다른 곳에서 다르못따라의 이름을 거명하지만, 그것에 대응하는 것은 현재 그의 텍스트 속에는 보이지 않는다.

다음에 니야야학파의 쟈얀따밧따(8세기 후반 경)의 『니야야만쥬리』를 살펴보자.

> 지각은 과거와 미래에 의해서 절단된 한순간만의 존재를 결정하지만 그러나 그 이외가 존재하지 않는다는 것은 아니다. 시간은 단일하며 언제나 모든 존재에 편재해 있는 것이다. 그것은 순간의 집합이 아니다. 인식은 현재에서도 기억이나 직관 등에 의해서 과거나 미래를 인식할 수 있기 때문이다. 또한 작용은 복수의 순간에 미치지 않으면 안 된다. 나아가 지각되지 않는다고 해도

초월적인 것은 존재하고 있는 것이다. ······지각은 '연장을 가진 현재를' 지각하기 때문에 순간적 소멸이 아니다.

이와 같이 쟈얀따밧따도 바이세시카학파의 실재론을 전제로 하여 '시간' 그 자체를 항상한 실체로 보고 있다. 그 과정에서 그는 '인식은 아직 생기하지 않았을 경우에는 효과적 작용을 하지 않는다. 소멸한 뒤에도 작용을 하지 않는다. 현재의 한순간도 지속하지 않는다. 그것은 생기하든 하지 않든 소멸해버리기 때문이다. 따라서 순간적으로 소멸하는 것은 연속체가 성립하지 않기 때문에 효과적 작용을 할 수가 없다'라고 불교 측을 비판한다. 그러나 다르마끼르띠는 그와 같은 실체로서의 시간의 극소점에 의해서 존재로부터 절취된 것을 순간적 존재라고 하는 것이 아니라 시간을 존재로부터 절단하지 않고서 '순간적 존재'라 말하고 있는 것이다. 그것이 작용을 할 수 없는 점적인 시점으로서 머무는 것이 아니라는 것은 이미 기술한 바와 같다. 이상의 실재론적 시간론의 시점에서 제기된 비판에 대해서는 다음 장에서 보게 될 다르마끼르띠의 '자기차이성'의 철학이 회답할 것이다. 그 밖에 재인식에 의한 비순간적 존재의 논증을 시도하는 바사르바르슈나(890~929), 꾸마릴라 등의 비판도 있지만 비판하는 자와 비판받는 자 사이에 인식론과 존재론이 다를 때, 그 차이를 메타 차원에서 양자를 문제 삼지 않는 한, 가령 비판의 형태를 취한다고 해도, 논의는 실질적으로 전혀 일치하지 않게 되는 것이다. 이 문제는 제9장에서 우다야나(1050~1100년경)의 불교에 대한 비판을 제시할 때 되돌아가 설명하고자 한다.

제8장

지각순간의 자기차이화

제8장
지각순간의 자기차이화

머물지 않는 탈중심화

다르마끼르띠 자신은 유형상유식론자도 무형상유식론자도 아니다. 그렇다면 다르마끼르띠의 형상론이 포스트 다르마끼르띠안의 해석을 발생하게 했다는 점에서 본다면 그러한 해석을 발생하게 한 것이 다르마끼르띠 속에 있었다고 할 수 있다. 그러나 그렇다고 해서 후대의 고정되고 대립하는 사상이 그대로 다르마끼르띠에게도 있었다고 할 수는 없다. 더구나 유형상유식인가 혹은 무형상유식인가를 결정하는 것은 시대착오(anachronism)다. 학파의 권위나 에피고넨(epigonen)들의 학설 계통사 등에서 자칫 이런 것들을 많이 볼 수 있지만 그것은 다르마끼르띠를 근본적으로 오해한 것에서 비롯된다.

이미 본 바와 같이 질주하는 다르마끼르띠는, 자신의 관점을 경량부로부터 유형상유식론으로 이행하여 나아가 무형상유식론을 통과하여 중관으로 전환한다. 게다가 소위 분파주의로서의 중관을 철저한 인식론적 논리주의를 통해서 초월해간다. 인식근거 그 자체의 전환이 이 질주를 가능하게 했던 것이다. 다르마끼르띠는 형상을 '유(有)'나 '무(無)'로 고정하지 않는다. 게다가 제3의 영역으로 초월하지도 않는다. 형상 그것은 순간적 존재로서 역동성을 가지고 있다. 순간적 존재는 이미 본 바와 같이 자기차이성인 것이다. 순간은 머물지 않는다. 따라서 순간적 존재의 중심핵은 한순간도 머무르지 않는다는 의미에서 '공(空)'이다. 즉, 그것은 탈중심화하는 작용 그것이라 말해도 좋다.

'지금, 여기'의 지근거리

과거를 쫓아갈 수는 없다. 미래를 구할 수도 없다. 과거는 이미 소멸했으며, 미래는 아직 오지 않은 것 아닌가? 따라서 현재의 법을 바로 여기에서 보는 것이다. 마음을 산란(散亂)하지 말고, 동요하지 않고, 그것을 통찰하여 수행하라. (『아함경(阿含經)』, 「어느 날 밤 현자의 시구」)

확실히 깨달음(붓다)의 순간은 가장 직접적인 '지금, 여기'를 벗어나지 않는다. 그러나 '지금, 여기'는 가장 가까움과 동시에 가장 먼 순간이기도 하다. 이 가장 가까운 '지금', 누구나 알고 있다고 생각하는 '지금' 이야말로 가장 심오한 문제다. 도겐(道元)은 "지금 여기는 누구에 의해서도 인식되지 않는다"라고 말한다.

지금 여기의 깨달음의 순간을 나도 알 수가 없다. 아니 그 어느 누구도 알 수 없다. 그대들이여! 붓다조차 그것을 볼 수 없는 것이다. 그렇다고 한다면 인간의 인식능력으로 어떻게 해서 미루어 헤아릴 수 있을까?(『정법안장(正法眼藏)』, 「계성산색(溪聲山色)」)

깨달음의 순간, 그것은 그 이전의 모든 인식근거에 기초한 '시간'의 소진점이며, 거기에 있어서 불연속이다. 따라서 거기에 있어서 인식은 단절됨과 동시에 그 순간으로부터 새로운 인식근거에 기초한 새로운 인식이 발현하는 것이다.

그 어느 누구도 나에게 묻지 않는다면 나는 알고 있다. 그런데 질문을 받고서 답하려고 하면 답을 하기가 어려운 것이 시간이다.

'시간'에 대해서 아우구스티누스(『고백』)가 했던, 너무나도 유명한 말이다. 아우구스티누스는 무엇을 말하고 싶어 했던 것일까? 그것은 객관적으로 대상화된 시간을 부정함으로써 시작된다.

미래는 아직 없다. 과거는 이미 없다. 현재는 머물지 않고 무(無)로 향한다. 시간이란 존재가 무로 되는 것으로 향하는 것이다. 현재에 폭이 있다고 한다면 그것은 미래와 과거로 나누어지며, 양자의 접점에 폭이 없다고 한다면 현재는 존재하지 않는 것이 된다.

시간이란 그에 따르면 객관적 존재의 소진이며 '무(無)를 향한 벡터'인 것이다. 이렇게 해서 객관적 시간을 부정한 뒤, 아우구스티누스는 다시 다음과 같이 말한다.

그렇다면 시간은 어디에 있는 것일까? 답하면 다음과 같다. "시간은 존재한다. 우리들 자신의 주관 속에 존재한다. 현재는 직관이며, 미래는 현재의 기대이며, 과거는 현재의 기억이다."

그러나 현재를 직관하는 현재 즉, 제2의 주관적 현재가 이미 시간 속에서 생각되고 있는 것 아닌가? 이렇게 해서 부재의 무(無)로 향한 시간은 '지금' 이라는 주객 둘을 포괄하는 '기도의 순간'에서 만나고, 절대자인 '신'에 의해서 보전된다. '신'에의 '수직의 시간'을 말하는 것이 이미 신의 시간 속에 존재한다는 것을 의미한다. 그에 따르면 시간이란 신인 것이다. 그렇지만 다르마끼르띠의 추론은 초월적인 신의 존재를 부정하는 논증으로 향하고 있다.

다음에 헤겔은 '지금' 이라는 것을 다음과 같이 고찰한다.

'지금'은 진실의 가장 풍부한 내용을 가진 것처럼 생각된다. 그런데 지금은 밤이기 때문에 '지금은 밤이다' 라고 종이에 쓴다고 하자. 진리는 변해서는 안 되는 것이다. 그런데 낮이 되어 그 종이를 꺼냈을 때 '지금은 밤이다' 는 말이 더 이상 '지금' 에 관한 진리가 아니다. 왜냐하면 '지금은 낮이기' 때문이다. (『정신현상학』 요지)

이와 같이 변신이 빠른 '지금'을 언어에 의해서 규정하는 순간, '지금'은 '지금'이 아니게 된다. 언어로서의 '지금'은 그것이 과거도 미래도 아닌 '지금'일 수밖에 없다. 즉, '지금'은 '지금이 아닌 것이 아니다'라는 단순한 동어반복(tautology)이나 동일성을 나타내는 것에 지나지 않는다. 이와 같이 헤겔은 '직접성'을 비판하고 있다. 그러나 그렇다고 해도, 아니 그렇기 때문에 '지금의 순간'은 역설적으로 실존과 관련을 맺게 된다. 키에르케고르(Kierkegaard, 1813~1855)는 여기서 '바꿀 수 없는 실존의 순간'을 통찰한다. "헤겔의 변증법은 연속성 위에 구축되어 있다. 그것은 질적 순간의 단절을 놓치고 있다"라고 키에르케고르는 헤겔을 비판한다. 하지만 헤겔도 이러한 부정성을 간과하지는 않았을 것이다. 역시 카시야마 킨시로(樫山欽四郎)가 저술한 『헤겔 정신현상학의 연구』는 이 '부정적인 것'을 직시하고 있다. 이것을 간과하게 되면 정-반-합과 같은 참으로 낙천적인 형식적 변증법으로 실추해버릴 것이다. 이것은 '부정적인 것'으로서의 '시간의 이질성'을 망각하고 통속적인 선형의 시계시간 위에 개념구상되기 때문이다. 얄궂게도 이쪽이 『자본론』과 『실천론』의 이데올로기에 있어서 상황을 설명하기에 적절한 것이다.

키에르케고르는 그것이 형식적 변증법에 의해서 체계 가운데 용해되어 가는 것을 참을 수 없었던 것이다. 변증법이 도달하는 곳에 만년(晩年)의 헤겔의 '절대정신'이라는 신은 존재하지 않는다. 우리들은 무시간적이며 영원한 신을 만날 수 없다. 유한한 '나'에게는 죽음으로 단절되지 않는 절망이라는 단절이 있다. 즉, 신과의 사이에는 무(無)의 심연이 있다. 신은 그 단절의 순간을 신의 쪽에서 채워 주셨던 것이다. 그렇기 때문에 신앙은 그것을 절망이라는 부정적 순간에 의해서 도약하지 않으면 안 된다. 연속이 아니라 불연속을 비약하는 것이다. 신앙은 나 자신이 끊임없이 비약하는 자기차이화를 의미한다. 실존은 자기차이화하는 시간성 그것이다. 이와 같이 키에르케고르는 '순간에서 그 순간의 새로운 반복'을 말한다. 실존을 의식한 키에르케고르의 '반복'은 동일한 존재를 향한 회귀가 아니라 차이를 향한 귀환이다.

신의 존재를 부정한다는 의미에서 사상적 경계는 다르다고 해도, '깨달음의 순간'으로 매진하는 다르마끼르띠의 '순간적 존재성' 논증을 향한 노력도 역시 이와 같은 '순간의 시간성'과 관련이 있으며, 객관적 시점 계열 등은 처음부터 문제가 되지 않았다. 거기에서 우리들은 '깨달음'의 순간을 희구하는 듯한 정열이 용솟음치는 것을 볼 수 있지 않을까!

아직과 이미(비재의 중심핵)

그런데 미리 '시간'이라는 것을 방향을 가진 일차원의 직선으로서 대상화하고서 그 직선상의 점을 시각으로 하여 과거·현재·미래의 세 개 부분으로 구별해도, 그것은 베르그송이 말한 바와 같이 공간에 지나지 않는다. 그것은 수직선으로서 등질의 정적 계열에 지나지 않는다. 그 자체에는 전혀 운동성이 없다. 그러한 것을 시간화하기 의해서 '지금'이 필요한 것이다. 이 '지금'의 특권을 직선상의 자기동일성을 가진 한 점이나 폭으로 대상화하게 되면 '날아가는 화살은 각 순간점에서 정지해버리기 때문에 날아가는 것이 아니다'라는 제

논의 역설(paradox)에 빠진다는 것은 나가르주나(龍樹)가 이미 지적하였다. 그렇다고 해서 '지금'은 주관적인 존재도 아니다. 현실의 인식은 객관이나 주관으로 분리할 수 없는 것이다.

'지금'은 존재와 비존재로 분리되지 않는 순간적 존재다. 결국 '지금'은 존재와 비존재의 '경계 그것'이다. 그때 시간은 존재의 현실성에서 분리되지 않는다. 따라서 순간적으로 존재하는 것이 그대로 순간적으로 소멸하는 것이기도 하다. 시간을 현실에서 분리해버리게 되면 '존재' 만이 남게 된다. 그러한 존재에 대해 뒤에 시간을 부가해도 일단 비시간화된 존재는 이미 사멸해버렸기 때문에 '지금'은 영원한 존재로서 소실되어버린다. 그런데 '미분한다' 라는 행위는 주목할 만한 가치가 있다. 그것은 비시간적인 것을 '미분(차이화)' 하여 시간을 부여하는 것처럼 생각되기 때문이다. 마찬가지로 '지금'도 공간화되어버린 객관적 시간을 현실화하는 실재화작용(realization)이라고 생각될 것 같다. 그러나 이것들은 역연산으로서의 미분에 의한 '부활'이나 '재생'이라는 동일성에 기초하고 있다. 일단 시간성을 상실하여 사멸해버린 것을 비디오와 같이 재생해도 그것을 보는 '내'가 이미 이전의 '나'는 아니기 때문에 이전과 똑같은 감동이 일어나지 않는다. 똑같은 것처럼 생각해도 전혀 다르기 때문에 '그때의 감동을 다시 한 번' 이라고 말할 수 있는 것이다.

그렇다면 처음에 절대적으로 '무분절인 **지금**의 존재'가 존재하고 있고, 거기에 인식이 각각을 아포하(배제)하여 분절하는 것일까? 결국 '**지금**의 무분별지' 라는 것이 우선 먼저 존재해 있고, 그것을 '언어'가 '나누어서' 분절하는 것일까? 즉, 그들의 분절 이전에, 즉 아포하에 의한 배제 이전에, 거기에서부터 배제할 수 있는 기저존재로서의 '무분절의 존재'를 '무분별의 인식'이 인식하고 있는 것일까? 그러한 것은 없다. 만약 그와 같은 무분절인 '존재'를 일단 세워버리면 역시 약동하는 '지금'의 생동성은 소실되어버리기 때문이다. 연기(緣起)라는 사고에 베단타철학과 같은 '무분절의 존재'를 전제할 수는 없다. 그것이 아니라 '존재 그것이 비재화하는 차이'의 약동하는 생동성에 의해서 비로소 연기를 가능하게 하는 '지금'이 창발하는 것이다.

'언어'화되기 이전에 언제나 그 순간 새롭게 현출하는 독자상의 세계에서만 살아갈 수 있다면 언어는 전혀 필요가 없게 될 것이다. 그렇지 않다는 것을 누구라도 알고 있음에도 불구하고 부지불식간에 독자상을 놓쳐버리고 있기 때문이다. 개념구상을 배제한 세계, 그 세계에 들어맞는다든지 하여 거듭하는 체험을 가진 것처럼 생각해도 그것은 언제나 이미 늦어버린 개념구상에 의한 보전에 지나지 않는다. 그와 같이 개념구상을 배제한 '인식'이라는 순수지각이 추론으로부터 단절되어, 마치 자기동일성을 가진 절대적 경지로 믿어버리는 것이야말로, 실은 언어의 '타자의 배제라는 아포하'에 의해서 구성되어버린 것이다. 그렇기 때문에 다르마끼르띠는 지각 못지않게 추론을 중시하였다. 다르마끼르띠의 순간은 자베스(E. Jabés, 1912~)나 랭보(N. Rimbaud, 1854~1891)를 논하는 스즈키 카즈나리(鈴木和成) 씨가 아마도 바르트(R. Barthes, 1915~1980)의 『S/Z』를 모방하여 저서의 표제로 삼았던 『아직/이미』라는 경계의 슬래시인 것이다. 다르마끼르띠는 이 슬래시에 따라 비스듬히 질주한다. 가장 '당연'하게 생각되는 '현실에 융합하는 지근거리의 가까움'은 거리를 상실한다. 그러므로 '가까움'도 상실해버린다. '가까움'이란 가만히 '멂'을 아포하하고 있는 것이다. '거리'를 상실한 이상(理想)상태는 직접적인 현실의 체험이 아니라 허구다. 중요한 것은 단락적으로 지각체험의 직접성이나 지각내용의 재현을 믿는 것이 아니라 순간적으로 소멸하고 재현할 수 없는 것을 깊게 자각하는 것이며, 또한 그러한 '비재'에 의해서 새로운 순간을 창발하게 하는 것이다.

부정적 차이선을 발현하는 '독자상'

순간적인 지각대상은 지금 존재하면서 동시에 존재하지 않는 '존재와 비재의 차이'다. 그것은 자기동일성을 가진 안정된 긍정적 대상이 아니다. 부정적인 차이로서의 독자상은 언제나 일상 언어행위의 일정한 목적에 의해서 보전되고 시나리오화되어 '일반상으로서의 독자상'이라는 '긍정적 개체'로 대체되어버린다. 그 순간 본래의 '차이로서의 독자상'은 부재화되고 그 대신에 일반상이 그 부재를 보전하여 존재영역의 전 영역으로 확장된다. 그러나 그것은 역전하고 있는 것이다.

지각의 대상이, 어떤 특정한 자기동일성을 가지고 '개물·개체'가 되는 순간, '차이성'으로서의 독자상은 은폐되어버린다. 여기에 독자상 그 자신의 '자기차이성'을 파악해야만 한다. 그때 지각대상은 '지금 있다'라는 것이 '지금 없다'는 것을 의미한다. 이미 기술한 바와 같이 언어의 대상은 자기동일성이 보증된 긍정적 존재가 아니라 아포하 즉, '타자의 배제'라고 한다면, 추론의 정합성이란 소박하게 믿고 있는 일상언어에 기초한 긍정적 대상을 차이화하여 그것을 지각 차원의 차이선 즉, '자기차이화하는 독자상'의 차이로 연동하게 하는 것을 의미한다. 이와 같이 추론의 실질적 대상은 긍정적인 지시대상을 가진 것이 아니며, 실질적으로는 부정적 차이선 즉, 배제선의 흔적인 것이다. 그 차이의 극한으로서의 독자상을 후라우왈너 박사는 '순간적 존재로서의 완전한 차이성'이라고 하였다. 아마 그렇게 말해도 무방할 것이다. "지각 차원의 독자상은 그 부재의 중심에서 그 이외의 타자를 배제하는 부정적 차이선을 발산시키고 있다"라고 하였다. 그것은 긍정적인 자기 동일적 중심핵을 가지고 있지는 않다. 불교가 말하는 '무아'는 이 순간적인 탈중심화를 가리킨다. 재미있게도 선행하는 지각이 이것을 직관하고 있지만 그것을 지각자신은 규정할 수 없다. 개념구상을 배제하고 있기 때문이다. 거기서 추론이 가지고 있는 아포하의 차이선의 충격(impact)이 필요하다. 이런 의미에서 추론대상은 지각대상과 직접적으로 즉, 긍정적으로 겹쳐지지 않지만 부정적으로 연동할 가능성이 있다는 것을 우리들은 여기서 확인해두지 않으면 안 된다. 다르마끼르띠가 후기에 이르러 부정적 인식을 중시하고 있는 것은 여기에 기인한다.

> 존재는 모든 것으로부터 차이화된 것으로 지각되지만, 그와 같은 것으로 있는 그대로 재인식되지 않는다. (『쁘라마나바르띠까스바브리띠』 p.28)

그런데 개념구상 측면에서 '독자상'을 규정하는 경우 무한회의 아포하가 필요할 것이다. 그 경우 '독자상'은 '부재의 장소'이다. 그것이 '독자상'인 한, 그 장소는 개념에 의한 충전을 무한히 거부하여 연속해가지 않으면 안 된다. 그것을 자기동일성을 가진 존재에 의해서 충전한다면 '독자상'은 '독자상이라는 일반자'로 전화(轉化)해버릴 것이다. 우리들이 이제까지 사용해왔던 '자기차이성'이라는 말은 어디까지나 이 일반상으로 전화하는 것을 계속해서 거부하려는 갈림길의 표현이다. 거기에 리얼한 '독자상'을 기술하려고 하는 철학의 도전이 있다.

자기차이성

'자기차이성', 이것은 '언어'에 기초한 추론에 있어서 위험한 '언어'다. 자기동일성을 근거로 하는 '언어'가 스스로 '자기차이화'를 말하고자 하면 그것은 자살행위를 의미하기 때문이다. 그러나 하나의 전략이 남아 있다. 자끄 데리다(J. Derrida, 1930~2004)의 철학적 전략 즉, '탈구축'이 그것이다.

현전(現前) 대상의 자기동일성의 정지적 점성 위에 구축된 유럽의 형이상학을, 지각 순간의 자기차이성에 의해서 해체한다. 그것은 전면적으로 파괴하는 것이 아니라 차이가 발생되는 '틈'에 따라서 계속해서 거슬러 올라가는 것이며 이윽고 체계의 의미를 반전시켜버리는 것이다. 즉, 체계를 외부에서 파괴하는 것이 아니라 내부에서 체계의 기능을 전환하는 것이다.

다만 다르마끼르띠와 데리다의 차이는, 데리다가 사막의 흔적에 부재를 보았던 것에 반해 다르마끼르띠는 흔적 그것의 비재화로 향하고 있다는 것이다. 역설적이긴 하지만 존재는 스스로 비재화하는 것에 의해서만 존재이다.(독자들은 이미 눈치를 챘을 것으로 생각한다. 이 책에서는 '부재'라는 언어가 '공허한 장소'를 긍정할 위험성이 있을 때, '장'을 부정하는 의미에서 '비재'라는 언어를 사용하고 있다.) 존재의 '현전'은 존재의 '비재'를 전제한다. 이 존재의 양의성이 현전 존재에 균열을 가져오며, 순간이라는 약동하는 시간성을 발생하는 근거다. 추론은 지각을 전제로 함과 동시에 지각이 추론으로부터 역으로 충격을 받음으로써 시간화된다. 개념으로서의 '순간적 존재성'이 지각을 향해서 반전되는 순간, 거기서 비로소 '비재로서의 독자상'이 지각되고 '차이'가 발현한다. 이에 반해서 처음부터 '지각과 추론'이나 그것에 대응하는 '독자상과 일반상'을 단순하게 이분하여 고정해 버리는 것은 심층의 '차이'를 놓쳐버리게 될 것이다. 인식근거(쁘라마나)는 고정된 절대적 진리로 점진적으로 접근하는 것이 아니다. 독자상은 대상과 인식주체를 이분하는 인식론의 소진점인 것이다. 그러나 그렇다고 한다면 여기에서 인식론 및 논리 자신의 한계를 고하는 것이 아닌가? 지각대상은 인식론적으로는 가장 가깝지만 동시에 인식론을 전제로 하는 한 가장 먼 것이다.

레비나스(E. Levinas, 1906~1995)는 이것을 '존재의 외부성'이라 명명하고, 하이데거(M. Heidegger, 1889~1976)는 '가깝기 때문에 먼'이라 했다. 존재의 실상은 이미 은폐되지 않고 드러남에도 불구하고, 너무나 가까이에 있기 때문에 대상으로 인식할 수 없다. 게다가 일단 존재를 대상화하면 대상화하는 바로 그 순간, 존재의 실상은 그 이분선에 의해서 말살된 뒤 사멸한 '존재'만이 남을 뿐이다. 아주 가깝기 때문에 모양을 가지지 않는다. 그것은 자주 개념구상에 의해서 분절되기 이전의 근원인 것 즉, 주객미분의 '그 자체는 자기동일성을 가지고 절대적으로 무분절인 존재' 로서 오해되어버렸다.

원(原)―차이(지각차원의 아포하)

그렇다면 '독자상' 이라는 것을 어떻게 기술할 수 있을까? 그것은 자기동일성을 가지고 긍정적으로 존재하는 점대상이 아니라 항상 그 순간 자기 자신을 차이화하는 '사건' 으로서 기술할 수 있다. 그러므로 역시 꽉 밀착된 지각에 '틈' 을 발생시켜서 차이화하여 거리를 두려는 추론 기능에 의한 '아포하(배제)' 의 '차이화 기능' 이 필요한 것이다.

'아포하' 는 일반적으로 지각으로부터 분리된 언어세계의 내부에서 기능하는 것으로 여겨진다. 가령 '소' 는 '비소(非牛)' 를 배제하는 한에 있어서 일반상이며, 지금 현전에 지각하고 있는 '이 소' 는 아닌 것과 같다. 이와 같이 '언어' 의 세계를 지각의 세계로부터 분리하기 위해서 아포하가 사용된다. 디그나가는 "추론은 아포하의 기능에 기초하고 있다"라고 말하였다. 디그나가의 경우 추론의 대상은 일상언어의 아포하의 차이선을 따르지만, '독자상' 이 아니라 '일반상' 으로서 '언어' 의 대상에 이르는 것이었다. 그러나 다르마끼르띠에 따르면 '아포하' 는 일상언어의 범위 안에서 머무는 것이 아니었다. 이미 본 바와 같이 '지각이 이미 순간적 존재를 파악하고 있다' 라는 것과, 추론의 가장 중요한 테마가 '순간적 존재성' 으로 이행하는 데 이르러, 지각과 추론의 경계문제가 부상하는 것이다. 여기에 이르러 아포하는 '언어'의 내부에 머무는 것이 아니라 지각과의 경계영역과 관련을 맺게 된다고 할 수 있다. '순간적 존재성'은 '언어'의 범위를 초월하는 성격을 가지고 있다. 통상 '언어'의 대상은 자기동일성을 가진 일반상(보편)이며 순간적인 존재는 아니다. '순간적 존재성'은 오히려 지각의 본질이다. 이 의미에서 '순간적 존재성'은 언제나 이미 그 자체 '언어'에 의해서 표시되면서도, '언어'의 자기동일성을 해체함과 동시에, 그 '언어'를 내부로부터 초월하고 있는 '자기차이성'인 것이다.

이와 같이 다르마끼르띠에게 있어서 '아포하'는 가능한 한 지금 여기의 지각내용을 향해서 아포하의 분절선을 거슬러 올라가고 있는 것을 의미한다. 아포하에는 역행하는 작용의 기능이 있다. 언어가 발산하는 벡터는 역행의 벡터로서 아포하를 기능하게 함으로써 지각과의 경계영역에 다가가는 것이다. 다르마끼르띠는 지각과 추론의 '경계선 그것'에 아포하의 가장 기저적 기능을 보았던 것이다. 만약 추론에 의해서 결정된 '순간적 존재성'이 아포하의 배제선을 역으로 거슬러 올라가 실재에 이른다고 한다면, 그 순간적 존재는 지각의 독자상에 의해서 이미 그 '배제선'이 결정되고 있는 것이다. 그렇다면 지각차원의 차이화의 구조에 연동할 가능성이 있다고 다르마끼르띠는 생각한다. 언어차원의 아포하를 구사하여 독자상을 향한 아포하(배제)기능은, 그것 자체는 개념구상이기 때문에 착각에 의한 인식이다. 그러나 그 아포하는 '그 이외의 것을 계속해서 배제하는 독자상'의 배제기능과 연동할 가능성을 가지고 있는 한, 끊임없이 착각을 초월해갈 가능성이 있다.

모든 언어사용은 여러 언어들의 (본래)대상인 (독자상)이 상호간에 부정·배제하는 것(=相互無·相互否定)에 기초하고 있다. 이것에 의해서 (언어는) '타자의 배제(아포하)'를 대상영역으로 하고 있는 것이다. 무릇 실재와 결합관계가 있을 경우, 이미 기술한 (무상성의) 추론과 같이 실재를 파악하는 근거가 된다. 그러나 그 이외의 경우는 (개념구상인 한) 착각이라는 점에서는 같다고 해도 등불의 빛을 보석이라고 오인하는 것과 같은 근거는 되지 않는다. (『쁘라마나바르띠까』, 제1장, p.80~81)

일반상이 전적으로 허구인 것은 아니다. 언어차원의 아포하의 차이화가 지각차원의 차이화에 연동할 가능성이 있는 것이다. 확실히 일반상은 본래 대상인 독자상의 차이를 어떤 일정 시점에서 같은 것으로 규정하여 개념적으로 구성한 것이다. 그럼에도 불구하고 그 순간 적어도 두 개 차원의 아포하의 네가티브한 차이선 가운데 어떤 존재가 연동하고 있음을 다르마끼르띠는 간과하지 않았다. 이미 기술한 바와 같이 '무상성' 등에는 그 자신 개념이면서 그와 더불어 개념의 자기동일성을 해체하는 능력이 있다는 점에서 아포하의 연동을 가능하게 한다. 여기에 이르러 드디어 다르마끼르띠는 '타자의 배제' 즉, '차이(아포하)'가 언어차원뿐만 아니라 지각차원에도 있다는 것을 기술한다. 디그나가의 아포하 이론에서는 전혀 고려되지 않았던 것이다.

실재들에게는 타자의 배제가 있다. 그렇기 때문에 실재에 관한

> 언어는 그 실재에 있어서 아포하에 준거한다. 외적인 작용능력에 있어서 차이화에 직접 준거하는 것은 아니지만 그 언어는 그것에 준거하고 있는 개념구상의 영상에 관여한다. 따라서 '타자의 배제'에 간접적으로 준거하고 있는 것에서, '언어는 타자의 배제를 행한다' 라고 기술될 수 있다. (『쁘라마나바르띠까』 제3장, p.163~164)

> 따라서 그 (인식의) 본질로서의 차이화에 의해서 '(노란색이 아니라) 이것(=푸른색)의 이해다' 라는 작용대상의 제한이 있고, 그것(=지각차원의 아포하)이 그것(=언어차원의 아포하)을 성립하게 하는 것임이 증명되게 된다. (『앞의 책』 p.304)

여기서 지각차원의 '차이·아포하'가 인식근거가 되고 있다. 실재로서의 독자상 그 자신이 '아포하' 라는 차이화기능인 것이다. 중관의 관점에서 본다면 실재 중심핵으로서의 본질(自性)이 '공·무자성(空·無自性)' 이라는 '차이화기능' 인 것이다.

> 모든 작동원인은 결과에 대해서 유효하다고 해도, 그 가운데 '최종적으로 차이화하는 것' 이 그 결과에 대한 최고도의 증명근거라 생각된다. (『앞의 책』 p.311)

여기서 '최종적으로 차이화하는 것' 은 '독자상' 을 의미한다. 독자상은 이와 같이 철저한 '차이화기능 그것' 으로서 '순간적 존재성' 이기 때문이다. '독자상' 은 '극한적 차이화기능' 과 동의어다. 그것은 타자를 배제함과 동시에 한순간 자기 자신을 초월하여 차이화한다. '극한적 차이화' 는 어디까지나 차이화하여 연속하는 것이지 완결된 정지점에 도달하는 것이 아니다. 중관적 입장에서 말한다면 그것은 '생동적 공' 이다. 이렇게 다르마끼르띠의 아포하는 이미 보았던 즈냐나스리미뜨라의 해석과는 전혀 다르다. 즈냐나스리미뜨라는 '언어의 대상은 아포하' 라는 다르마끼르띠의 언명을 '언어의 대상은 없다' 라고 해석하여 불가언의 진리의 절대성을 긍정하였다.(이 책 제6장에서 본 바와 같이 즈냐나스리미뜨라는 부정적 인식이 간접적으로 지각에 연동한다고 말하고 있다.) 하지만 다르마끼르띠는 언어에 의한 철학적 노력을 단념하지 않았다. 그는 언어의 대상이 아포하이기 때문에 '순간적 존재성' 논증이 박진감을 가지게 되었다고 생각한다.

반전, 차이선을 거슬러 올라가다

다르마끼르띠는 언어가 거기서부터 아포하(차이화)된 '차이선' 에 따라 거슬러 올라가 '자기차이성' 에 도달하려고 한다. '지각차원의 아포하(=효과적 작용능력을 가능하게 하는 실재의 자기차이화)' 에서 '언어차원의 아포하' 를 연동하게 하는 것이 그의 추론이다.

> 그들 언어는 모든 차이를 언급할 수 없다고 해도, 어떤 하나의 차이를 계기로 함으로써, 그 독자상에 반드시 연동할 수 있다. 왜냐하면 그 하나의 차이에서도 그 (독자상의) 차이를 (추론할 수 있다)고 말해도 무방하기 때문이다. (『쁘라마나바르띠까스바브리

띠』 p.25)

언어에 기초한 추론대상은 그 자신 리얼한 긍정적 지시대상을 갖지는 않는다. 그것이 지시하는 것은 부정적인 차이에 지나지 않는다. 왜냐하면 다르마끼르띠는 '언어와 논증인의 대상은 아포하' 라고 말하기 때문이다. 그러나 언어와 독자상은 전혀 관계가 없는 것이 아니다. 긍정적인 존재방식에서 관계할 수 없다고 해도 아포하라는 부정적 존재방식에서 관계할 수 있다. 끝없는 차이선을 발생하게 하는 '독자상' 이 적어도 하나의 차이선과 그 차이선을 공유할 수 있기 때문에 언어의 대상은 '독자상' 에 부정적으로 연동하는 것이 가능하다고 다르마끼르띠는 통찰한다. '지각차원의 차이선' 과 '추론차원의 차이선' 은 그 부정적인 차이선을 매개로 하여 간접적으로 연동할 가능성이 주어진다. 여기서 주의해야 할 것은, 그 연동은 어디까지나 네가티브한 아포하의 차이선에 의한 것이지 포지티브한 실수직선이 겹쳐지는 것은 아니라는 것이다. 이 네가티브한 연동이야말로 '부정적 인식' 이 완수하는 기능이다. 연동의 가능성은 지각된 형상의 존재를 인정하는 유형상론적 유식론에서 '양립 불가능한 존재의 인식' 에 있다고 말할 수 있다. 지각상으로서의 형상을 순간적 존재로서 획정할 수 있기 때문이다. 그러나 다르마끼르띠는 여기서도 질주를 계속한다. 다르마끼르띠의 철학적 시좌(視座)는 여기서 유형상론적 유식론에서 무형상론적 유식론으로 그리고 나아가 중관으로 전환한다.

궁극적 차원의 대상은 자발적·독립적 존재이며 융합(=동일화)도 분절화(=차이화)도 되지 않는다. 그러한 대상에 동일의 형상과 복수의 형상이 있다고 하는 것은 인식의 허구다. 그것(=독자상)은 '동일'이나 '차이' 등의 형상에 의해서 파악되는 대상일 수 없다. 왜냐하면 많은 차이를 가진 것은 (각각 차이화되고 있기 때문에) 그 하나의 (독자상)에 (단일화되는 것)은 불가능하기 때문이다. 모든 것으로부터 차이화되고 있는 (독자상의) 형상을 그대로 이해하게 하는 언어나 개념구상은 존재하지 않는다. 왜냐하면 그것들은 '일반상·보편'에 기초할 때에만 기능하는 것이기 때문이다. (『쁘라마나바르띠까』 제1장, p.87~91)

언어는 차이의 일부분에 부정적으로 연동할 뿐, 독자상이 가지고 있는 무한의 차이에 연동할 수 없다. 이런 의미에서 독자상에서 언어대상은 일치할 수 없다. 여기서 다르마끼르띠가 차이뿐만 아니라 비차이(=동일)도 개념구상이라고 말하고 있는 점에 주의를 기울여야 한다. 그러나 독자상과 연동하는 의미에서의 '차이'는, 개념 차원으로 이분된 '상대적 의미에서의 차이'가 아니라 그러한 '차이/비차이'를 나누고 있는 차이선 '/'이다. 다르마끼르띠 철학에서 궁극적 차원은 초월적으로 규정되지 않으며, 또한 그것은 지각이 깊어지면 논리가 차이선을 거슬러 올라감으로써 항상 그때마다 계속해서 더욱 심화된다. 언어와 개념구상은 그 극한적 지시기능을 가지고 있다고 해도 지각의 독자상에 적중할 수 없다. '독자상'으로 나아가려는 노력은 그때까지 고착된 '일반상'을 계속해서 해체한다. 그러나 그것은 그때마다 한순간 속에 '일반상화된 독자상'으로 반전해버린다. 어디까지나 아포하의 극한의 끝은 지각차원의 차이를 '중심의 비재'로서밖에 지시할 수 없는 것이다.

이와 같이 다르마끼르띠는 그 지시행위가 끝난 저쪽에 자기동일성을 가진 초월적 실체나 항존하는 신적 존재를 두지 않는다.

그의 '순간적 존재성'이라는 사상은, 거기서부터 그 자신의 사상적 체계의 자기동일성을 매순간 해체하고 비재화한다. 그에게 있어서 '독자상'은 거기서부터 엄청난 부정적 차이선을 중심에서 바깥으로 향하고 있는 '비재' 이외의 어떠한 것도 아니다. 여기서 다르마끼르띠는 개념구상력의 한계를 직시함과 동시에 순간적 존재성의 역동성을 직관한다.

> 따라서 개념구상의 대상에는 '효과적 작용을 하는 것'이 없다. 그러나 '독자상에 무상성 등이 없다'는 것은 아니다. 왜냐하면 무상성이란 '실재의 생동성' 이외의 어떠한 것도 아니기 때문이다. (『쁘라마나바르띠까스와브리티』 PVSV, p.43)

여기서 '실재의 생동성'이라는 표현에 주의하고자 한다. '독자상'에 대해서는 '생동성·차이'라는 빠듯한 표현밖에 허용되지 않는다. 그것은 '형상의 변동·생동성'에 의한 '존재의 시간화' 즉, '순간적 존재성' 문제를 부상시킨다. 다르마끼르띠의 인식근거는 고정된 절대적 진리로 점진적으로 접근하는 것이 아니라 자기 자신을 역행시켜 부정하는 벡터를 내장하고 있다. 그것은 본래 의미에서 '공성의 이론'이다. 이와 같이 다르마끼르띠의 '독자상'은 끊임없는 기성의 인식을 탈구축한다. 차이선의 연동은 행위주체에 의한 유효성·실용성이라는 의미에서 '단순한 프라그마티즘'에 근거하는 것이 아니라, 적어도 간접적으로 '독자상'이 발생하는 부정적 차이에 연동하지 않으면 안 되는 것이다. 그것은 끊임없는 인식주체의 자기부정과 관계를 맺는다. 그것은 '부정성'에서 눈을 다른 곳으로 돌리지 않는 철학이다. 지각의 대상으로서 독자상을 우리는 가장 가까운 존재라고 믿는다. 그러나 그것이 순간적 자기차이성으로서의 '독자상'이라고 한다면 가장 먼 존재임을 알게 될 것이다.

회광반조(廻光返照)하는 비재의 순간

'지금'의 직접성에는 이미 자기부정이 내재되어 있다. '존재', 그것은 자신이 자신과 같다고 하는 '동일성'의 근거다. 이에 대해서 다르마끼르띠의 '무상한 존재'는 존재 내부에 '비재'의 균열이 발생하고, 존재가 존재 그 자신을 차이화하는 것을 의미한다. 애초에 '존재'라는 자기동일성이 있고, 그것으로부터 차이화하는 것이 아니다. 나는 나 자신의 악이라는 꼼짝달싹하지 못하는 '나의 차이화'의 모순에 고투하는 것이 이미 '나의 차이성'을 시사하고 있는 것이다. 따라서 어디까지나 이러한 자기분열이 나의 동일성을 바라면서 멈추지 않는다. 동일성은 원해지고 있는 것이다. 그런 의미에서 차이는 동일에 선행한다.

> 자기 자신의 이야기를 남김없이 다 하는 사람이란 존재하지 않는다. ……타기해야 할 인간으로서의 자기를 만나는 것이 깊으면 깊을수록 자기 체험은 두드러지게 드러난다. 따라서 지금 만나고 있는 곳, 현재 있는 곳은 악(惡)의 세계다. 물론 그렇다고 해

도 그것이 반드시 악 그 자체라는 것은 아니다. 악이 자신 속에 깊이 각인되어 있다고 하는 자각을 통해 구원되는 것이 선(善)이다. 이것이 윤리학이라는 정면의 논의가 될 때 반대 형태를 취하고서 나타난다. 그런 의미에서는 공공연한 윤리학 내지 도덕을 장려하는 것들은 반대의 것을 말하고 있는 것이 된다. 영원한 선과 같이 동일률에 기초한 것으로서 당위로서의 의미를 가질 수는 있지만 그 이상은 아니다. (堅山欽四郎『惡』)

나의 기준으로 계량(計量)하는 선이나 악의 형편 등은 별것 아니다. 그와 같은 것은 '비재'로부터 회광반조(廻光返照)함으로 인해 이미 해체해버리는 것이다.

(친란은) 꿈에 삼부경(三部經)을 천 부 읽으려고 하는 자신을 만나 온몸에 땀을 흘리고, 스스로 놀라 의아해 하며 부끄럽게 여긴다. ……염불을 외우는 것에 불안감을 느끼고 무엇인가에 의지하려고 경전을 들어 올리다가 깜짝 놀라 제정신으로 돌아온다. ……스스로에 대해서 용서하기 힘든 자신을 만났던 것이다. 타인에게 말해보았자 이해할 수 있는 일이 아니다. 이렇게 홀로 있는 자신을 만나는 일이 없었다면 저 염불전수(念佛專修)의 타력신심(他力信心)은 생겨나지 않았을 것이다. (『앞의 책』)

정말로 모를 일이다. 슬프다, 친란이여. 진실로 모르는 애욕의 넓은 바다에 침몰하고 명리(名利)의 큰 산에 미혹하여, 정취(定聚)의 수(數)에 돌아가는 것을 기뻐하지 않고 진정한 증거에 다가가는 것을 즐거워하지 않고 부끄러워해야 하고 아파해야 한다.
(『教行信証』信卷)

자신 쪽에서 무한의 저쪽에 있는 '다른 존재'로 초월해가는 것이 불가능하다면 무한의 저쪽에서 회광반조(廻光返照)하는 것을 지금 순간 사멸하여 받아들일 수밖에 없을 것이다. 일부러 죽을 필요는 없다. 이미 나라고 하는 것이 비재화하고 있는 것이다. '나'라는 자기동일성이 해체되지 않으면 차이화하는 비재에 다른 것을 비출 수 없다. 내가 '타자'와 진정으로 만나는 것이 궁극적으로 불가능하다는 절망이 나를 비재화한다. 순간과 무시간적인 영원의 해후라는 독일 신비주의적 선종(禪宗) 해석은 여기서는 통용되지 않는다. '비재'는 영원으로의 귀입도 무시간적 안정도 아니다. 철저하게 '무상'의 시간성이라는 자기차이성에 의해서 일관된 '비재화'이기 때문이다. 이런 의미에서 자신의 죽음은 자신에게 있어서 절대적으로 이질적인 것으로, '타자와의 만남'이다. 자기가 자기 죽음을 경험할 수 없다는 것은 그것이 살아있는 나에게는 진정한 타자이기 때문이다. 다른 한편, '이타(利他)'라고 말하면서 나는 나임을 멈추지 않는 한 그것은 언제나 이미 '자기에게 유리한 타자'에 불과하다는 정신적 부채가 여기에 있다. 아무리 타자를 생각하려고 해도 '나만을 구해주소서'라고 기도하고, 은근히 '그 녀석만 없었더라면' 하고 생각하는 '나'라는 에고이즘을 드러낸다. 이 의미에서 자기라는 에고(ego)의 죽음은 타자다.

죽음은 나에게 있어서 한계이며, 나는 그것을 초월할 수 없다. 장례식과 사후세계라는 무한의 저쪽을 향하고 있는 저 언덕에 있는 것이 아니다. 가령 신체의 죽음이 아무리 통절한 비애와 공포라고 해도, '죽음'은 비재이며 거기에 있는 것은 불가능하기 때문이다. 이미 본 바와 같이 붓다는 다음과 같이 말씀하셨다.

아난다여! 너희들은 수행 완성자의 유골 공양(숭배)에 관여해서는 안 된다.

죽음이라는 타자와의 결정적 만남의 순간은 필연임과 동시에 우연이다. 그것은 나라는 자기동일성을 해체하고 단념하는 '비재'의 순간에 생의 한 복판에 가로놓여 깊게 각인되어 있다. 그러나 일상의 '나'는 이미 타자와 만나고 있음에도 불구하고, 거기서 나의 동일한 지속을 느끼며 타자의 개입을 허용하지 않는다. '비재'가 존재에 의해서 보전되고 자신과 타자라는 두 개의 존재에 가로놓여 있는 경계선이 존재화하여 마치 볼 수 있는 것처럼 공간화된 존재가 된다. 그렇지만 그 순간 진정한 '외부'나 '타자'도 거기에는 없다.

최종적인 정식 등은 없다. 그럼 '왜 그대는 나를 죽이는가? 왜냐구, 그대는 강 저쪽 편에 살고 싶지 않은가'라는 파스칼의 말이 다시 반향(反響)하고 있다. (레비나스『존재한다는 것은 다른 방식으로 혹은 존재하는 것의 저쪽으로』해설, 合田正人 참조)

실존으로서 죽음은 '자기의 죽음을 체험할 수 없다'라는 매개를 통해서만 근원적이다. 이미 본 바와 같이 자기의 죽음은 '비재'다. 이 '비재'의 발현하는 독자성으로서의 '죽음'을 '죽음이라는 것 일반'으로서 감성과 신체의 직접성에 존재화하는 것은 허구다. '자기라는 존재가 아닌 아우슈비츠의 대량살인', '히로시마 원폭투하', '신체의 자살, 타살' 등등, 감성적으로 자기동일성을 가지고 존재화된 죽음은 모두 실존으로서 자기의 죽음이 '비재'이며 대상화하는 것이 불가능하다는 것을 잊어버리고 있는 것이다. 교환 불가능한 죽음은 그 독자성이라는 점에서 또한 죽음은 비재인 한, 어떠한 목적에 대해서도 희생이 되어서는 안 된다. 그러한 존재화된 죽음을 죽음의 중심문제로 할 수는 없다. 죽음은 거기에는 없다. 비재가 곧 죽음이기 때문이다.

'비존재는 지각되는 대상이 아니다'라고 다르마끼르띠는 통찰한다. 죽음은 '비재'다. 그것을 감각적 확신에 의해서 '존재'로 믿어버리는 직접적 무매개성을, 헤겔은 이미 간파하고 있다. 프랑스 혁명에서 '자유·평등·박애'의 열광적 모습에서 죽음의 희생이 있다는 것, '마치 카펫이 잘려나간 것과 같은 길로틴에 의한 죽음'이라는 무매개의 죽음을, 그는 직시하고 있었다. '죽음'이라는 비재가 자기 소외되어 '백주 대낮의 광기'로 사나워지는 존재가 되는 것을, 헤겔은 계속해서 응시하고 있었다. 부정적인 것을 인내한다는 것, 어떠한 대의명분을 가지고 있다고 해도 '죽음이라는 비재'를 '존재화'하고 이용하는 것은 허용되지 않을 것이다. 나 자신도 확신한 저 감성적인 죽음의 암흑과도 같은 공포는, 개념의 노력을 받아들이는 철학적 노력을 통해서 비로소 그 허구성을 폭로할 것이다. 여기에 죽음이라는 비재를 '비재'로서 명확하게 인식하지 않고, 타자의 죽음이나 신체의 죽음에 의해서 보전해버리고 있는 것을 간과해서는 안 된다.

'비재'라는 타자

하이데거가 '함께 존재하는 것'이라고 말하면서 타자를 진정으로 생각하지는 않았다고 레비나스는 비판한다. 레비나스는 『존재에서 존재자로』의 대부분을 나찌 포로수용소에 갇힌 상태에서 썼다. 레비나스를 처음으로 매료시킨 독일의 철학자, 한때 나찌 당원이기도 했던 하이데거의 존재론은 '존재'의 풍부함과 관대함을 찬미했다. 역자인 사카이 나오키(西谷修) 씨는 「머리말」에서 다음과 같이 기록하고 있다.

그렇지만 이 풍부함과 관대함은 무엇을 초래했는가? 아우슈비츠는 아니었던가? 레비나스는 거기서 황폐화된 세계를, 아우슈비츠에서 인칭성을 빼앗긴 사람들을, 결국 비인칭의 세계를 보았던 것이다.

하이데거는 죽음으로 자신을 몰아갔다. 자신을 죽음 직전에 세워 거기서부터 '나는 이대로 죽음으로 끝나는 것인가?'라고 자신에게만 호소하고 있다. 그렇지만 그것은 존재라는 자신만의 것은 아니었을까? 거기에는 철저한 자기동일성이 전제되었던 것은 아니었을까? 레비나스는 비판한다.

실제 단독의 주체 속에 어떻게 해서 시간이 출현할 수 있을까? 단독의 주체는 자신을 부정할 수 없고 무를 가지고 있지도 않다. 이

타성이 나를 방문하는 것은 다만 타인으로부터일 뿐이다. (레비
나스『존재에서 존재자로』)

그러나 '타인이라는 무(無)'의 저쪽에 레비나스도 신으로서의 '얼굴' 즉, 역시 유대교의 '있으면서 있는 자(=스스로 있는 자)', 신의 존재를 보고 있다. 이에 대해서 다르마끼르띠는 '비재'를 비재로서 받아들이고 거기에 '존재'를 세우지 않는다. 요컨대 '비재'에 존재에 의한 시나리오를 쓰지 않는 것이 '무상의 철학'이다. '비재'라고 하는 것은 나의 죽음이며, 거기서 '나는 존재하지 않는다'라는 의미에서 무아이며, 그것이 '타자로서의 비재'다. '타자라는 존재'가 아니다. '비재'가 바로 '타자'다.

'독자상'의 '타자성', 그것은 자기동일성을 근거로 하는 모든 '타자 부재'의 사상에 대한 도전이다. 언어나 개념구상의 '타자'는 참된 '타자'가 아니다. 그것은 자신에게 유리한 '일반상으로서의 타자'다. 통상 '타자'라 부르는 것은 우리들 자신이 우리들 자신의 내부에서 '그렇게 있기를 바라지 않는 자기 자신'이나 '그렇게 있기를 바라는 자기 자신'을 외부로 투영한 것이다. 그와 같이 투영된 '외부의 부재를 충전하는 타자'는 '이지메의 대상'이나 '차별문제의 피차별자'에서 '환경문제의 환경이나 자연', '초월적인 절대적 인격신'까지 무한히 존재한다. 현재 존재하는 자기의 아이덴티티를 확보하기 위해서 끊임없이 타자를 자기 자신으로부터 계속해서 방출하기 때문이다. 이와 같이 부재의 장소에 허구된 '타자'는 그렇게 되면 간단하게 말살되어버린다. '타자'라고 결정하는 바로 그 당사자 자신의 자기동일성이 파괴되지 않는 한 진정한 '타자'는 미리 배제되어버리는

것이다. 진정한 의미에서 '타자'라고 하는 것은 자기 자신의 자기동일성이 해체되는 '자기차이성'이 아니면 안 된다. 만약 그렇지 않다면 '타자에 대한 행위'는 위선으로 끝날 것이다. 이 '독자상'의 '비재로서의 타자성'이야말로 다르마끼르띠의 철학으로 하여금 그 인식근거의 전환을 이르게 하여 질주하게 했던 것이다. 아마도 이것은 다르마끼르띠 모습의 자기동일성을 신앙하는 포스트 다르마끼르띠안에게는 이해하기 어려웠던 것임에 틀림없다.

말할 것까지도 없이 '존재'는 플라톤, 아리스토텔레스 이래 최고의 가치를 의미했다. 중세철학에서는 '완전성'이나 '진리'로서 신을 표시했다. 현대에 이르기까지 거의 모든 철학의 배후에는 '존재'가 은밀하게 전제되어 있다. 하이데거나 레비나스도 예외는 아니다. 오직 예외적으로 사르트르는 '존재'에 구토를 일으켰다. 그것은 혁명적이기조차 하다. 이미 앞에서 소개한 바와 같이 소설 『구토』 속에서, 공원의 마로니에 나무뿌리를 보는 순간 앙뚜안 로깡땅은 다음과 같이 말하고 있다.

존재하는 것은 단지 거기에 있는 것이다. 도처에 무한히 존재하며, 헤아릴 수 없이 존재하며, 언제 어디서나 존재하는 것, 그것은 존재에 의해서밖에 한정되지 않는다. 그것은 혐오해야만 하는 것이었다. 부빌의 부르주아들은 이 구토를 피하려고 한다. 그들 속물들은 자신들이 충분히 (존재) 이유가 있다고 믿고 있다. 타인에 대해서 위엄을 세우는 것만이 그들의 유일한 관심사다. 로깡땅으로서는 그것이 마치 익살스러운 어릿광대 연극처럼 보인다. 그들은 자신이 본래 아무 것도 아니라는 것을 전혀 알지 못한다. ……로깡땅은 한 번도 자신의 존재가 무의미하다는 사실에 대해서 의식한 적이 없는, 그들 응고된 인물을 향해서, 좋지 않은 말을 내뱉고서 떠났다. '안녕! 아름다운 백합이여! 우리들이 과시하는 우리들의 존재 이유여! 안녕 속물들이여! (松浪信三郞『사르트르』)

사르트르는 자신과 존재 사이에 '무'를 분비한다. 이 '무'가 '자유일지도 모른다'라고 하는 실존의 필연성을 부여한다. 하지만 다르마끼르띠에 있어서 존재 그것은, 한순간도 머물지 않는, 이미 '비재'인 것이다. 거기에 새삼스럽게 '무'를 분비하여 개재시킬 여가가 없다. '존재'는 이미 '비재'다. 그렇다면 '나의 죽음'은 어디서 일어나고 있는 것인가? 나의 죽음이 대상으로서 '비재'라고 한다면 남아 있는 장소란 무엇인가? '비재'는 '장소'를 가질 수 없다. 그렇기 때문에 죽음이란 지금 여기서 창발되는 삶의 직전 순간의 일인 것이다. 삶이 처음부터 죽음을 내장하고 한순간 속에 비재화하는 것이라면 죽음은 삶의 직전의 비재인 것이다. 지금 나는 그 비재로부터 창발하고 그것으로부터 새롭게 생기하는 순간의 비재, 언제나 이미 나의 삶을 회광반조(廻光返照)하여 그것으로부터 창발하게 되는 '비재의 순간', 이 비재가 나 자신의 자기동일성을 언제나 이미 자기차이화하는 것이다. 따라서 존재에 대한 근거 등은 없다. 근거 없는 무명(無明)인 것, 그렇기 때문에 근거는 전환될 수 있는 것이다. 다만 이 '근거의 전환'은 무명의 광기를 철저하게 '무명'으로서 살아가야만 비로소 '무명의 비재'로 전환한다. 그것은 논리적으로는 증명되었다고 해도 나와 같은 존재에게는 몸을 버릴 각오가 필요하다.

나는 '나의 죽음'이라는 '비재'를 내장하고 자기차이화하여 한순간도 머물지 않고 죽는다. 그 순간에 새로운 순간이 섬광처럼 번쩍이면서 창발한다. 그렇지만 이미 기술한 바와 같이 우리들은 객관적으로는 시계의 수평시간 속에서 죽지 않으면 안 된다. 삶은 미제(未濟)인 채로 절단되는 것이다. 이 고통스러운 사실, 다시 회복할 수 없는 사실, 그러나 '비재'로서의 '나의 죽음'은 거기에는 없다. 죽음은 존재가 아니라 '비재'이기 때문이다. 장켈레비치의 표현과 중복되지만 다시 반복해보자. 우리들의 되돌릴 수 없는 1회 한정의 절단은 '비재'를 발현하게 하고 새로운 순간의 섬광을 촉발한다. '되돌아갈 수 없다'는 한계가 어떠한 것에 의해서도 대체할 수 없는 일회성의 순간, 또한 어떠한 것에 의해서도 소거할 수 없는 순간적 존재의 섬광이 되는 것이다. 이것이 우리들을 '오직 유(有)인 존재'와 '오직 무(無)인 부재'에서 청렬하고 새로운 '비재의 자유'로 해방한다. 다르마끼르띠는 바로 이것을 인식근거(쁘라마나)에 의해서 해명하려고 했던 것이다. 다르마끼르띠의 필생의 철학적 노력은 반드시 이 '섬광처럼 빛나는 자유의 순간'에 주목하고 있었음에 틀림없다.

제9장

「반순간적 존재성 논증」과 「신의 존재 논증」에 대한 비판

제9장
'반순간적 존재성 논증' 과
'신의 존재 논증' 에 대한 비판

우다야나(최강의 안티 다르마끼르띠안)

이미 제1장에서 기술한 바와 같이, 다르마끼르띠는 '순간적 존재성'을 증명함으로써 그가 생각하는 불교 이외의 모든 학파를 논적으로 돌렸다. 그리고 이것은 바꾸어 말하면 그들 사상군으로부터 역비판이라는 반격을 받는다는 것을 의미했다. 지금까지 세 개 유형의 '순간적 존재성'에 관한 다른 학파의 반론을 각 장에서 부언하였지만, 다르마끼르띠를 둘러싼 논쟁 가운데 특히 니야야학파와 벌인 논쟁은 격렬했다.

일찍이 나가르주나는 쁘라상가를 구사하여 『니야야수트라』를 비판하였지만, 그 뒤 역으로 바수반두와 디그나가에 대해서 니야야학파의 웃도따까라(550~610년경)가 『니야야바르띠까』를 써서 반격했다. 다르마끼르띠의 비판대상은 이 웃또따까라에 집중하고 있다. 그에 대해서 바짜스빠띠미슈라가 『다뜨하리야디카』를 저술하여 다르마끼르띠를 비판한다. 또한 다르마끼르띠에 준거하는 쁘라즈냐까라굽따에 대해서는 바사르바자니아(860~920년경)가 니야야학파의 입장에서 예리하게 비판하지만, 그 양자를 (상카라스와민 등을 포함하여) 불교논리학파의 최종단계 사상가인 즈냐나스리미뜨라가 다시 한 번 비판하고 있다. 그러나 니야야학파의 반격은 전과 다름없이 이어지고 있다. 우다야나(1050~1100년경)는 지금까지의 '반(안티) - 순간적 존재성' 논증을 종합함과 동시에 '항상적 존재성 논증'의 시점에서 '순간적 존재성 논증'의 최종도달점에 위치하는 즈냐나스리미뜨라와 라뜨나끼르띠를 직접 비판하기 위해 『아뜨마따뜨바비베까』(Ātmattatvaviveka, 아뜨만의 진실논증)를 저술했다. 그는 그 제1장을 순간적 소멸론의 비판에 두고 최종장과 『니야야꾸스만자리』(Nyāyakusmañjarī, 일획의 논리의 꽃)에서 주재신의 존재증명을 전개하고 거기에서 '다르마끼르띠에 준거하는 사람'으로서 바로 다르마끼르띠와 즈냐나스리미뜨라를 지목하여 비판하였다. 그 뒤 불교논리학의 최종도달점을 제시한 목샤까라굽따의 뛰어난 강요서와 함께 불교논리학파는 인도사상의 무대에서 자취를 감추었다. 다른 한편 신니야야학파의 강게샤(Gaṅgeśa, 1320년경을 중심으로 활약) 등이 일종의 관계논리학이라고 부를 수 있는 실재론적 카테고리 논리학의 시점에서 즈냐나스리미뜨라의 논증을 공격하고 있다. 그 외에 자얀따밧따(Jayanta Bhaṭṭa)의 『니야야만자리』(Nyāyamañjarī), 나아가 미망사학파의 꾸마릴라, 자이나학파의 아까란까(720~780년경), 베단타학파의 상카라 등에 '반순간적 존재성 논증'을 볼 수 있다. 또한 마드바(Mādhava, 1368년경)는 『사르바다르샤냐상그라하』(Sarvadarś anasaṃgraha)에서 즈냐나스리미뜨라의 서두 부분을 인용하고 있다.

과연 다르마끼르띠는 부정되었던 것일까? 그렇지 않다. 수많은 비판이 그러하듯이 거기에는 근본적 오해라고 할 수 있는 인식근거의 해소할 수 없는 차이가 내재하고 있다. 얄궂게도 많은 사상의 전개가 이러한 숙명적 오해에 기초하고 있다. 비판대상으로서의 '타자'는 입론자가 구축한 허구이기 때문이다. 일반적으로 논의가 서로 맞지 않고 결렬되어버리는 것은, 같은 언어나 논리를 사용하면서 논리를 적용하는 대상영역이 양자가 전혀 다른 존재론이나 인식론에 의해서 엇갈리는 경우에 발생한다. 그렇다면 여기에는 어떠한 차이가 있는 것일까? 우선 결정적 차이는 우다야나가 처음부터 신이 존재해야 할 초감각적 세계를 도입하여 논리의 대상영역을 초시간적·초월적 담론과 시간적·경험 가능한 영역으로 이분하고 있는 것이다. 반면 다르마끼르띠는 어디까지나 시간적·경험 가능한 영역에 멈추어 서 있다. 그 가운데 '초시간적 존재'라고 굳게 믿고 있는 대상에 쁘라상가를 작열시켜 순간적 존재라는 시간성을 부상시키고 있는 것이다.

니야야학파는 실재론적 인식론에 기초하고 있다. 그들의 진리기준은 "존재하고 있는 것을 '존재하고 있는 것'으로 인식하고 존재하지 않는 것을 '존재하지 않는 것'으로 인식하는 것"이라는 대응설에 있다. 인식의 타당성을 결정하는 것은 인식 그 자체가 아니라 외부의 실재다. 이 외부 실재의 진리성이 외부의 극한으로서 초월적 신에 의해서 보증되지 않으면 안 되기 때문에 그들은 신의 존재를 증명하였다. 인식의 대상은 궁극적으로 외부의 신의 형상에 의해서 결정되어 버리는 것이다. 이것은 인식 그 자체는 형상을 가지지 않는다고 하는 전형적인 무형상인식론이다. 신의 존재는 본래 증명 이전의 문제였다고 생각하지만, 다르마끼르띠의 '신의 존재논증'의 불가능성의 비판을 받고서, '신의 존재'를 논증하지 않으면 안 되었다고 할 수 있다. 혹은 디그나가나 다르마끼르띠가 붓다를 인식근거로 보는 것에 대항하기 위해 요청되었을지도 모른다. 이미 기술한 바와 같이 양자의 인식론과 존재론의 차이는 결정적이며 특히 '시간'을 어떻게 생각하고 있는가에 대해서 뚜렷한 대비(contrast)를 보이고 있다. 바이세시카학파의 범주를 근거로 하는 니야야학파는 '시간'을 '존재'로부터 단절시켜 독립의 실체로 보고 있다. 그 자체는 시간적인 것이 아닌 범주로서의 '시간'은, 실체로서의 시간을 지시체로 하고 있다고 생각하고 있다. 하지만 불교는 그와 같은 시간을 허구로 본다. 그 경우 '순간'은 '실체시간의 극소'가 아니라, 시간을 존재로부터 절단하지 않고 '순간적 존재'로 문제 삼고 있는 것이다.

아마도 다르마끼르띠에 준거하는 포스트 다르마끼르띠안에 대한 최강의 논적은 우다야나일 것이다. 과연 다르마끼르띠의 철학은 이 비판을 막아낼 수 있는가? 바라타차리, 시바꾸마라, 차트라레카케르 박사 등의 연구를 참고하여『아뜨마따뜨바비베까』(Ātmatattvaviveka)의 개요를 살펴보고자 한다.

(1)『아뜨마따뜨바비베까』의 서두의 스탄자(시구)를 우다야나는 신의 신앙고백에 바친다. 이 책은 존재의 항상성과 아뜨만을 부정하는 불교를 최대의 논적으로 보고, 아뜨만의 존재를 증명함으로써 신의 존재, 베다의 진실성을 확정하고자 한다. '신은 세계의 주인이며, 세계를 창조하고 유지하는 분이며, 인간으로 하여금 행복한 길로 가게 하고 불행한 길로 가지 않게 하는 결정자

이다. 그의 순수한 자비는 사람들에게서 불행을 제거하는 행위가 되어 나타난다. 인식근거(쁘라마나)는 고뇌로부터의 탈출을 가능하게 한다. 아뜨만의 실상은 다른 실상과의 관계에서 인식할 수 있는 것이다' 라고 우다야나의 시구는 읊고 있다.

아뜨만의 항상성은 신의 영속성으로 뒷받침되고 있다. 그것이야말로 인식근거에 의해서 신의 존재를 추론할 수 있는 것이 된다. 이에 대해서 다르마끼르띠는 다음 장에서 보는 바와 같이 인식근거(쁘라마나)를 순간적 존재로 보고 있다. 그러한 한 진리는 항상한 것이 아니라 순간적으로 그때그때마다 창발하는 것이 된다. 여기에 이미 결정적 차이가 있다.

(2) 불교의 아뜨만 부정은 (A) 순간적 소멸에 의해서 아뜨만의 항상성을 부정하는 것을 겨냥하고 있다.(아포하 이론에 의해서 언어의 지시대상의 실재성을 부정하는 것을 포함한다.) (B) 외적 대상의 부정에 의해서 아뜨만의 초월 실체성을 부정한다. (C) 성질과 기체(성질을 가진 것)의 구별의 부정에 의해서 아뜨만의 기체성을 부정한다. (D) 부정적 인식에 의해서 인식 불가능한 아뜨만의 초월적·초감각적 존재성을 부정하는 것을 겨냥하고 있다.

우다야나는 이 문제의 순서에 따라 4장으로 나누어 비판한다. 제1장은 순간적 존재성 논증에 대한 반론이다.

우다야나의 반순간적 존재성 논증

(1) '모든 존재하는 것은 순간적인 것이다' 라는 긍정적 필연성은 성립할 수 없다. 항상적인 것은 효과적 작용능력이 있다는 것과 효과적 작용능력이 없다는 것이 공존하고 있기 때문에 부정된다는 것은 성립할 수 없다. 효과적 작용능력은 '주요원인+보조원인' 에 의해서 부여되는 것이기 때문에 기체 존재의 주요원인은 지속하고 있다고 해도 결과가 있는 순간과 없는 순간 상태는 가능하기 때문에 필연성은 없다. 또한 동일한 기체에 '유능력' 과 '무능력' 이 있다고 해도 모순되지 않는다. 동일한 기체로서의 존재에 보조원인이 접근할 때 능력을 가지며, 보조원인이 결여할 때 능력을 상실할 수밖에 없다. '동일한 대상이 보조원인을 갖는다는 것과 보조원인을 갖지 않는다는 것은 모순하기 때문에 다른 두 개의 순간적 존재로 나누지 않으면 안 된다' 라는 불교의 견해는 부정된다. 이와 같이 성질의 차이가 곧 다른 존재를 의미하는 것은 아니다.

    이것은 이미 본 바와 같이 바짜스빠띠미슈라의 주장과 같은 반론이다. 이것에 대한 다르마끼르띠의 비판은 이미 이 책 제5장에서 살펴보았다.
    다음에 즈냐나스리미뜨라가 유형2의 순간적 존재성 논증의 전제로 삼았던 '언어의 적합성' 을 비판한다.

(2) '능력에서 지연한 적이 없는 생기'는 불가능하다. 지연은 보조원인 결여에 의한다. 만약 그렇지 않다면 창고에 쌓여 있는 종자도 발아해버릴 것이다.

이것은 다르마끼르띠가 이미 원인총체라는 개념으로 답하고 있다.

(3) 이와 같이 존재성과 순간성의 긍정적 필연성이 결정되지 않을 때 부정적 필연성도 결정되지 않는다. 부정적 필연성을 앞서 결정하려고 해도 우선 처음에 존재성과 순간성이 실재하지 않으면 안 된다. 비실재의 존재를 지시하는 것은 무의미하다. '토끼의 뿔'이라는 모델을 적용할 수는 없다. 불교에 있어서 이중으로 묘사되어야 하는 것은 순간적인 존재이며 지속하지 않기 때문이다. '비순간적인 존재'라는 반정립(불교에 있어서 거짓인 존재)은 실재하지 않으면 안 된다. 불교에 의하면 '비순간적인 존재'는 결코 존재하지 않기 때문이다. 비실재인 존재는 어떠한 경우에도 인식할 수 없다. '토끼의 뿔'은 '병의 비존재' 개념구상과는 다르다. 병은 다른 장소에 존재하기 때문이다.

이 문제는 제6장 '토끼의 뿔은 예리한가, 그렇지 않은가'라는 절에서 '반소증거척 인식근거'에 관해서 '논증주제가 성립하지 않는다'라는 반론으로서 고찰하였다.
다음에 자발적 소멸론(무인소멸론)의 비판으로 들어가보자.

(4) (A) 소멸이 무인이라면 (소멸이 발생하는 시간은 제2순간이

아니라 제1순간의 존재와 겹쳐지는 것으로 되기 때문에) 소멸과 소멸한 존재는 동일하며 세계의 다양성은 없게 된다.

(B) 제1순간의 존재가 제2순간에 지속하지 않으면 소멸은 그 존재의 성질이 아닌 것으로 된다. 이하의 순간은 모두 같은 조건이기 때문에 어떤 대상이 소멸할 때 그 대상을 이하의 순간에 있어서 동일화(identify)할 수 없게 된다.

(C) 소멸이 (외적인 원인이 없이) 대상 그것에 의해서 초래된다고 한다면 대상 그것이 원인이기 때문에 원인이 있는 것이 된다. 만약 그렇지 않다고 한다면 다른 사실(fact)이 원인이며 그것은 보조원인인 것이다.

(D) '소멸이 존재를 변충한다' 라고 당신이 말해도, 소멸과 존재 사이에는 '그것 자체인 것' 도 '그것으로부터 발생한 것' 도 없다. 당신이 생각하고 있는 절대부정으로서 비존재와 존재는 같은 것으로 규정할 수 없고, 그와 같은 비존재에 관해서 인과관계는 적용할 수 없기 때문이다.

(E) 불교의 논증식, '소멸은 무인이다. 왜냐하면 그것은 비존재이기 때문이다. 비존재는 원인을 가지지 않는다. 가령 선행적 비존재와 같고 또한 병이 없는 것과 같다' 라는 것은 성립할 수 없다. 왜냐하면 '선행적 비존재는 원인에 의해서 소멸함으로써 존재가 발생하기 때문이다. 소멸과 같고 또한 병과 같다. 만약 선행적 비존재가 원인을 가지지 않는다고 한다면 그것은 소멸하지 않는다. 왜냐하면 원인이 없기 때문이다. 가령 허공이나 토끼의 뿔과 같다.' 이와 같은 반대논증이 가능하기 때문에 논증은 결정성을 상실한다.

(A)와 (B)에서 보면 우다야나는 제1순간의 존재가 보조원인을 상실함으로써 제2순간까지 지속하고 있는 그 존재가 소멸이라는 속성을 갖는다고 생각하는 것 같다. 그러나 이 실재론적 반론에 의해서 존재의 자기차이성으로서 소멸이라는 것과 소멸은 속성이 아니라 절대적 부정에 의해서 존재 그것이 비존재가 된다는 다르마끼르띠의 반실재론을 논파할 수는 없다. 기체와 속성과 보조원인의 구별을 다르마끼르띠는 '원인총체' 속에 해소시켜버리기 때문이다.

(C)에 관해서는 다르마끼르띠는 텍스트에서 확실히 '존재의 자기원인'이라는 표현을 하고 있다. 그러나 이미 제2장에서 살펴본 바와 같이, 그 뒤에 '소멸이라는 비존재에 대해서 통상의 두 순간에 걸치는 의미에서의 인과관계를 설정할 수 없다'는 것을 말하고 있다. 그렇기 때문에 존재는 자발적으로 소멸하는 것이며, 그것이 순간적 존재라고 규정했던 것이다.

(D)에서 소멸을 '소멸이라는 존재'로 보는 우다야나와 '단적으로 존재하지 않는 것'으로 보는 다르마끼르띠가 첨예하게 대립하고 있다. 우다야나는 불교의 '비존재'라는 사고를 역으로 이용하여 쁘라상가를 구성하여 제시하고 있다. 그러나 이미 살펴본 바와 같이 '그것 자체인 것'은 다르마끼르띠에 있어서 '동일성'을 의미하지 않는다. 그것은 '자기차이성'을 의미한다.

(E)에서 우다야나는 '비존재'를 실체로 보고 '선행적 비존재'가 원인에 의해서 소멸하지 않으면 존재가 발생할 수 없다고 본다. 마찬가지로 '후시괴멸(後時壞滅)'이라는 비존재를 발생하는 것이 소멸하는 것을 의미한다고 생각하고 있다. 그것을 발생시키기 위해서는 원인이 필요하다는 것이다. 강게샤도 『따뜨바찬다마니(진리로 빛나는

보배구슬)』에서 즈냐나스리미뜨라의 텍스트를 인용하여, '비존재' 가 실재라고 하는 시점에서 비판한다. 이에 대한 다르마끼르띠의 입장은 (D)에서 '절대적 부정에 의한 비존재'를 제시한 것으로 마무리한다.(이 책 제2장 참조)

끝으로 우다야나는 '재인식이 있는 것'을 근거로 다음과 같이 '존재의 항상성 논증'을 시도한다.

주장 : 존재는 그 생기의 순간을 초월하여 동일하게 머문다.
이유 : 왜냐하면 (재인식된 것에는) 모순하는 형태가 없기 때문이다.

이것은 시간 그것의 항상성과 지각이 개념구상을 포함한다는 니야야학파의 존재론·인식론을 기저에 둔 논증이다. 그런데 이 논증 형식이 정합성을 가지고 있다고 해도 다르마끼르띠와는 완전히 반대의 귀결을 논증하고 있다. 그러나 이미 다르마끼르띠는 '(재인식된 것에는) 모순하는 형태가 없기 때문'이라는 논증인을 『헤뚜빈두』에서 거부하고 있다. 다르마끼르띠는 "무한한 재인식의 사례를 전부 검증하여 (모순하는 형태가 없는 것)을 확인하는 것은 불가능하다"고 말한다.

우다야나에 의한 아포하 이론 등에 대한 비판

다음에 「아포하 이론 비판」으로 들어가보자.

(1) 언어의 대상은 '타자의 배제'와 같은 부정적인 것을 전혀 개재시키지 않는다. 즈냐나스리미뜨라는, 대상은 부정을 동반한 긍정적 형상이라고 하였지만, 동일한 대상에 긍정과 부정은 공존할 수 없다. 또한 지각의 대상으로서 독자상은 긍정적 형상이며 개념에 의한 허구는 형상이 없다고 한다면, 지각대상과 추론대상은 전혀 다른 것이 될 것이다. 또한 추론은 모두 허구가 될 것이다.

(2) 다른 인식근거는 동일한 대상을 지시하고 있는 것이다. 지각에서도 그것 이외의 대상은 지각되고 있다. 그렇지 않으면 다른 것으로부터의 차이는 전혀 인식되지 않을 것이다. 독자상과 일반상(개념)이 구별된다면, 개념으로부터의 행위는 완전히 빗나가버리게 될 것이다.

(3) 일반상은 독자상에 내속하여 동시에 지각되지 않으면 안 되는 것이다. 만약 그렇지 않으면 불교의 언어, '궁극적 차원에 있어서 독자상'을 비롯하여 모든 언명은 과녁을 벗어나버리게 될 것이다.

제1의 전반의 비판에 대해서, 즈냐나스리미뜨라는 '상대적 부정'에 근거해서 피할 수 있을 것이다. 제1의 후반과 제2의 비판은 이미 뜨리로짜나와 바짜스빠띠미슈라가 말하고 있는 것이며 이것은 지각과 추론을 구별한 불교인식논리학 이론의 급소를 찌르는 비판이다.

이러한 공격을 피하기 위하여 다르마끼르띠는 아포하의 부정적인 차이선을 거슬러 올라가고, 즈냐나스리미뜨라는 뒤에서 보는 바와 같이 요가에서 일반상을 독자상으로 변환하는 것을 시도했다. 이에 의해서 제3의 실재론에서 나오는 비판도 피할 수가 있다. 우다야나는 '일반상은 이미 독자상 속에 내속하지 않으면 안 된다' 라는 철저한 무형상인식론으로서의 실재론을 취하고 있다. 이 문제는 이 책 제10장에서 상세히 기술할 것이다.

다음으로 제2장 「외적 대상의 부정에 대한 비판」으로 옮겨가보자.

[1] 불교의 관념론은 외적 실재로서 아뜨만을 부정하지만, 그것은 (A) 궁극적 차원에서 '직접대상으로서 파악되는 것' 과 '파악하는 것' 과의 사이에 '차이가 없기' 때문이라는 의미에서 부정하는 것인가? (B) 그 두 가지가 차이가 없는 동일한 집합에 속하기 때문인가?

(C) 직접적 대상만이 비실재라는 의미인가? 이하 각각의 경우를 비판한다.

(A) 어떤 두 개의 존재를 동일한 것으로 보기 위해서는 그 전에 양자의 차이가 전제되지 않으면 안 된다. 그 두 가지는 '인식되는 것' 이라는 성질과 '인식하는 것' 이라는 성질에 의해서 분리되고 있는 것이다. 또한 차이가 없다면 ('대상' 과 '그 인식' 이 동시에 대응하여 필연적으로 짝으로 인식된다)라는 표현은 불가능할 것이다. 또한 그대의 아포하 이론은 적용할 수 없게 될 것이다. 왜냐하면 아포하(타자의 배제)는 차이에 근거하고 있기 때문이다.

(B) 불교는 외부와 내부 양자를 공관(空觀)에 의해서 부정하지만 독자상으로서 푸른색의 존재는 부정하지 않는다. 이것은 모순이다.

(C) 대상은 표현할 수 없기 때문에 또한 인식할 수 없기 때문이라고 해도 그 대상이 실재하지 않는 것을 귀결할 수 없다. 태어날 때부터 앞이 안 보이는 사람이 푸른 옷을 기술할 수 없는 것과 같다. '공'이 궁극적 차원이라면 독립적으로 증명되지 않으면 안 된다. 만약 일상성의 차원이라면 증명은 무한 후퇴가 된다. 또한 비실재의 '토끼의 뿔'은 존재하지 않는다. '어디에도 존재하지 않는다', '어디에도 실재하지 않는다'라는 불교의 언명은 자기모순이며 무의미하다. 왜냐하면 그는 그 자신의 존재를 부정할 수 없기 때문이다. 인식의 정합성은 외적 대상에 의존해서 타율적으로 결정되지 않으면 안 되는 것이다. 지각은 자율적으로 자신의 참된 본성(眞性)을 결정할 수 없는 것이다.

이들 우다야나의 비판 가운데 (A)는 불교와 니야야학파의 존재론의 결정적 차이에 기인한다. 니야야학파는 실재론의 입장에서 A=B와 같이 동일한 것으로 규정되기 위해서는 우선 적어도 두 개의 존재(A=A와 B=B와 같이) 자기동일성을 보존함으로써 상호간에 구별되지 않으면 안 된다고 한다. 불교는 니야야학파가 전제하고 있는 대상의 자기동일성(A=A와 B=B)의 해체를 목적으로 한다. 우다야나의 비판은 다르마끼르띠를 실질적으로 논파할 수 없다. 그것은 물론 역으로 실재론 자체의 성립근거를 위협한다.(또한 '차이가 없는 것'은 반드시 '동일한 것'을 의미하지는 않는다.)

(B)는 불교내부에서 '공'을 주장하는 중관파와 지각대상의 존재를 주장하는 경량부나 유식론의 대립·모순을 비판한 것이다. 이것은 다르마끼르띠가 동일한 텍스트 속에서 기술하는 시점을 동일한 그대로 고정하지 않고 바꾸고 있는 것을 비판하고 있는 것이라 생각할 수 있다. 가령 이미 본 바와 같이 다르마끼르띠는 『쁘라마나바르띠까』 제3장(지각장)에서는 경량부→유형상유식→무형상유식→중관→인식론적 논리주의(쁘라마나바다)와 같이 시점을 이행시키고 있다. 그러나 시점의 이행에 대응하는 콘텍스트(context)의 이행을 고려한다면 모순은 이와 같은 이행에 의해서 해소되기 때문에 우다야나의 비판은 다르마끼르띠에 대해서 유효하지 않다. 이와 같이 입장을 이행해가는 것은 우다야나로서는 참기 어려웠음에 틀림없다. 왜냐하면 그도 자신의 인식론을 외부의 실재로 이행하지만, 그러나 최종 도달 지점으로 신을 설정하기 때문이다.

(C)의 전반은 다르마끼르띠가 논리의 적용범위를 경험 가능영역으로 한정하기 위해서 '부정적 인식'에 '지각 가능한 대상인 것'이라는 조건을 붙이고 있는 것에 대한 비판일 것이다. 확실히 '지각 가능한 대상'이 아니라고 해도 초경험적 존재는 실재하고 있을지도 모른다. 그러나 그것은 어디까지나 '존재하고 있을지도 모른다'라는 가능성이지, '초경험적 대상이 존재하는 것'을 적극적으로 증명하는 것은 아니다. (C)의 후반은 '어떤 존재 A의 존재를 부정하기 위해서는 부정대상으로서 A는 무엇인가의 의미에서 존재하지 않으면 안 된다'라는 마이농적 실재론으로부터의 비판이다. 이에 관해서는 이미 이 책 제4장과 제6장에 걸쳐서 고찰하였다. 이 우다야나의 비판을 피하는 제1의 해석은 '반소증거책'을 인식근거로 간주하기 위해서 채

용한 '절대적 부정'에 의한 해석이며, 제2의 해석은 즈냐나스리미뜨라가 한 해석이다. 그것은 '공허한 장소로서의 인식 그것'을 대항자로서 지금의 대상을 부정하는 '상대적 부정'에 의한 해석이다. 이 두 개의 해석 가능성은 다르마끼르띠의 저술에서 볼 수 있다. 또한 우다야나가 했던 비판은 개념구상으로서 '존재하지 않는 것'이라는 일반상을 어떻게 지각할 수 있는가라는 비판이기도 하다. 이것과 같은 문제는 다음 장에서 상세하게 기술하겠지만 "일반상 사이의 변충관계가 지각되지 않으면 추론이 성립할 수 없는 것 아닌가?"라는 니야야학파의 반론자(뜨리로짜나, 870~930년경)의 비판에서 볼 수 있다. 그에 대해서 다르마끼르띠와 즈냐나스리미뜨라에 준거하는 목샤까라굽따는 다음과 같이 답한다.

> 그와 같은 오류는 범하지 않는다. 왜냐하면 앞의 '지각의 대상은 독자상이다'라는 정의는 지각이 독자상 이외의 존재와는 전혀 결합하지 못한다는 의미에 있어서 독자상만이 지각의 대상이라고 말하는 것이 아니라, 지각은 독자상과도 결합한다는 의미(ayogavyavaccheda, 비결합의 배제)에서 독자상은 지각의 대상이라고 말하는 것이다. 즉, 일반상도 또한 지각의 대상이 되는 것을 방해하지 않는다. 〔梶山雄一 『따르까바샤』(논리의 언어), p.45〕

'A는 B이다'라고 할 때 A가 B 이외의 존재와 결합하는 것을 부정하지 않는 경우 즉, A가 B 이외의 존재로도 있을 수 있을 때 'A는 B와의 비결합을 부정한다'라는 의미에서 '아요가비야바체다(ayogaviyavacceda, 비결합의 배제)'라고 말한다. 반면 A가 B 이외의 존재와 결합하는 것을 부정하는 경우 즉, A가 B만일 때 'A는 B 이외의 존재와의 결합을 부정한다'라는 의미에서 '아니야요가비야바체다(anyayogaviyavacceda)'라고 말한다. 이 해석은 뒤에서 보는 바와 같이 다르마끼르띠의 정의 속에서 읽을 수 있다. 이 정의를 적극적으로 확장하여 해석함으로써 요가에서 지각은 일반상으로부터 독자상으로 길을 개척해가는 것이 가능한 것처럼 보인다. 이것은 뒤에서 상세히 기술할 것이다.

다음에 우다야나는 유식론이나 중관파를 근거로 하는 불교논리학파를 외계실재론의 입장에서 비판한다.

〔2〕꿈속에서 했던 경험은 눈을 떴을 때 행위자와 행위와 시간·공간의 결합관계에 관해서 부정합적이기 때문에 부정된다. 다른 한편 눈을 뜬 상태에서는 어떤 존재의 부정은 다른 대상에 의해 대체되며 그 결합관계는 부정합이 된다. 따라서 외적 대상은 리얼한 것이다. 불교나 아드바이뜨·베단타(불이일원론)와 같이 그것을 무시하는 것이 아니라, 니야야학파는 그 외부의 정합적인 실재성에 정열을 가지고 향한다. 내부는 꿈과 같이 닫혀져 있기 때문이다.

이것은 『유식이십론』 등 관념론의 시점에서 제시된 '꿈의 사례'를 공격하는 것이다. 관념론과 외계실재론의 해묵은 전형적 논쟁 사례다. 꿈속의 정합성을 부정하는 것은 그 꿈의 외부로서 깨어 있는 상태이며, 깨어 있을 때 관념 사이의 정합성을 해체하는 것은 그 개념 구상의 외부의 외적 대상이 아니면 안 된다는 우다야나의 지적은 예리하다. 어떤 시스템의 내부인 게임이 성립하고 있는 한 그 시스템은 정합적이라고 믿게 되며 부정합성은 알려지지 않기 때문이다. 양자의 존재론 차원의 차이에서 항상 의견이 결렬되지만, 이 난문은 다르마끼르띠 측에 입각하면 이미 보았던 불교의 이중진리론(二諦說)에 의해서 해결될 것이다. 다르마끼르띠와 우다야나의 차이는 우다야나가 '외부'를 외적 대상에서 주재신으로 '외부의 방향'에서 구하는 것에 대해서, 다르마끼르띠는 일상성 차원을 자신의 한계로 느끼는 '역행하는 인식론'에 의해서 궁극적 차원을 '안으로 향하여' 유입시키는 것에 있다. 이 문제를 단순히 '관념론'과 '외부실재'의 의견의 결렬로 끝내버릴 것이 아니라 장래의 철학을 향해 고찰하면 '외부의 방향'과 '내부의 방향'이 교차하는 순간점을 볼 수 있다. 그것은 이 책 제1장에 제시한 비트겐슈타인의 '주변에 의해서 우선 고정되어 있는 부동점'의 문제가 될 것이다. 다르마끼르띠의 이중진리론은 두 개 차원의 양끝이 고정되어 있지 않기 때문에 일상성 차원의 믿음이 해체되는 순간이 동시에 깨달음의 순간을 의미한다. 여기에 해답에 대한 관건이 보인다고 할 수 있다.

『아뜨마따뜨바비베까』 제3장 「성질과 기체의 무차이에 대한 비판」은 '아뜨만은 인식과는 별도로 실재하는 것이 아니다'라고 하는 불교에 대한 비판이다.

> 보는 것과 만지는 것은 동일한 대상을 지시하고 있다. 그것과 마찬가지로 두 개의 다른 인식은 동일한 대상을 가지는 것이 가능하다. 따라서 동일한 지시대상에 관해서 다른 인식이 각각 다른 성질을 판단하여 동일한 대상(기체)에 귀속시키는 것이 가능하

다. 따라서 대상과 그 성질은 다르다. '흰 조개'에서 조개와 흰색은 다른 것과 같다. 만약 그렇지 않고 성질의 한정이 없다면 모든 사람은 모든 존재를 언제나 인식하게 될 것이다.

다르마끼르띠는 일상성 차원의 방향에서 대상(성질을 가진 기체·다르민)과 성질(다르마)을 아포하에 근거하여 구별하는 것으로 향한다. 그러나 궁극적 차원의 방향에서 양자의 구별은 해소된다고 생각하고 있다. 이 생동적 인식근거를 가능하게 하는 것이 다르마끼르띠에 의하면 약동하는 순간적 존재성이다(이 책 제10장을 참조). 따라서 이 시점에서 본다면 외적 실재론은 단순히 배제해야만 하는 것이 아니라, 그것을 비판함으로써 궁극적 차원의 방향이 부여될 수 있는 것이다. 중관파의 쁘라상가 방법론이 여기에서 채용되고 있다.

다음 제4장에서 우다야나는 불교의 논증인인 '부정적 인식'을 다음과 같이 비판한다.

> 인식되지 않는다고 해서 존재하지 않는 것은 아니다. 그것은 존재를 부정할 수 없다. 의심만 있을 뿐이다. 가령 인간이 인식하지 못한다고 해도 존재하는 것이야말로 아뜨만이다. 그렇기 때문에 그것은 추론에 의해서 증명되지 않으면 안 된다.

앞에서도 같은 비판이 있었지만 다르마끼르띠는 다른 학파의 부정적 인식과 이슈바라세나(슈타인겔너 박사의 연구에 의하면 디그나가와 다르마끼르띠 사이에 개재하고 다르마끼르띠는 그에게 사사했다고 생각되는 이 인물의 해석을 비판적으로 고찰하면서 텍스트를 쓰고 있다)의 부정적 인식을 비판하여 초감각적 영역에 있는 대상을 추론의 영역에서 배제하기 위해서 부정적 인식에 '지각 가능한 대상인 것'이라는 조건을 제시한다. 하지만 우다야나는 이것을 정면에서 반대한다. 우다야나는 이렇게 해서 추론의 적용영역을 초경험적 세계로 확장하였다. 여기에 '신의 존재성 논증'이 가능하게 되는 최대 이유가 있다. 이 책의 다음 제10장에서 보는 바와 같이 불교 내부에서도 샨따라끄시따는 부정적 인식을 우다야나와 같이 해석하여 전지자의 존재증명으로 향한다.

'아뜨만의 존재증명'에서 '베다의 권위와 신의 존재증명'으로

끝으로 우다야나는 '아뜨만의 존재증명'에서 '베다의 권위와 신의 존재증명'을 귀결한다.

추론은 지각을 전제로 한다. 우리들에 의하면 아뜨만은 지각된다. 이 논법은 불교에도 적용되고 있다. 실재하지 않는 아라야식에서는 행위(카르만)의 주체나 해탈이 불가능하게 된다. 시간의 연속이 성립하지 않기 때문에 상기도 있을 수 없게 된다. 신체 등은 아뜨만이 아니다. 아뜨만은 별체이기 때문이다. 만약 그렇지 않다면 모든 존재는 원인이 없을 것이다. 또한 그것으로부터의 해탈이 없게 될 것이다. 아뜨만이라는 주체가 없다면 주변의 욕망을 단절할 수도 없기 때문이다.

다르마끼르띠는 아라야식을 비실재로 봄으로써 지금까지 시간의 연속성의 허구를 해체하여 해탈이 가능하게 된다고 보고 있다. 연속이 일상성 차원에서 구상된 허구이기 때문에 그것으로부터 해탈하는 것이 가능하다. 그는 아뜨만이라는 항상한 실체가 있는 한 인간이 노력을 통해 해탈로 전환하는 순간은 불가능하다고 생각한다. 하지만 우다야나는 아뜨만은 이미 인간의 영역을 초월한 것으로 보고, 그 근거를 초월적 신에서 찾았다. 이렇게 해서 우다야나는 '베다의 권위와 신의 존재'를 논증하는 것으로 향한다.

'아뜨만 그것을 인식하는 것'을 '해탈'이라 말했던 것이다. 세계의 창조자로서 추론되어야 할 '신뢰할 만한 존재의 말씀'으로서 베다는 정합성을 가지고 있지 않으면 안 된다. 게다가 '베다의 말씀' 그 자체는 무상이기 때문에 그 작자는 항상한 존재이지 않으면 안 된다.

우다야나의 신의 존재증명은 『니야야꾸스만자리』에서도 이루어지고 있다. 그 가운데 전형적인 논증 사례는 다음과 같다.

주장 : 대지 등은 (그것의 원인으로서) 지적인 작용자에 기초하고 있다.
이유 : 결과이기 때문이다.

또한 즈냐나스리미뜨라는 아래와 같은 우다야나 이전의 오지작법(五支作法)에 의한 '신의 존재논증'을 인용하고 있다.

주장 : 산(이나 대지나 신체) 등은 지적인 창조자(인식을 가진 제
       작자)에 기초하고 있다.
이유 : 만들어진 것(피조물·결과)이기 때문이다.
유례 : 무릇 만들어진 것(피조물·결과)은 지적 창조자에 기초하
       고 있는 것이 경험상 알려져 있다. 가령 병과 같이.
적합 : 이 산 등은 만들어진 것이다.
결론 : 그러므로 산 등은 지적인 창조자에 기초하고 있다.

　첸바라티, 미야사카 히로카츠(宮坂宥勝) 박사 등의 연구에 의하면, 논증형식에는 많은 다양성이 보이지만 그 어떠한 것도 일상의 경험 세계에서 무릇 '만들어진 것'은, 그것을 무엇으로부터(질료인), 어떠한 것으로서(목적인), 어떻게 해서(동력인) 만드는가?라는 '인식을 가지고 있는 제작자의 존재'를 원인으로 하고 있다. 이 니야야학파의 인과관계에서는 앞에서 본 것처럼 주요원인과 보조원인에 의해서 결과를 만드는 것이다. 이러한 여러 원인을 총괄적으로 제어하는 궁극적 원인으로 주재신(이슈바라)을 요청했던 것이다. 다르마끼르띠도 '결과로부터 원인에 대한 추론'을 인정하고 있기 때문에 논리형식에 관한 한 문제는 없다. 그런데 문제는 그 논리의 적용범위에 있다. 일찍이 막스 밀러(M. Müller, 1823~1900)는 인도의 다신교를 교체신교라고 명명하였으며, 헤르만 야코비(H. Jakobi, 1850~1937)는 인도에서 신의 존재논증 계보의 구조를 밝혔다. 신들은 힌두교나 밀교의 만다라에 흡수되고 있다. 다르마끼르띠의 주요한 비판대상이 된 '신의 존재논증'은 시바신을 신앙하는 바슈바타파 웃도따까라의 논증이

다. 그 주재신은 지적인 창조신으로서 세계를 그 계획에 기초해서 자발적으로 창조했다고 한다. 또한 그 존재논증은 기본적으로는 우다야나에 이르기까지 바뀌지 않고 있다. 그러나 '만들어진 것(결과)'이라는 우다야나의 논증인과 그것에 준거한 강게샤의 논증은 다르마끼르띠의 공격의 사정범위를 넘어설 수는 없었다. 그 이유는 무엇 때문일까? 다음 절에서 고찰해보자.

다르마끼르띠에 의한 '신의 존재논증' 비판

그런데 이미 기술한 것처럼 신의 존재논증은 논리형식에 관해서는 별 문제가 없다. 그러나 문제는 그 논리의 적용범위에 있다. 니야야학파가 인간의 생산활동(병을 만드는 것)이라는 경험 가능한 영역의 인과관계를 초경험의 영역에까지 확장해서 적용하는 데 반해, 다르마끼르띠는 어디까지나 인간의 행위영역에만 적용을 한정해야 한다고 주장한다. 불교에 의하면 '만들어진 것'은 인간의 행위로서 까르마(업)에 의한 결과이며 초월적인 신을 필요로 하지 않는다. 모든 것은 연기(緣起)에 의해서 구성되어 있다는 것이 다르마끼르띠의 주요한 비판이유다.

> 니야야학파는 주재신(이슈바라)의 존재논증의 이유로 많은 논증인을 거론한다. 가령, '특정 형태를 가지고 있기 때문에', '효과적 작용을 하기 때문에(목적을 실현하게 하는 것이기 때문에)' '결과이기 때문에' 등이다. 그러나 이것으로부터 항상성(이나

유일성이나 전지자성) 등의 속성을 가진 신을 귀결할 수 없다. 한정되지 않은 제작자 일반이 소중이어야 한다. 그렇지 않으면 개미집도 그 (주재신)이 만든 것이 되어버린다. 또한 '언어'의 공통성에 기반을 두어서 그 지시대상의 대상영역을 경험영역의 유례에서 초경험 영역에 아날로지에 의해서 적용할 수는 없다. (『쁘라마나바르띠까』 제2장, p.10~16 요지 木村俊彦, 小野基, 稻見正浩 교수 등의 연구를 참조)

경험하고 있는 '만들어진 것' 등의 논증인에서는 같은 경험 가능한 영역에 있는 '만들어진 것 일반'이 추론될 뿐이지, 초경험의 영역에 존재하고, 지성이나 항상성 등의 속성을 가진 것과 같은 존재를 추론할 수는 없다고 다르마끼르띠는 비판하고 있다. '연기(煙氣)'라는 말은 그것이 개념구상인 한 아포하에 기초하고 있기 때문에 '연기일반'을 지시대상으로 한다. 그와 같은 것에서는 '불 일반'이 추론될 뿐이지, 초월적 존재로서의 불이나, 리얼하게 어떤 색깔의 불인가는 결정되지 않는다고 한다. 여기서 '효과적 작용을 하기 때문에(목적을 실현하게 하기 때문에)'라는 이유에 주목해야 한다. 왜냐하면 이것은 다르마끼르띠 자신이 그대로 무상·순간적 존재성 논증의 논증인으로 채용하고 있기 때문이다. 바로 카노 쿄(狩野恭) 씨가 이전에 빈에서 발표한 것처럼 그 이유는 이미 밧쯔야야나가 인식근거를 정의할 때 사용한 것과 거의 같다. 이 의미에서는 신의 존재논증 이유로 거론되고 있는 이유를 남김없이 그대로 다르마끼르띠가 역으로 이용하여 그것을 순간적 존재성 논증의 논증인으로 채용했다고 할 수 있다. 혹은 순간적 존재성 논증의 논증인에서 반정립인 '신의 존재'를 허구로 하기 위해서 일부러 그와 같은 논증인을 채용했을지도 모른다.

'만들어진 것' 등이라는 동일한 논증인에서 니야야학파는 인식을 가진 신을 논증하고 불교는 무상·순간적 존재를 귀결한다. 그런데 각각 학파의 명운을 걸고 서로 안티테제(antithese)를 논증하려고 하는 한 각각의 학파에서 '만들어진 것'은 이율배반을 발생하게 하는 유사논증인(상위결정)이 된다. 디그나가는 이율배반이 발생할 가능성을 인정하고 있다. 거기에 그 자신, 논리학의 한계를 인정하고 있는 것이다. 그것은 그의 체크리스트를 초월하기 때문이다. 디그나가는 그것을 특별한 목적을 위하여(ad hoc) 각각의 학파의 인식론이나 존재론에 의해서 처리하려고 하지만, 거기에 논리의 한계가 있다는 것은 쉽게 눈치 챌 수 있다.

반면 다르마끼르띠는 인식론적 논리학의 시점에서 디그나가 논리학이 허용하고 있는 이율배반을 자신의 인식근거의 내부에서 처리하기 위해서, 인식근거의 대상영역을 경험 가능영역으로 한정한다. 이율배반은 인식가능영역을 초월해 있기 때문에 진위결정이 불가능하지는 않다. 가령 초월적인 존재라고 해도 적어도 그것을 논의하는 이상은 인식근거를 통과하지 않으면 안 된다. 이렇게 해서 이율배반을 발생하게 하는 '상위결정인'은 인식가능영역의 내부에서 논증인이 동류에 속하는가 이류에 속하는가를 결정할 수 없는 '불확정적인 의사논증인'의 과실로 변환되는 것이다. 디그나가의 논리에서 논증인을 적용하는 논증 주제 자신이 경험영역에서 제외되고 있다는 의미에서 비실재의 의사논증인이기도 하며, 논증인만이 그 영역에 존재한다고 가정되고 있다는 의미에서는 과소불확정인으로 간주되었던 것을 다르마끼르띠는 이와 같이 처리했다. 나아가 결과가 지적 제작자 일반의 경우, 이미 밝혀진 것의 재증명이 된다. 결과가 지적 제작자 일반이 아니라 '항상한 것', '전지인 것', '유일한 것'이라는 최고신으로서의 지적인 제작자(창조자)라는 것을 증명하는 경우 논증인은 불확정적인 의사논증인이 된다. 이와 같이 특수하게 한정된 소증은 논증인과 필연적 관계를 가질 수가 없다. 왜냐하면 최고신이 없이도 도공에 의해서 만들어진 항아리(瓶) 등이 있기 때문에 유례에서 확정되지 않는다. 더욱이 다르마끼르띠의 경험가능영역에 한정된 시점에서는 '결과인 것'이라는 논증인은 오히려 '무상인 것', '비전지자인 것', '복수인 것'에 의해서 한정된 작자에게 변충되기 때문에 니야야학파의 논증인은 모순·대립적인 의사논증인으로 되어버릴 것이다.

　니야야학파에는 '본질적 결합관계(svabhāvika sambandha)'라는 관계론이 있다. 이것은 이미 기술한 불교의 '본질적 관계(svabhāva pratibandha)'와는 다르다. 후자가 연기(緣起)에 기초하여 긍정적 필연성과 부정적 필연성을 가지고 있음에 반해서, 전자는 부정적 필연성에만 의거해서 결정된다. 뜨리로짜나는 "연기에는 불에 대한 본질적 결합관계가 있는 것처럼 결과라는 성질은 지적인 작자와 본질적 결합관계가 있다. 왜냐하면 (그 관계에는) 우연적 조건은 인정되지 않고 또한 (그 관계에서) 이반하는 사례는 어디에도 보이지 않기 때문이다"라고 말했다. 이에 대해 불교 측은 "지금까지 보이지 않았기 때문이라고 해도 이반하는 사례가 절대로 존재하지 않는다고 결정할 수는 없다. 지금까지 무엇인가 인식조건이 결여하고 있을 수도 있기 때문이다. 특히 무한의 사례를 확인할 수는 없기 때문이다"라고 반론하고 있다. 지각되지 않기 때문이라고 하는 것만으로 부정적 필연성은 증명되지 않는 것이다.

이에 반해서 니야야학파는 '증언'이나 '비정'이라는 인식근거를 제안하여, 경험영역에서 초경험 영역으로 추론할 수 있는 가능성을 주장한다. 이렇게 해서 문제는 인식근거의 차이를 비판하는 것으로 이행하는 것이다. 다르마끼르띠와 포스트 다르마끼르띠안의 '신의 존재논증'에 대한 비판의 핵심은 니야야학파의 논증인과 소증 사이의 '본질적 결합관계'는 반드시 인식근거에 의해서 유례에서 제시되지 않으면 안 된다는 것이다. 다르마끼르띠가 유례를 잔존시키고 즈냐나스리미뜨라가 라뜨나까라샨띠에 대항하여 어디까지나 유례의 제시에 얽매이게 된 이유가 여기에 있다. 그것은 디그나가 논리학의 귀납적 유례의 잔해가 아니라 오히려 적극적, 의식적으로 견지했던 것이다. 경험가능영역의 실례를 결여하면 논리는 필연성에 의지하여 무제한으로 상승하고 결국 '신의 존재'를 논증해버리기 때문이다. 사실 목샤까라굽따는 『따르까바샤』에서 반론자가 '반소증거척 인식근거'를 역으로 이용함으로써 신의 존재를 논증하고 있음을 기록하고 있다. 이것에서 보면 이미 즈냐나스리미뜨라는 라뜨나까라샨띠의 내변충론이 다른 학파의 형이상학적 '초월실체'나 '신의 존재성 논증'을 허용할 위험성을 가지고 있다는 것을 간파하고 있었다고 생각한다. 그렇기 때문에 즈냐나스리미뜨라는 '긍정적 필연성'을 중시하고 '부정적 필연성'의 독립을 비판했다고 생각하는 것이다.

다르마끼르띠는 『리그베다』의 신에서부터 시바신 등에 이르기까지 모든 유신론을 이론적 무신론 입장을 일관함으로써 배격한다. 그것은 뒤에서 보는 바와 같이 후대의 즈냐나스리미뜨라 등에 의한 불교 내의 전지자(일체지자)의 존재논증도 앞서 공격하고 있는 것이다. 위에서 기술한 비판 이유에서 보면, 다르마끼르띠의 비판은 중세 유럽 이래 안셀무스(Anselmus, 1033~1109)나 토마스 아퀴나스(T. Aquinas, 1225~1274)의 '신의 존재논증', 나아가 최근 플란팅가(A. Plantinga, 1932~) 등이 문제 삼고 있는 양상논리학의 가능세계에 의한 '신의 존재논증'도 사정거리 안에서 파악하는 것이 가능할 것이다. 게다가 그것은 데카르트(R. Descartes, 1596~1650)가 말하고자 하는 '신에 의한 매순간의 창조설'이 아니다. 일단 경험가능영역을 분리하여 설정한 초월적 영역에서 증명된 신은 다시 경험세계 아래로 내려와서 창조할 수는 없기 때문이다. 다르마끼르띠는 우다야나의 신을 미리 전제된 초월의 저쪽 세계와 함께 배격하고 '모든 결과는 순간적 존재로서의 연기에 의해서 구성된 것'이라고 결론을 내린다. 이미 기술한 바와 같이, 가령 초월적 존재를 말할 수 있다고 해도, 그것은 인식근거에 기초해서 증명된 '순간적 존재성'을 떠나서는 말할 수 없다. 어쨌든 신이라는 절대자의 자기동일성을 뒷받침하는 존재론을 배후에 가진 논리학은, 이미 앞서 신에 의해서 정합성이 보증되는 동어반복(tautology)을 기저로 하는 기호 게임을 전개한다. 우다야나의 신을 근거로 강게샤가 신논리학파를 구성하여 무서울 정도로 정치한 실재론적 관계논리학을 구축했던 것도 우연은 아닐 것이다. 그 관계항의 카테고리와 '부정' 기능과의 결합(combination)을 구사하여, '신의 영광으로서의 룰의 정의'를 향해 이상하리만치 집착하는 존재론적 노력은, 결국 기저에 있는 실재론을 방기하고 엄밀한 기호조작 그것의 게임으로 전화한 것처럼 볼 수 있다. 이것은 계시종교인 유대교나 기독교를 근거로 하여 구축되며, 그 뒤 세속화한 현대의 기호논리에서도 감지할 수 있다고 한다면 지나친 말일까?

이상 최강의 안티 다르마끼르띠안이라 여겨지는 우다야나의 비판과 그 비판을 이미 다르마끼르띠가 선취하는 형태로 논파하고 있었던 가능성에 대해 탐구해보았다. 그러나 이것을 가지고 나는 다르마끼르띠를 절대시할 생각은 없다. 왜냐하면 지금까지 기술한 바와 같이 다르마끼르띠는 항상 이미 그 자신을 차이화하고 있기 때문이다. 그렇기 때문에 우다야나가 강렬한 실재론적 시점에서 공격했던 비판에 대해서, 다르마끼르띠는 자신을 비실재론으로서의 관념론에 고정시키지 않고 반격할 수 있었던 것이다. 다음 장(10장)에서는 우다야나의 '신의 존재논증'과 유사한 불교 내부의 '전지자의 존재증명'과 대결하는 다르마끼르띠를 살펴보고자 한다.

제10장

무상한 인식근거

제10장
무상한 인식근거

이중 인식근거의 정의

다르마끼르띠는 특정 학파의 도그마(dogma)에 얽매이지 않는다. 하나의 텍스트 속에서도 끊임없이 관점을 이행해간다. 그래서 항상 그때마다 인식론 그 자신을 차이화하고 개방함과 동시에 자기차이화 하는 생동적 경계선상에 자신을 세우며 질주한다. 즉, 그는 신의 계시를 대변하는 교주처럼 진리를 말하지 않는다. 모든 것이 무상하다면 영원불변의 동일한 진리는 허구이기 때문이다. 대신에 인식론과 논리의 한계를 끝까지 추구하여 지금 문제가 되고 있는 바로 그 인식론과 논리의 한계에 새로운 '순간적 존재의 섬광'을 창발하게 한다.

"불교는 종교이기 때문에 철학처럼 생각하는 것은 과녁을 벗어난 것이다. 문제는 절대적 신앙이다"라고 말하는 사람이 있다. 그렇지만 과연 그러한가? 티베트의 학승인 캬르차프는 『쁘라마나바르띠까』의 주석에서 아주 오래 전의 붓다의 언어를 다음과 같이 소생시킨다.

배움에 노력하는 사람들이여! 불꽃으로 타오르고 시금석으로 분쇄되는 나의 말을 비판적으로 고찰하도록 하라. 결코 단순히 존경하는 분의 말씀이기 때문이라고 해서 무조건 맹신해서는 안 된다.

석존의 말이기 때문에 존경해야 한다는 것은 있을 수 없다. 그 말을 비판적으로 고찰하라고 붓다 자신도 말하고 있다. 어쩌면 모든 것은 뒤집어질지도 모를 가설에 지나지 않는 것이다. 이것은 아마도 다음과 같은 아가마에 근거하고 있을 것이다.

그대가 의심을 하고, 곤혹스러움을 느끼는 것도 지극히 당연하다. 그런데 평판이라든가 전승이라든가, 전문에 의해서 이끌려서는 안 된다. 경전의 권위에 의해서라든가, 단순한 논리라든가 추론에 의해서라든가, 또한 현상을 고찰하는 것에 의해서라든가, 사변의 희열에 의해서라든가, 불가능하다고 생각되는 것에 의해서라든가, 이 사람이야말로 우리들의 스승이라고 하는 생각에 의해서 자신을 인도해서는 안 된다. (『앙굿따니카야』 小河原誠 『토론적 이성비판의 모험』 p.35)

어떤 교설도 비판에 대해서 열려 있지 않으면 안 된다. 그렇다면 비판이란 무엇인가? 비판하는 사람 자신이 특정한 교설에 근거해서 비판해서는 안 된다. 비판은 항상 그 자신조차 비판하지 않으면 안 된다. 상식에 반해서 비판의 기준이 되는 완전한 논리적 교설 등은 존재하지 않는다. 따라서 붓다는 교설에 대한 집착을 철저하게 거부한다.

> 비구들이여! 이처럼 맑고 명료한 견해조차, 그대들이 물고 늘어지고 깊게 빠져들어 보물과 같이 집착한다면, 그대들은 나의 가르침이 뗏목과 유사하다는 것을 이해하지 못한 것이다. 뗏목은 강을 건너기 위해 존재하는 것이지 움켜쥐기 위해 있는 것이 아니다. (『마지마니까야』 앞의 책)

그러나 그 자신은 뗏목과 같이 최종적으로는 버리지 않으면 안 된다고 해도 격류를 건너기 위해서 교설은 아무래도 필요한 것이다. 뗏목으로서 교설은 격류를 건너기 위해 뗏목으로서 불완전해서는 안 된다. 그럼에도 불구하고 격류를 다 건넌 뒤에는 다시 새롭게 여행하기 위해 그 뗏목을 불완전한 것으로서 버리지 않으면 안 된다. 이 이율배반을 다르마끼르띠는 어떻게 해결하고 있는가?

다르마끼르띠는 인식근거(인식수단·쁘라마나)를 이중으로 정의한다.

첫째 '일탈하지 않는 인식'이다. 이것은 뗏목이 뗏목으로서 그 자신 확실한 정합성을 지니고 있음을 의미한다. 그렇다면 그것은 단순히 논리적인 정합성에서 벗어나지 않는 것을 말하고 있는 것일까? 또는 일상생활에서 행위목적으로부터 일탈하지 않는 것이거나 기만하지 않는 것을 의미하는 것일까? 가령, 물을 구할 때 그 인식근거에 따르게 되면 신기루가 아니라 실제로 갈증을 해소해줄 수 있는 물에 도달할 수 있는 것과 같다. 대부분의 주석서가 그와 같이 주석하고 있다. 그렇지만 주석서에 기술되어 있다고 해서 올바르다고 할 수는 없다. 하여튼 제2차적인 비유적 의미로서 설명에 성공했을지도 모른다. 그렇지만 그것은 근원적인 의미의 설명은 아니다.

다르마끼르띠는 인식근거를 둘째 '지금까지 인식된 적이 없는 새로운 대상을 밝히는 인식'으로 이중으로 정의한다. 제1정의가 논리적 정합성이나 실용적인 행위목적의 달성에 머문다면, 이 제2정의는 제1정의와 모순하는 것이 아닌가? 왜냐하면 논리적 정합성을 가진 연역체계는 모두 동어반복이며, 새로운 대상이 그 논리적 정합성을 어지럽힐 수는 없기 때문이다. 또한 물을 구하여 물을 얻는 것은 별도로 새로운 것이 아니다. 두 개가 동일하기 때문에 일치할 뿐이다. 대부분의 주석서들은 '기억에 의한 재인식을 배제하기 위한 것'이라고 하였다. 새로운 정보이며 게다가 정합적임을 규정하는 것이라고 간단하게 처리할 수 있다고 보고 있다. 그렇지만 이것도 제2차적인 해석에 머무는 것이다. 다만 쁘라즈냐까라굽따(Prajñākaragupta)라는 사상가만이 전혀 다른 관점에서 해석하고 있다. 나는 이 쁘라즈냐까라굽따의 해석이 다르마끼르띠의 진의에 가장 가까운 해석이라 생각한다. 그 해석은 이러하다.

> 제1정의는 일상의 차원에서 정의한 것이다. 이것에 반해서 제2정의는 궁극적 진실의 차원에서 정의한 것이다.

그러나 쁘라즈냐까라굽따의 해석도 그것이 그 자신의 관점에서 이루어진 것인 한, 무비판적으로 수용해서는 안 될 것이다. '왜 다르마끼르띠는 인식근거를 이중으로 정의하였을까?' 이 문제는 난문(難問)이다. 나는 지금도 똑똑히 기억한다. 이 문제야말로 빈대학의 겨울학기 세미나에서 슈타인켈너 교수가 나에게 제기한 최초의 문제였기 때문이다. 또한 그때 내가 명확하게 답하지 못했기 때문이기도 하다. 미망사학파의 꾸마릴라가 역시 이중으로 인식근거를 정의하지만, 현재 나는 인식근거를 고정적으로 파악하지 않고 인식근거 그것의 전환을 가능하게 하는 '순간적 존재성'으로서 파악하고 있는 것에 기인한다고 생각하고 있다. 상식적으로는 인식의 진리 기준으로서의 인식근거는 절대적 진리로서 불변하지 않으면 안 되는 것처럼 생각한다. 인식근거의 산스크리트 '쁘라마나(pramāṇa)'는 일반적으로 '어떤 것을 헤아린다'는 것을 의미하기 때문에, 그것은 기준으로서의 척도와 같이 불변의 영원성을 가지고 있지 않으면 안 된다. 가령 베다의 언어와 같이. 그런데 다르마끼르띠는 놀랍게도 가령 형식적으로 지각과 추론의 형태를 취하고 있다고 해도, 실질적으로는 '인식근거는 무상하다'라고 말하고 있는 것이다.

> 인식근거는 결코 항상한 것이 아니다. 실재에 연동하는 것이 인식근거의 본질이기 때문이다. 인식의 대상이 무상이라는 것에 의해서 그 (인식도) 무상하기 때문이다. (『쁘라마나바르띠까』 제2장, p.8)

이것은 진리라는 것을 재현 가능한 영원불변의 동일한 것이라는 사고방식으로부터 결단코 떠날 것을 표명한 것이다. 논리에 의해서 통상의 논리를 초월하기 위해서, 그는 '자기동일성에 머무는 논리대상' 이 아니라 '자기차이화하는 순간적 존재' 를 논리에 의해서 증명하고자 하는 것이다. 즉, 이중으로 정의된 인식근거란 순간적 존재성인 것이다. 지각은 항상 그때마다 '새로운 독자상' 을 순간적 존재로서 인식한다. 그렇게 하기 위해서 지각은 필연적으로 찰나마다 소멸하지 않으면 안 된다. 그렇지 않으면 새로운 인식이 출현할 수 없기 때문이다. '순간적 존재성' 논증의 '생동적 필연성' 은 이와 같이 다르마끼르띠의 인식근거 그것의 성립 조건이 되고 있다. 그것은 그의 인식론의 최기저 근거를 표명한 것이며, 이미 완성되어 있는 논리를 단순히 적용하는 연습 문제 가운데 하나가 아니다.

'새로운 대상을 밝히는 인식' 을 그는 다른 텍스트에서 '인간의 목적을 달성하게 하는 인식' 으로도 정의한다. 이것은 단순히 일상언어 차원의 실용적인 효과적 인식에 머무는 것이 아니라, 최종적으로는 '해탈하는 것' 즉, '깨달음에로의 전환' 으로 향하는 인식을 의미한다. 그렇다면 인식근거는 '논리의 내부에서의 정합성' 에 머무는 것이 아니라 그러한 내부적 정합성을 초월하여 '깨달음에로의 전환' 을 가능하게 하는 '열린 구조' 를 의미하게 된다. 정합적 진리의 '닫힌 구조' 의 한계를 인식함으로써 비로소 그 폐쇄선을 개방할 수 있는 것이다. '인식근거에 기초하여 고찰하는 데까지는 정합성 속에 빠져 있는 인식' 으로부터 탈출하는 것, 다르마끼르띠는 여기서 유식(唯識)의 의타기성(依他起性)을 중관(中觀)의 이제설(二諦說)에 연동시켰던 것이다. 이와 같이 인식근거는 그 자신 속에 '해탈로 전환' 을 가능하게 하는 순간의 자기차이성을 내장하고 있지 않으면 안 된다. 그 전환을 가능하게 하는 것이야말로 연기로서의 '전환하는 실재=순간적 존재성' 에 연동하게 하는 것이다. 다르마끼르띠에 따르면 해탈이라는 것은 무언가 다른 초월적 세계로 비상하는 것이 아니라 실재에 연동하는 것이며 그것에 진입하는 것이다. 연기(緣起)는 그 자체 역관(逆觀)을 내장하고 있다. 그것은 인식자 자신이 무상하다는 것 즉, 순간적 존재로서 존재한다는 것을 의미한다. 이와 같이 순간적으로 소멸하는 한, 인식근거를 항상한 것으로 절대시하는 것은 허용되지 않는다. 여기서도 이 책 제1장에서 본 비트겐슈타인의 '움직이지 않는 것은 그 자체가 확실히 명료하게 보여지기 때문에 부동(不動)인 것이 아니라 그 주변에 있는 것에 의해서 고정되어 있는 것이다'라는 말을 상기해야 한다. 그것은 뗏목처럼 버리지 않으면 안 되는 것이다. 즉, 다르마끼르띠의 인식근거는 인식근거 그 자신 속에 '자기 자신을 전환하여 초월해가는 계기'를 내장하고 있는 것이다. 그는 이렇게 해서 이율배반에서 탈출했던 것이다. 다르마끼르띠는 비재화하는 존재의 한계를 통찰한다. 그렇지만 그 비재는 새로운 순간적 존재를 창발한다. 자신의 한계를 떠맡고 있는 철학적 입장이 동시에 그 한계 선상에서 섬광처럼 번쩍이는 '깨달음의 순간'의 전환을 살짝 엿보게 하는 것이다.

붓다(무상한 인식근거)

그런데 무엇보다도 붓다 그 분에 있어서 이 '인식근거의 전환'이 이루어졌다고 하는 의미에서 '붓다는 인식근거다'라고 다르마끼르띠는 말한다. 무엇보다도 붓다 자신이 무상의 현실을 정시하고, 깨달음이라는 전환의 순간을 살다 돌아가신 것 아니었을까? 그것 자체가 무상이라는 사실이며, 무상관에 근거한 실천이었다. 무상이 '붓다=깨달은 (분)'을 가능하게 한다. '깨달음이라는 인식론적 전회(轉回)'가 가능하기 위해서 인식 그것이 순간적 존재로서 찰나멸하지 않으면 안 되는 것이다. 그것 이외에 무상을 초월한 상주하는 스승도, 영원한 도그마(교의)도 없다. 문제는 다만 오로지 무상으로 되어버리는 것밖에 없다. 인식근거는 끊임없이 고정화를 해체하여 열려진 생동적 '반야(무분별)의 지혜'를 발현하는 전환의 근거인 것이다. 여기에는 이미 완전히 깨달았다는 것은 없다. 그렇기 때문에 다르마끼르띠는 새롭게 창발하는 경계선상을 질주한다.

유식의 교의나 수도론은 어떠한 관점에서 구축되었는가? 최종 단계의 종착점을 붓다의 자내증(自內證)이라 볼 수는 없을까? 나아가 경전 속에는 부처님의 경지에서 쓰였다고 선언한 것도 있다. 그러나 깨달음의 경지에서 멀리 떨어져 있다고 여겨지는 범부인 나에게 있어서, 내가 그 경전을 이해할 수 있다고 말하는 것이야말로 미혹은 아닌가? 나는 아직 깨닫지 못했다는 것을 철저하고 뼈저리게 느끼기 위해서는 이미 나는 완전히 깨달았다고 하는 역설이 여기에 있다. 여기에 이르러 미혹에서 깨달음으로 직선적 과정으로서의 시나리오는 해체된다. 남겨진 가능성은 지금 여기서 순간적 존재가 비재화하는 순간에 전환하는 것을 깊게 아는 것 이외에는 없다고 생각한다. 종교적 신앙은 일반적으로 우리들을 초월한 절대자에 대한 전면적 귀의다. 그렇지만 나는 인식 그것의 전환의 경계에서 스스로 '순간적 존재'로서 무상하는 것이, 다르마끼르띠가 말하는 '신앙'의 의미라고 여겨진다.

붓다는 임종의 고통을 견디면서 수행승 스밧따의 질문을 피하지 않는다. 스밧따를 향한 답변의 핵심은 다음과 같다.

어떠한 것도 감춘 적이 없다. 정리(正理)와 법(法)의 영역만을 걸어왔다. 이것 이외에는 존재하지 않는다.

이 정리(正理)야말로 다르마끼르띠의 인식근거가 아닌가? 다르마끼르띠는 정리에 의해서 현실의 실상(法)을 정시했던 붓다에게서 인식근거를 보았던 것은 아니었을까? 그러므로 다르마끼르띠는 붓다를 '인식근거로서의 존재(pramāṇabhūta)' 라고 하였던 것이다.

자비에 의해서 궁극적인 것을 설하고, 지혜에 의해서 (사성제를) 증명하는 진리를 말한다. 그래서 이것을 설명하는 것을 희구하고 노력하셨기 때문에 (붓다는) 인식근거이신 분이다.(『쁘라마나 바르띠까』 제2장, p.282cd~283ab)

붓다는 인식근거다. 이것은 단순한 절대적 권위·기준을 말하는 것이 아니다. 자비는 절대자에 의한 '동정심' 이 아니다. '자비를 실천하기 위해서 정토는 언제나 텅 비어 있지 않으면 안 된다' 라고 말한 사람이 있다. 사성제(四聖諦, 4단계의 진리)의 직관은 그 내부에서 세속(俗諦)의 일상적 차원의 인식근거에서 승의(眞諦)의 궁극적 차원의 인식근거로 인식근거 그 자체의 전환의 계기를 잉태하고 있다. 그것은 '연기(緣起)' 에 근거한 '전환의 논리' 다. 극히 대담하게 말하면 사성제란 다음과 같다.

제1단계는 고제(苦諦)이다. 그것은 '살아 있는 한 죽지 않으면 안 된다' 라는 모순을 '생각대로 되지 않는 최대의 괴로움' 으로서 존재하는 자기의 발견이다. 상식적인 '현실에 밀착한 삶' 가운데 모순이 작열하는 바, 그 순간에 이 문제가 발생한다. 이 경계에 있어서 이미 존재를 이분하여 안심하고 있는 '양가논리' 등을 믿지는 않는다. 현실로서 존재하는 것이 허구임을 자각하는 것은, 모순에 괴로워하는 무상의 정시로부터 발생한다.

제2단계는 집제(集諦)이다. 그 고(苦)가 연기(순관)에 의해서 구성된다는 것 즉, '존재가 그 비존재(죽음)를 필연적으로 내장하고 있다' 는 무상성을 통찰하는 것이다.

제3단계는 멸제(滅諦)이다. 무상(無常)을 고(苦)라 보는 것 자체가 연기에 의해서 구성되는 것인 한, 고는 실체가 아니다. 따라서 고는 같은 연기를 역관함으로써 소멸할 수 있다는 통찰 즉, 무상에 철저함으로써 이른바 '무상고(無常苦)' 자체를 무상화한다. 무상이기 때문에 무상을 고로 보는 '무명(無明)' 을 소멸하게 하여 열반으로 전환의 순간이 발생한다.

제4단계는 도제(道諦)이다. 전환의 순간, 바로 그 순간에 무명에 의해서 고정되어버린다. 그러므로 무명 그것이 되어 살아가는 것을 반복하여 수습함으로써 실천적으로 고를 소멸시키는 것, 이것 자체가 무상을 정시·정견(正視·正見)하는 것에서 개시되는 여덟 단계의 실천적 과정(八聖道)에 연동한다.

그런데 사성제라는 이 연속하는 네 단계 중 제2단계에서 제3단계로 이행하는 것에서 '무상한 존재=연기'를 전환점으로 하여, '무상=고'에서 '무상=해탈'로 전환의 순간을 말하는 것에 주의하지 않으면 안 된다. 순간적 소멸(찰나멸)은 죽음이라는 비애임과 동시에 찰나에 멸함으로써 새롭게 해탈로 발현함이 가능하게 된다는 양의성을 가지고 있다.

경계선상의 다르마끼르띠

다르마끼르띠는 인식근거의 최기저 구조를 이루고 있는 지각을 다루는 『쁘라마나비니쉬짜야(인식근거의 결정)』 제1장 「지각」을 아래 기술을 가지고 종결한다.

> 지금까지 기술한 것은 '일상(세속)의 인식근거(pramāṇa)'의 본질이다. 왜냐하면 이것에 관해서조차도 타인들은 무지하며 세간 사람들을 기만하기 때문이다. 사변적 지혜를 수습함으로써 미혹이 없고 번뇌가 없는 불퇴전의 '궁극적(승의의) 인식근거'가 현현한다. 그 일부만을 (여기서) 설명한 것에 지나지 않는다.

인식근거(쁘라마나)는 '궁극적(승의의) 인식근거'를 발현하는 근거로서 그 직전에 소멸하지 않으면 안 된다. 그것은 존재가 그 자신 속에 자신의 비재를 내장하고 자발적으로 소멸하는 것에 연동하고 있다. 거기에 필연적으로 새로운 존재로서 '궁극적(승의의) 인식근거'

가 창발하는 것이다. 깨달음으로 가는 이 과정이 '자발적 소멸'로서 순간적 존재성 논증의 과제였던 것을 주목해야 한다. '궁극적(승의의) 인식근거'는 일반적으로 '반야의 지혜'로 설명하지만, 다르마끼르띠는 그러한 개념의 치환에 의한 고정화를 피하려고 한다. 그와 같이 반야의 지혜를 다르마끼르띠는 '인식근거의 전환' 즉, '전의(轉依)'로 기술한다. 이 경우도 다르마끼르띠는 '아라야식'을 주제화하지 않는다. 이미 여러 번 기술한 바와 같이 다르마끼르띠의 인식론적 논리주의는 중관과 유식의 종파주의의 틈을 질주하기 때문이다. 일상성에 근거한 인식근거의 연장선상에 진리나 깨달음이 있는 것이 아니다. 문제는 진리나 깨달음이 그렇게 낙천적인 것이 아니라는 데 있다. 일상성이 역방향의 벡터에 의해서 부정되고 방향전환하지 않으면 승의의 인식근거는 발현되지 않는다. 일상성의 인식근거는 이 의미에서 자기 자신 속에 자기의 소멸을 내장하고 자기부정하지 않으면 승의의 인식근거를 창발할 수 없다. 그런 의미에서 일상성과 승의는 연속하지 않는다. 그러나 완전히 단절되어 있는 것도 아니다. 무상한 존재는 제1의적으로는 인식근거의 일상성의 소멸과 승의로 전환이라는 깨달음의 생동적 구조를 가리키고 있다. 게다가 그것은 일상성의 차원에서 이루어지지 않으면 안 된다. 이와 같은 양의성을 가진 것이야말로 '순간적 존재성'이다.

모든 (일상적) 인식이, 가령 착각이었다고 해도, '인식근거의 전환(轉依)'을 실현하기까지는 효과적 작용력을 행하는 것이 지향대상을 기만하는가(하지 않는가)에 의해서 인식근거인가 아닌가가 확정된다. 설령 오류가 있다고 해도 번뇌의 지멸을 이끌기 때문이다. 가령 (여성을) 어머니라고 생각하여 애욕을 끊는 것과 같다. (『쁘라마나바르띠까스바브리띠』 p.51)

일상성의 차원에서 '무상'을 논증하는 것은 일상성의 인식에 충격을 주어, 끊임없는 과거로부터 잠재인상의 흐름에 역방향 벡터를 발생시켜, 연기의 구조관련에 '틈'을 발생하게 함으로써 그 구조연관 그것을 변환한다. 고(苦)의 발생 원인이 '무상한 존재'를 항상한 존재라고 생각하는 잘못된 인식에 있다고 한다면, 인식이 인식 그 자신의 무상성에 근거하고 있음을 깨닫는 것이, 그대로 고(苦)의 지멸을 의미한다. 다르마끼르띠의 인식근거는 전환의 순간에 소진하고 그것으로부터 끝을 낙천적으로 말하지 않는다. 그 끝은 이미 다른 인식근거에 기초하여 말해야만 한다. 그러나 도대체 누가 완전히 깨달은 인식근거에 의해서 말할 자격이 있는가? 나는 그것을 '새로운 역방향으로 향하는 벡터'를 창발하는 '비재'로서밖에 말할 수 없다. 이 '비재'를 나는 '나의 죽음'과 같이 사무치게 뼛속 깊이 다가오고 있다고 예감한다. 그러나 나의 체험은 '현재의 순간적 소멸'과 같이 언제나 이미 너무 늦어버린 것이다. 여기서 나에게는 깨달음을 위하여 '비재'로부터의 회광반조(廻光返照)가 필요하다.

전지자의 존재의 부정과 중간의 계제

다르마끼르띠는 '모든 것을 환히 안다'라는 의미에서의 '전지자임'을 부정한다.

버려야 할 것과 받아들여야 할 것의 진실을, 그 수단과 함께 가르칠 수 있는 분(=붓다)이 인식근거임을 인정해야 한다. 그러나 모든 것을 가르칠 수 있는 사람을 (인식근거라고) 인정해서는 안 된다. 가령 멀리 있는 것을 볼 수 있다고 해도, 볼 수 없다고 해도 (그와 같은 것은 어떻든 좋은 것이다.) 추구해야 할 진실을 보는 것이 (문제인 것이다.) 만약 멀리 떨어져 있는 것을 볼 수 있는 존재를 인식근거라고 한다면, 아! 왜 독수리를 경배하지 않는가? (『쁘라마나바르띠까』 제1장 34, 35, 川岐信定 박사의 번역 참조. 또한 桂紹隆 박사의 사신에 의하면 최후 부분의 텍스트에 있다)

여기서 '버려야 할 것과 받아들여야 할 것의 진실'이라는 것은 사성제(四聖諦)를 의미한다. 모든 것을 다 안다고 하는 것과 메타 차원의 인식근거를 안다고 하는 것은 전혀 다르다. 전자는 단순한 박학다식이든가 신의 경지에까지 오른 전체지자에 지나지 않는다. 여기에는 저 소크라테스의 물음이 반향하고 있다. "그대는 많은 것을 알고 있는 것 같지만, 그러한 것을 알고 있다고 믿고 있는 그대 자신을 알고 있는가?"라는 물음이다. 다르마끼르띠의 '전지자의 존재논증'의 거부는 아마도 이미 이 책 제1장과 제3장에서 본 '형이상학에 대한 붓다의 침묵'에 기초하고 있을 것이다. 그렇기 때문에 다르마끼르띠는 전지자가 사후 세계 등의 초월적 대상을 인식하는 초능력자임을 부정했다. 그것은 외관상의 문제이며 허구다. 다르마끼르띠의 인식론적 논리주의는 초월의 저쪽으로 경계선을 넘어가기 직전, 그 지점에서 멈출 것을 요청했다. 우선 절대적 완전성과 보편성을 갖춘 진리라는 것이 있어 그것을 일거에 인식할 수 있다는 낙천적인 사고방식이 허구라는 것, 이 통찰이야말로 다르마끼르띠로 하여금 항상적 인식근거의 종언을 고함과 동시에 부단의 논리적 노력에 의한 '미완의 무상의 철학'으로 향하게 했던 것이다. 그것은 앎의 완전성을 추구하는 것이 아니라 항상 그때 그 순간에 열려진 미완의 인식의 전환으로 향한다.

"전지자는 무엇을 아는 존재인가?"라는 물음은 다양하게 논의되어왔다. 특히 반야(prajñā, 무분별지)의 초월성은 일상성 차원의 인식과의 단절과 연속의 문제와 연동하고 있다. 다르마끼르띠는, 가령 명상의 극한에서 현현하는 무분별지라고 해도, '초월적으로'가 아니라 그 인식을 메타 차원에서 인식론적으로 반성하여 '초월론적으로' 말해야 한다는 입장을 취하고 있다. 그는, 가령 '신'이라 해도, '인식근거에 의한 기초지움을 면할 수 없다'는 입장을 일관하고 있다. 불교논리학 연구의 도화선에 불을 붙인 체르바츠키 박사는 특히 빈학파로부터 '다르마끼르띠와 칸트를 너무나 강하게 오버랩시키고 있다'라고 비판을 받았다. 하지만 이 책에서도 앞서 비판하였지만 빈학파의 체르바츠키 비판은 정당하다고 말할 수 있다.

인식근거(쁘라마나)를 신이나 전지자의 속성으로서 항상한 것으로 볼 것인가, 그렇지 않으면 다르마끼르띠와 같이 순간적인 것으로 볼 것인가라는 것에 결정적 차이를 읽을 수 있다. 다르마끼르띠에 의하면 인식근거는 항상한 절대자와 직결하지 않는다. 문제는 그렇게 낙천적이지 않다. 거기서 일찍이 키에르케고르가 교양 속물적 교회 인간을 향해 던진 "떠나라, 그대의 오염된 손으로 성서를 열지 마라"라는 말이 반향하고 있는 것이다. 그러나 키에르케고르와 다르마끼르띠의 차이는 다음과 같다. 키에르케고르가 단절의 저쪽에 마찬가지로 영원한 지복의 신을 세우고 있는 것에 반해서, 다르마끼르띠는 무상한 붓다를 보고 있다. 다르마끼르띠의 무상한 인식근거가 소멸하는 순간, 지금까지 존재하지 않았던 새로운 인식근거를 촉발시켜 그것에 의해서 새로운 존재의 섬광을 창발하는 것이다. 그렇기 때문에 다르마끼르띠는 인식근거의 제2정의를 '새로운 대상을 비추는 것'이라 규정한 것이다. 우다야나가 인식근거를 초월적 창조신에 의해서 기초지우는 것과 같이 많은 대승경전 속에는 전지자로서 붓다를 신격화하거나 요가에 있어서 직관된 초경험적 세계를 절대화하려는 경향을 볼 수 있다. 물론 개개인의 감성에 호소하는 '문학적 표현이다'라고 해버리면 할 수 없지만, 그렇다고 해도 부유(浮遊)하는 이미지가 넘쳐나는 문학작품과 같은 경전이나, 요가에 있어서 상상의 이미지가 차례로 리얼하게 지각되는 것에는 중요한 의미가 있을 것이다. 무조건적인 감성은 광신적 고도 치매성까지 오르게 할 위험성도 없는 것이 아니다. 최근 대량생산되고 있는 붓다 애니메이션을 학생들에게 보여주었더니 방금 태어난 붓다가 "나는 모든 것을 알고 있다. 나만이 이 세계에서 가장 뛰어난 존재다(=天上天下唯我獨尊)"라고 말하는 장면에서 모두들 웃어버렸다. 요즈음 유행하는 초능력 개그라고 착각하여 웃었는지도 모르고, 또한 히틀러 선언의 위험성을 눈치 채고 실소했는지도 모른다. 나는 그 학생들의 감성에 은근히 공감하고 있었다. '천상천하 유아독존'에는 확실히 실존적 해석이 있을 수 있다. 그것을 솔직한 신앙고백으로 받아들일 수 있는 사람도 있다고 생각하지만, 나 자신은 아무래도 그대로 수용하기가 어려웠다. 보리수 아래에서 깨달음을 여신 다음 붓다는 붓다가야로 가는 도중에

수행승 우파카를 만났다. 붓다가 우파카에게 '나는 일체의 승자이며 일체의 지자이다. 일체법에 있어서 오염된 적이 없다'라고 말씀하시자 우파카는 그 말씀을 의심하면서 머리를 절래 절래 흔들고는 떠나 버렸다.(『마지마니까야』 1·36. 川崎信定 박사의 번역 참조)

다르마끼르띠의 '인식근거의 전환'의 단계는 초기불교의 수도론에서 사성제를 인식하는 단계 가운데 세속지의 최종단계에 해당한다. 카와사키 노부사다(川崎信定) 박사가 이미 지적한 바와 같이 이것은 아직 번뇌의 오염을 지닌 인식의 범위에 있다. 따라서 최종 목적 지점의 단계에서 보면 아주 낮은 수습단계다. 그렇지만 그것은 연기의 순관에서 역관으로의 전환이라는 가장 중요한 단계인 것이다.

또한 하야시마 오사무(早島理) 교수에 의하면 대승보살도에도 일반적으로 다음과 같은 '깨달음의 단계'가 있다. 제1단계는 붓다의 가르침을 듣는 것이다. 제2단계는 외계 대상의 비존재를 인식하여 그것과 관계를 맺고 있는 인식주체의 비존재를 이해하는 것이다. 제3단계는 법계를 곧바로 증득하는 것이며, 보살로서의 최초 단계(초지)다. 제4단계는 보살의 제2지로부터 제10지까지 세간을 떠난 지혜다. 제5단계에 이르러 인식근거의 전환(=轉依)에 의해서 붓다의 경지에 들어간다. 따라서 다르마끼르띠가 말하는 사성제의 인식은 이 가운데 제2단계라는 낮은 단계에 해당한다. 나아가 이 제2단계는 다시 4단계로 세분되며 그 제3단계가 '진실의 일부에 깨달아 들어간 삼매(=靜慮)'이며, 객관적 대상에 대한 집착으로부터 벗어난 경지다. 이것이 앞서 본 『쁘라마나비니쉬짜야』의 지각장의 최종 부분에서 다르마끼르띠가 제시한 '궁극적 차원의 인식근거의 일부분'에 해당될 것이다. 제4단계의 '무간삼매(無間三昧)'는 아마도 '예리한 지각에 의해서 순간적 존재를 인식하는 것'에 해당될 것이다. 이와 같이 다르마끼르띠가 말하는 사성제의 인식은 대승보살도에서도 전지자의 경지에서는 훨씬 낮은 수습단계에 머문다. 그렇지만 이미 기술한 바와 같이 이것은 연기의 순관에서 역관으로의 전환이라는 가장 중요한 단계다. 이것이 다르마끼르띠로 하여금 중간 단계에서 경계선상에서 발걸음을 멈추게 하는 것이다. 이 인식근거의 전환을 거쳐서 그 궁극적 끝의 '개념구상을 떠난 초월적 단계'를 개념구상에 의해서 낙천적으로 말할 수는 없다. 그는 저 멀리 떨어진 저쪽이 아니라, '지금 여기'의 '자기차이성'을 직시해야 함을 말하고 있다.

샨따라끄시따에 의한 '전지자의 존재논증'의 가능성

샨따라끄시따는 다르마끼르띠가 정의한 '부정적 인식'의 정의를 역으로 이용하여 초월의 저쪽을 말하고 있다. 실질적으로는 다르마끼르띠의 철학은 여기서 그 가장 핵심적인 생명선이 절단되게 된다. 일단 최종 목적의 존재를 말했던 샨따라끄시따는 유식(唯識)의 단계를 『수습의 차제』로서 처음으로 말할 수 있었다. 그는 전지자가 지각을 초월한 세계에 존재할 가능성을 다음과 같이 증명한다.

> 다르마끼르띠의 부정적 인식은 경험 가능한 영역에 대해서만 인식근거이며, 시·공간을 초월한 영역에 관해서는 그 대상의 존재를 소극적으로 의심하는 것이 가능할 뿐이다. 그것은 적극적

으로 그 대상의 비존재를 증명하는 것은 불가능하다. (『따뜨바상 그라하』 3289~3290, 요지)

이미 기술한 바와 같이 다르마끼르띠는 '부정적 인식'에 '지각 가능한 대상인 것'이라는 조건을 붙이고 있다. '단지 인식되지 않는다'라는 것이 그 대상의 비존재를 결정할 수 없기 때문이다. 그러나 샨따라끄시따는 '전지자는 인식되기 위한 조건을 본래 가지지 않은 존재'라고 말한다. 초월적 전지자의 존재는 인식영역을 초월해 있기 때문에 이율배반이 발생한다. 다르마끼르띠는 그와 같은 것을 결정 불가능한 것으로 두지 않고 경험 가능한 영역에서 '불확정의 의사논증인'으로 간주하여 부정하였다. 그러나 대부분의 포스트 다르마끼르띠안은 바로 이 이율배반을 야기하는 것과 같은 이유에서 역으로 전지자가 증명된다고 생각한다. 세속의 인식근거에 기초한 추론이 거기서 안티노미를 발생하고 진위를 결정할 수 없다고 하는 것은 일상성 차원의 인식이 거기에서 끝난다는 것을 의미한다. 그리고 그것이 바로 궁극적 차원, 곧 진제(眞諦)의 인식근거에 근거한 전지자의 존재 가능성을 증명한다고 보았던 것이다. '인식할 수 없는 대상에 대한 부정적 인식'에 의해서 초감각적 인식을 인정하는 샨따라끄시따의 논증은 앞장에서 본 우다야나의 '신의 존재논증'과 무엇이 다른가?

다르마끼르띠가 '초월적 존재'를 어디까지나 '비재'로서 부정적으로 말하고 경계선상에서 발걸음을 멈추고 있는 것에 대해서, 샨따라끄시따는 가만히 처음부터 대상영역을 세속과 진제로 이분하여 초월하는 것을 긍정적으로 말한다. 배중율의 문제에 대해서도 '전지자' 의 초월적 영역을 설정하는 과정에서 거기에 '단일하지도 복수도 아니다' 라는 증명, 즉 '이일이다논증(離一離多論證)' 이라는 후기중관파의 상투적으로 정형화한 딜레마를 적용해 제시한다. 이렇게 해서 '전지자' 를 도입함으로써 무엇이든 증명해버린 것처럼 보인다. 그렇지만 거기에는 이제 다르마끼르띠의 '무서운 비재로의 해체' 를 통찰할 수 있는 '부정성의 철학' 을 볼 수가 없다. '이미 깨달은 전지자' 의 '영원한 비시간적 초월성' 은 깨달음으로 전환하는 '순간' 을 의미하고 있었던 '순간적 소멸론' 을 깨달음 이전의 저차적인 것으로 간주하고, 일상성 차원의 세속제 속에 머물게 한다. 포스트 다르마끼르띠안은 초월의 저쪽으로 발을 내딛는다. 낡은 불교 체계가 다르마끼르띠에 의해서 해체된 후 새로운 체계를 구성하려는 노력은, 초월적 전지자에 있어서 자기 완결적인 '완전성' 을 요청하고, 이윽고 절대적인 교의(=도그마)로 되어갈 위험성을 내포하고 있다. 또한 초감각적 대상을 인식할 수 있는 붓다의 신격화는 논리적·철학적 노력을 경주하는 인간 붓다로부터 멀리 격절되어버린다. 만약 우리가 일상 차원에서 하는 논리적 검증을 전적으로 거부하고 증명 불가능한 채로 처음부터 초월적인 존재를 맹신적으로 수용한다면, 불교는 소위 '외도' 로 배척하는 베다의 성전 말씀의 절대시와 하등 다를 것이 없다.

그렇다면 이어서 전지자의 논증을 가능하게 했던 인식론으로 요가에 있어서 직관에 관해 살펴보도록 하자.

요가에 있어서 일반상(순간적 존재성)의 지각화

즈냐나스리미뜨라는 전지자성을 해탈에 유효한 것을 아는 자와 이 것저것 모두를 아는 자로 이분하여, 다소 망설임을 보이면서도 그 양쪽 전지자의 존재논증을 시도하고 있다. 가령 라뜨나끼르띠에 의해서 정리된 그 기본적 논증식은 다음과 같이 '추론대상을 지시하는 언어'에서 '그 대상을 지각하는 것이 가능한 인식자의 존재'를 증명하려고 한다.

> **필연성** : 무릇 인식근거에 기초하여 확정된 대상을 가진 '언어'는 직접적·간접적으로 그 대상을 지각하는 지혜(지자의 존재)를 전제한다. 가령 '불은 태울 수 있다'라는 '언어'와 같이.
> **주제소속성** : '모든 존재는 순간적인 것이다'라는 '언어'는 인식근거에 기초하여 확정된 대상을 가진 '언어'다.
> 〔**결론** : 그러므로 '모든 존재는 순간적인 것이다'라는 '언어'는 직접적·간접적으로 그 대상을 지각하는 지혜(지자의 존재)를 전제한다.〕

추론대상으로서 일반상은 개념구상에 근거한 언어이며 다른 한편 지각된 독자상은 개념구상을 떠나 있어 '언어'로 표현할 수 없다. 그러나 만약 그렇다면 추론대상은 어떻게 해서 지각대상과 관계를 맺는 것이 가능할까? 지각대상과 추론대상이 구별되고, 지각만이 존재의 실상을 가질 수가 있고, '언어'에 의한 추론이 허구라고 한다면,

추론은 무엇을 향해서 추론하는 것인가? 이미 이 책 제7장과 제8장에서 우리들은 '추론된 순간적 존재성은 일반상이지만 지각된 독자상으로부터 일탈하지는 않는다'라는 것을 메타 차원에서 간접적으로 증명하고자 하는 다르마끼르띠의 추론적 노력을 살펴보았다. 다르마끼르띠는 그것을 아포하의 네가티브한 차이선의 연동에 의해서 해결하고자 했다. 그것은 이미 지각되고 있는 '순간적 존재'를 향하여 추론하는 쪽에서 어느 정도 접근할 수 있는가라는 문제다. 혹은 지각대상인 약동하는 순간적 존재의 실상 쪽으로부터의 벡터를 어떻게 해서 추론대상의 '순간적 존재성'에 연동하게 하는가라는 문제였다. 그러나 여기에는 추론의 결과를 어떻게 지각화할 것인가라는 문제가 발생한다. 그것을 가능하게 하는 것이 요가의 수습이다. 결국 요가에서 추론대상(일반상인 '순간적 존재성')은 최종적으로 지각대상(독자상인 '순간적 존재')로 변환되는 것이다. 이것은 새로운 실재를 창출하는 것을 의미한다. 특히 '모든 존재는 순간적인 것이다'라는 추론결과에서 그것을 지각하는 인식자의 존재를 논증하는 것은 추론결과가 전칭명제이기 때문에 전지자의 존재를 논증하는 것이 될 것이다. 그러나 여기서 '일반적으로 인식근거에 기초해서 확정된 대상을 가진 언어'라는 제한이 있기 때문에 인식근거에 기초하여 행위하는 한의 존재, '인식근거로서의 붓다(쁘라마나·붓다)'의 존재가 초월적 영역이 아니라, 인식근거의 영역에서만 추론되는 것이며, '모든 것을 알고 있는 전지자'의 존재를 추론하고 있는 것이 아니다. 이런 측면에서 즈냐나스리미뜨라는 다르마끼르띠로부터 일탈하는 것이 아니다. 다만 만약 그 제한을 벗어난다면, 이것은 '결과로서의 논증인'에 기초한 우다야나의 신의 존재논증에 대단히 가까운 것이라 할 수 있을 것이다. 문제는 그와 같은 지각자가 어떠한 영역에 존재하는가라는 것에 있다.

그러나 샨따라끄시따는 "전지자는 요가의 수습의 극한에서 과거·현재·미래의 모든 것을 통찰할 수 있다"라고 말한다. 또한 그것을 계승하여 즈냐나스리미뜨라도 "가령 사소한 것이라고 해도 해탈에 도움이 된다면 그것을 모두 알고 있는 사람은 전지자다"라고 기술하고 있다. 나아가 라뜨나끼르띠도 "먼지나 좁쌀까지도 전지자는 알 수 있는가?"라고 주저하면서도 최종적으로 그것을 논증한다. 이것이야말로 다르마끼르띠가 부정한 것이 아니었을까? 그렇지만 여기에는 상당히 미묘한 문제가 있는 것 같다. 그래서 이 문제를 뒤로 돌려 우선 인식근거의 범위에서 전지자의 문제부터 살펴보자. 즈냐나스리미뜨라에 준거하여 목샤까라굽따는 다음과 같이 말한다.

> 개념구상은 본래 실재하는 것을 대상으로 하는 것은 아니지만 그러나 실재하는 것을 개념적으로 구상하는 것이다. 그러므로 명상에 근거하여 실재하는 것도 생생하게 드러나는 것이다. 우리들은 개념적 사유 그것이 비개념적이라고 말하는 것이 아니라, 개념적 사유로부터 비개념(적 지각)이 생긴다고 말하는 것이다. 실제 연애나 깊은 슬픔 때문에 격렬하게 사고하는 사람에게 개념적 사유의 영역을 초월하여 연인 등의 모습이 눈에 보일 때가 있다. 그것은 우리의 경험에 의해 실증된다. 그와 같이 실재로 경험되는 것에는 아무런 불합리도 지적할 수가 없다. 〔梶山雄一 역, 『따르까바샤』(논리의 언어) p.42〕

이와 같이 일반상에서 독자상을 이끄는 역의 벡터를 거슬러 올라갈 가능성이 요가수행자에게 주어져 있다. 그리고 목샤까라굽따는 다음과 같이 그것을 다르마끼르띠의 '순간적 존재성'에 의해서 기초지우려고 한다.

> 확실히 마음은 찰나멸적인 것이지만 같은 종류의 일련의 순간을 통해서 (대상의) 인식에 전념할 경우에는, 그것을 하나의 대상에 대한 마음의 집중이라고 말할 수 있다. 탁월(한 마음의 상태)라는 것은 마음이 항상적인 것에 의해서 생기는 것이 아니라 바로 그것이 찰나멸적이기 때문에 생기는 것이다. 왜냐하면 항상적인 것에는 어떠한 첨성도 부가되지 않기 때문이다. 그것에 관해서 (다르마끼르띠는 다음과 같이 말한다.) 유식한 사람(有識者)은 그 본성이 결코 멸하지 않는 것을 항상적인 존재라 부른다. 이와 같이 항상하기 때문에 변화하지 않는 존재는 일정한 능력 또는 무능력이 본성으로서 정해지게 되는 것이다. 그것을 누가 소멸시킬 수 있을까?(『쁘라마나바르띠까』 제2장, 제3장, p.22)

하지만 앞서 이 책 제7장에서 미해결의 상태로 남은 문제, 즉 '요가수행자는 순간적 존재를 지각할 수 있는가'라는 문제는, 역의 방향에서 회답될 것이다. 여기서 일반상이 요가수행자의 인식에서 독자상화되고 있음을 말하고 있다. 그런데 이미 기술한 바와 같이 추론대상으로서 일반상과 지각대상으로서 독자상은 구별될 수 없는 것인가? 그러나 이와 같은 '일반상의 독자상화' 가능성이 이미 다르마끼르띠의 텍스트 속에 없었다고 말할 수는 없을 것이다. 『쁘라마나바르띠까』 제3장 지각장의 서두 부분에서 아마도 경량부의 시점에서 다르마끼르띠는 지각대상으로서 독자상과 추론대상으로서 일반상을 배중율에 근거해서 구별했다. 이 단계에서는 '대상이 이분되기 때문에 인식근거도 이분된다'라고 말할 뿐, 무엇 때문에 대상이 그와 같이 이분되는지 그 이유는 제시하지 않는다. 그렇지만 텍스트 도중에 '모든 지각은 자기인식'이라고 주장하는 유식론(唯識論)을 도입함으로써 정의를 변경하여 그 이유를 다음과 같이 기술한다.〔이 콘텍스트의 이행이라 볼 수 있는 것은 전오식(前五識)에서 더 심층의 자기의식으로 이행하는 유식론 자신의 구조이기도 하다.〕

> 그러나 (궁극적 차원에서는) 독자상만이 인식근거의 대상이다. 그 독자상으로부터 (인간의 목적을 달성하게 하는) 효과적 작용이 성립하기 때문에 (인간은 독자상에 관해서만) 존재하는가, 그렇지 않으면 존재하지 않는가라는 (진위)를 고찰하기 때문이다. 그것은 (다만 하나의 독자상)을 그 자신의 존재방식으로 인식하는 경우와, 그것 이외의 존재방식으로 인식하는 경우가 있기 때문에, 인식근거의 대상은 (독자상과 일반상) 두 가지가 제시되었던 것이다. (『쁘라마나바르띠까』 제3장, 53d~54 戶崎宏正 박사의 번역 참조)

여기서 독자상은 이중으로 정의되고 있다. 얼핏 보면 다르마끼르띠의 정의를 변환시키고 있는 것으로 생각되는 즈냐나스리미뜨라에 준거하는 목샤까라굽따의 '독자상'의 정의는 다르마끼르띠의 이 기술에서 그 근거를 찾을 수 있다. 그는 이미 앞장에서 본 바와 같이 'A

는 B라고 할 때, A가 B 이외의 것과 결합하는 것을 부정하지 않는 것'을 의미한다. '비결합의 배제'에 의해서 정의를 해석한다. 다시 한 번 그 부분을 인용해보자. '일반상 사이의 변충관계가 지각되지 않으면 추론이 성립할 수 없는 것 아닌가'라는 반론자(뜨리로짜나)에 대해서 목샤까라굽따는 다음과 같이 답한다.

> 그와 같은 오류는 없다. 왜냐하면 앞의 '지각의 대상은 독자상이다'라는 정의는, 지각이 독자상 이외의 것과는 결코 결합하지 않는다는 의미에서 독자상만이 지각의 대상이라고 말하는 것이 아니다. 그것이 아니라 지각은 독자상과 결합한다는 의미(비결합의 배제)에서 독자상은 지각의 대상이라고 말하는 것이다. 즉, 일반상 또한 지각의 대상이 된다는 것을 방해하지 않는다. (『따르까바샤』)

그렇다면 구체적으로는 어떻게 다르마끼르띠의 정의를 해석해야만 할까? 목샤까라굽따는 아래와 같은 해석을 제시한다.

> 인식의 대상은 두 종류가 있다. 즉, 직접적 대상과 간접적 대상이다. 그리고 지각하는 경우는 현재 직관되고 있는 독자상 즉, 그 한순간의 대상이 직접적 대상이며 그 직관의 직후에 생기는 개념을 포함한 표상인 일반상이 간접적 대상일 뿐이다. 또한 이 일반상도 두 종류로 나누어진다. 개물의 개념(직역은 세로의 형태를 지닌 일반자)과 종류의 개념(직역은 가로의 형태를 지닌 일반자)이다. 그 가운데 가령 '이 항아리'와 같은 (그 이외의 항아리

라고 하는) 종류의 항아리로부터 구별되는 하나의 개물(의 순간의 흐름)에서 많은 순간의 (연속을 일체로 간주하여 그) 모임을 '이것'이라 말하는 것이 개물의 개념으로서의 일반상이다. 이것은 개물을 확인하는 지각의 대상이다. 다른 한편 다른 종류의 존재로부터 구별된, 다수의 (같은 종류의) 개물(을 성원으로 하는 집합)이 종류의 개념이며 이것은 (두 가지) 개념 사이의 필연성(가령 항아리는 제작물이라는 관계)을 인식하는 지각의 대상이 되는 것이다. 이(지각의 경우)와 달리 추리에 있어서는 일반상이 직접적 대상이며 (일반상에 근거하여 상상에 의해서 생기한) 독자상이 간접적인 대상이 된다. (『따르까바샤』 p.44~46)

이미 카지야마 유이치 박사가 이 정의와 요가수행자의 지각과의 관계를 간파한 바와 같이, 이 정의를 강조함으로써 요가에 있어서 지각은 일반상으로부터 독자상으로 길을 개척할 수가 있게 되었다. 이 해석의 가능성은 나아가 다음 다르마끼르띠의 텍스트에서도 읽을 수 있다.

만약 "일반상도 인식의 존재방식으로서는 (독자상으로서의) 대상으로 간주되어야 할 것이다"라고 한다면 그것은 과실은 없다. 그것은 인정할 수 있기 때문이다. (다만 그것은 자기인식의 영역 안에서의 일이며,) 외적 대상의 존재방식으로서는 일반상인 것이다. 모든 것에 관해서 그것 이외의 존재를 배제하는 것(아포하)에 기초해서 일반성(일반상인 것)이 있기 때문이다. (『쁘라마나바르띠까』 제3장, 9cd~10, 戶崎宏正 박사의 번역 참조)

요가의 지각은 완전히 자기인식의 영역 안에 있고 외적 대상에 대한 관계는 차단되어 있다. 그러한 한 일반상은 독자상으로 변환될 가능성이 여기에 주어져 있다. 또한 다르마끼르띠는 '요가의 인식에서 최종적으로 개념구상이 배제된다' 라는 체험을 기술하고 있다. 그러나 다른 한편 뒤에서 살펴보겠지만 다르마끼르띠는 최종적으로 '요가수행자의 경지는 고찰될 수 없다'(『쁘라마나바르띠까』 제3장, 532d) 라고 하여 기술을 단념하고 있다. 이것은 단순한 모순도 양의성도 아니다. 다르마끼르띠는 경계선상에서 발걸음을 멈추고 있다. 다르마끼르띠는 요가수행자의 인식을 지각의 종류 가운데 하나로 두지만 요가의 자기인식에 관해서 그다지 많은 말을 하지 않는다. 아마도 체험의 경지를 고정화하고 초월적으로 말하는 것을 피하기 위해서라고 생각한다. 항상 그때마다 순간적으로 비재화함과 동시에 새롭게 창발하는 생동성이 지금까지의 전 체험을 해체하기 때문일 것이다. 그렇다면 지각대상으로서 독자상은 자기동일성을 가지고 안정되어 있을 리가 없다. 존재는 자기 자신의 아이덴티티를 비재화함으로써 비로소 둘도 없는 독자의 존재 의미를 생생하게 발현한다. 즉, 지각대상으로서 독자상은 자기 자신을 자기가 아닌 새로운 자기로 전환하는 '자기차이성' 이 아니면 안 되는 것이다.

'모든 것을 알고 있는 전지자' 의 문제

그런데 여기서 계속 미루어왔던 문제를 다루고자 한다. 이미 기술한 바와 같이 라뜨나끼르띠도 "먼지나 겨자씨까지도 전지자는 알 수 있을까"라고 망설임을 보이고 있지만 최종적으로는 그것을 인정한다. 즈냐나스리미뜨라는 미묘한 차이를 보인다. 그는 "가령, 사소한 것까지도 해탈에 도움이 된다면 그것을 모두 알고 있는 사람은 전지자다"라고 말한다. 여기에는 '해탈에 도움이 되는 것'이라는 한정이 있기 때문에 모든 것을 알고 있다는 의미에서 '전지자'라고 말하는 것은 아니라고 생각할지도 모른다. 그러나 그렇지 않다. 왜냐하면 아직 해탈하지 않는 사람은 무엇이 해탈에 도움이 되는가라는 지식을 결정할 수 없기 때문이다. 따라서 그 판정은 초월의 저쪽에서 결정되지 않으며 안 된다. 여기에 일상성 차원의 인식의 한계라는 문제가 있다. 일상성 차원에서는 사소한 것처럼 보이지만 요가의 수습의 궁극적 경지에 도달한 전지자의 눈으로 본다면 해탈에 도움을 주는 것일 수도 있다. 이 의미에서 즈냐나스리미뜨라는 전지자성을 해탈에 유효한 것을 아는 자와 모든 것을 아는 자로 나누지만, 실질적으로는 이분할 수 없기 때문에 그 양쪽의 전지자의 존재논증을 시도한 것이다.

허구라고 굳게 믿었던 상상 속 이미지가 존재의 실상을 가져온다는 것을, 즈냐나스리미뜨라와 라뜨나끼르띠는 요가 수습의 극한에서 구하였다. 조금 전 연인(戀人) 이미지의 현실화의 사례는 이 시점에서 본다면 전혀 다른 콘텍스트로 읽을 수 있다. 일상성 차원의 지각의 감각적 확신(결심)을 인식근거에 기초한 추론 결과에만 머물지 않고, 존재한다고 여겨지는 모든 상상 속 이미지를 독자상화하여 일상의식의 변혁으로 다가설 수 있다. 요가에 있어서 이 활동은 신비적 직관 등이 아니라 사성제의 '멸제'와 '도제'의 활동에 해당될 것이다. 아마도 일본불교에서 『법화경』 등의 독송에서 만다라, 전수염불

(專修念佛), 선문답(禪問答)이나 지관타좌(只管打座) 등에 이르기까지 그것들은 이와 같은 존재의 실상의 변환을 가능하게 하는 것으로 간주될 것이다. 라뜨나까라샨띠, 즈냐나스리미뜨라, 라뜨나끼르띠가 모두 논리학자임과 동시에 밀교학자였다는 것은 우연이 아니다. 요가수행자의 개념구상은 명상 속에서 지각으로 변환되는 것이다. 미우라 토시히코(三浦俊彦) 씨는 그의 저서 『허구세계의 존재론』 속에서 다음과 같이 말한다.

> 어쨌든 허구는 현실보다도 그림자가 엷은 이질적인 반실재가 아니다. 허구는 현실세계의 추상에서 모방하여 같은 추상이 적합하다고 하는 의미에서 실재인 것이다. 역으로 말하면 현실은 허구만큼이나 허구적이다. 현실에 관한 우리들의 실재감 여하도 허구세계에 관한 현실감 여하에서 모방한다.

생각해보면 어떤 의미에서 존재의 항상성을 믿고 있는 우리들의 일상성 차원의 현실감이 인식근거에 의해서 순간적 존재성이 증명되기에 이르러 그 순간 허구로 전환한다. 그것과 동시에 지금까지 허구(순간적 존재성)로 믿고 있었던 것이 실재로 전환한다. '무상한 인식근거', 그 순간적 소멸을 통찰하고 있는 다르마끼르띠, 일상성의 허구를 통찰하는 인식근거에 기초한 논증행위 그것은, 일상성에 있어서는 '일상성의 허구'인 것이다. 논리는 그 의미에서 문학적 표현과 같은 허구이다. 다만 문제는 그 전환의 '순간'을 확인하는 것에 있다. 다르마끼르띠의 인식론적 논리학은 항상 그 순간 허구와 실재의 경계선에 서 있다는 것을 한순간도 잊어서는 안 된다. 이것을 잊고서

'모든 것을 통찰한 초능력자'를 신앙의 대상으로 해버리면 모든 문제는 처음부터 그 초능력자에 의해 해결되어버리며, 역시 앞장에서 보았던 우다야나의 '신의 존재논증'과 구별이 되지 않을 것이다.

그런데 샨따라끄시따는 전지자가 과거·현재·미래라는 시간의 전 영역을 인식할 수 있음을 다음과 같이 고찰한다.

> 요가수행자는 지각에 의해서 현재의 모든 형상을 감수한 직후에 단순한 일상성 차원의 개념구상을 발생하게 한다. 이것은 개념구상이지만 실재와 정합성을 가지고 있다. 이 순수한 개념구상을 인과관계에 연동하게 하는 것에 의해서 과거와 미래를 인식한다. 그 인식은 궁극적으로는 독자상을 대상으로 하지 않지만, 실재와 결합하고 있는 것에서 정합성을 가지고 있다. 이 경우 미래와 과거의 인식은 일반상을 대상으로 하는 추론이지만, 그것을 자기인식에 의해서 지각하는 한, 독자상으로서 파악하고 있는 것이 된다. 요가 수습의 최종적 단계에서 전지자에게는 일상성 차원의 순수한 개념구상조차도 소거된다. 일체지자의 인식은 인식 그것의 자기인식이기 때문에 개념구상은 궁극적으로 배제되는 것이다. 그 경우 미래와 과거는 외적 대상으로서는 일반상에 머물지만, 자기인식으로서는 최종적으로 '더욱 기저에 있는 현재의 지각'의 독자상으로 환원하게 된다. (『따뜨바상그라하』 1853~1856, p.347 요지. 川崎信定 박사의 번역 참조)

이와 같이 샨따라끄시따는 지각에 인과관계를 연동시켜서 시간의 삼시태(三時態, 과거·현재·미래)의 모든 것을 직관할 수 있는 초월적

인식의 존재를 허용했다. 여기서 두 개의 전지자는 융합되고 있다. 인식근거에 결정론적 인과관계를 연동시켜서 '모든 것을 통찰한다'는 전지자를 도출하고 있는 것이다. 여기서 인과관계는 선형시간상에서 연동한 객관적 결정론으로 파악되고 있다. 이것은 다르마끼르띠의 자발적 소멸론에서 절대적 부정으로서의 절단(실존의 죽음)을 포함한 주체적 순간과 전혀 다르다.

나아가 까말라쉴라는 일체지자의 인식에 있어서 형상이 있는 것인가(유형상유식론), 혹은 없는 것인가(무형상유식론)의 문제를 전개한다. 무형상유식론에 의하면 모든 존재가 상호간 배제하지 않고 실재 그대로 현현한다. 그때 인식은 수정과 같이 그 자신 형상을 가지지 않고 투명하게 비추는 작용만을 하는 존재로 간주된다. 이에 대해서 유형상유식론은 인식은 대상의 형상을 감수하지 않고서 대상을 파악한다고 하는 활동은 있을 수 없다고 본다. 어떤 것이 인식된다는 것은 인식 속에 그 형상이 현현하는(표상되는) 것에 다름 아니다. 일체지자의 무분별지에서도 지각대상의 형상은 있다. 그러나 최종적으로는 형상자체는 허구로 여긴다. 궁극적 차원에서 파악하는 것과 파악되는 것과의 '주관—객관도식'의 형상화 작용을 배제하지 않으면 안 되기 때문이다.

이 유형상론의 마지막 구절에 주목한다면 유형상유식론과 무형상유식론은 동일한 담론(discourse)이며 반드시 대립하는 것은 아니다. 다르마끼르띠 자신은 유형상유식론에도 무형상유식론에도 머물지 않고 자기차이화하는 생동적 인식론을 취하고 있다. 반면 샨따라끄시따는 최종적으로 유(有)와 무(無)의 양극을 초월하는 제3의 궁극의 초경험적 인식을 제시한다. 이렇게 해서 요가수행자의 인식은 '일체를 동시적으로도 계시적으로도 마음대로 인식할 수 있는 절대적 경지'에 오르게 된다. '제행무상(諸行無常)', '제법무아(諸法無我)'의 이해는 베다에 의거해서는 안 되고, 일체지자로서의 인간 붓다의 언어에 의거해야만 하며, 오직 붓다의 언어야말로 인식근거라고 샨따라끄시따는 간주한다.

'모든 것을 알고 있다는 의미에서의 전지자'를 부정한 다르마끼르띠는 우선 인식근거를 가장 중시하고 그것을 붓다의 존재방식에 적용시킨다. 이에 대해서 샨따라끄시따와 즈냐나스리미뜨라는 붓다를 요가수행자의 인식의 극한으로 가장 중시하는 경향을 보이고 있다. 슈타인켈너 박사와 카와사키 노부사다(川崎信定) 박사가 이미 간파한 것과 같이 요가라는 자기인식의 정합성에는 '악순환'이 발생하게 된다. '진리의 자기완결성 속에서 정의가 공전하고 있다'는 것이다.

다르마끼르띠는 그 궁극의 끝을 말하지 않는다. '요가수행자의 경지는 고찰하는 것이 불가능하다.' 그 이유는 아직 죽지 않은 내가 내 죽음을 웅변적으로 말할 수 없기 때문이다. 아직 초월하지 못한 우리가 초월자의 전지전능 경지를 어떻게 말할 수 있을까? 다르마끼르띠는 인식근거 자체의 종언에 관해서는 말했지만, 그것으로부터 그 궁극의 끝을 낙천적으로 말하지는 않았다. 왜냐하면 붓다께서도 초월적인 것에 관해서는 전혀 말씀하신 적이 없기 때문이다. 궁극의 문제는 일상성 차원의 연장선의 방향에서 멀리 저쪽에 초월해 있는 것이 아니다. 그것은 마치 죽음이 거기에 없는 것과 같다.

산스크리트 '요가(yoga)'는 '연결한다·맺는다'라는 행위를 의미한다. 서사시 『마하바라따』(Mahābhārata)에서는 외계로부터 우리들의 의식을 차단하여 아뜨만(참된 자기)을 계시하고, 그 아뜨만과 절대자와의 합일을 의미한다. 불교에서는 '요가차라 · 유가행파'의 유식관의 실천수행으로 전개되지만, 즈냐나스리미뜨라가 활약한 시기에 이르게 되면, 인도불교는 밀교화되어 요가 체험과 붓다 깨달음의 경지를 직접 결합하는 방식으로 나아간다. 수습의 가행에 의해 최종적으로 초월적 직관을 가능하게 하는 그 과정은 다르마끼르띠 철학에서 차례로 분기한 것처럼 생각된다. "그렇다고 해도 다르마끼르띠 자신이 소극적이라고 하지만 '요가에 있어서 지각'을 인정하고 있는 것이 문제로 남아 있는 것은 아닌가"라고 말할지도 모르겠다. 다만 다르마끼르띠가 거기에서도 자기체험을 절대화하는 것이 아니라, 부단히 '자기차이화한다'는 무시무시한 부정성의 철학을 일관하고 있기 때문에, 우리는 다르마끼르띠의 부정의 철학에서 잠시도 눈을 딴 곳으로 돌릴 수가 없었던 것이다.

종장

미완성인 무상의 철학

종장
미완성인 무상의 철학

'완전한 이론체계' 라는 환상(불완전성 정리)

간혹 우리는 종교나 사상 속에는 삶의 전체나 사후의 세계 전체를 완전하게 설명할 수 있다고 굳게 믿는 사람을 볼 수 있다. 특정 교조나 사상가가 문제를 전면적으로 해결해버렸다고 생각하는 것이다. 따라서 뒤에 태어난 사람은 이미 주어진 답의 절대성을 광신적으로 믿든가 그렇지 않으면 이단으로 배척하든가 혹은 무관심을 가장하든가 그 중 하나를 취하게 될 것이다.

그러나 '그와 같이 전체를 증명하는 논리나 그와 같은 절대적으로 완전한 체계 등이 처음부터 있을 수는 없다' 는 것이 이미 증명되었다고 한다면 사람들은 놀랄 것이다. 단순한 느낌으로 그렇게 말하는 것이 아니라 괴델(G. Gödel, 1906~1978)이라는 현대 논리학자에 의해서 논리적으로 증명되었다는 것이 중요하다. 여기서는 그 혁명적인 괴델의 '불완전성 정리' 의 증명의 아이디어만을 고찰하고자 한다.

가령 어떤 체계A는 절대로 모순을 발생하는 것이 아니며, 참과 거짓을 결정할 수 없는 것을 가지고 있지 않다고 하는 '완전성'을 증명하는 경우를 생각해보자. 만약 그 증명이 체계A 이외에 체계B에 의해서 증명된다면 체계A는 이차적인 것이 될 것이다. 물론 그것을 증명한 체계B 편이 더 강력한 것이 될 것이다. 그렇다면 그 체계B는 그 자신의 무모순성을 무엇으로 증명할 수 있는가? 그것을 증명하기 위해서 C D E … 등으로 끝없이 소급하지 않으면 안 된다. 여기서 A의 완전성을 A자신에 의해서 증명하지 않으면 안 된다. 그렇게 되면 더욱더 성가신 '자기언급'이라는 역설을 만나게 될 것이다. 그것은 옛날부터 잘 알려진 '거짓말쟁이 역설'과 같은 유형이다.

"나는 지금 거짓말을 하고 있다"라고 내가 말했다고 하자. 통상은 내가 늘 거짓말을 하고 있다고 한다면 "지금도 '거짓말을 하고 있다'는 거짓말을 하고 있는 것이다"라고 상대에게 알게 할 수 있을 것이다. 그러나 이러한 외부의 정보를 제거하고 이 언명의 내부만으로 진위를 결정하려고 하면 역설이 발생한다.

> 만약 내가 정직하게 말하려고 한다면 '나는 지금 거짓말을 하고 있다'라는 것은 바른 것이 되기 때문에 나는 거짓말을 하고 있는 것이 된다. 그렇다면 진실을 말한 것이 되며 '나는 지금 거짓말을 하고 있다'는 것은 거짓말이 되어버린다. … (이하 이와 같은 진위의 반전이 무한히 계속된다.)

괴델은 무한을 처리하기 위해서 수학적 귀납법을 도입한 수학 자체 속에서 이와 같은 역설이 발생한다는 것을 증명하였다. 수학이라는 가장 순수한 '무모순의 형식적 체계'라고 믿고 있었던 것에서 이러한 역설이 발생한다는 것은, 어떠한 사상체계라 해도 그것이 스스로를 논리적으로 완전한 체계라고 주장하는 순간, 그 자신의 불완전성을 폭로하게 된다. '어떤 체계의 무모순성은 그 체계 내부에서 증명할 수 없다.' 무한의 영역을 일거에 결정하려고 하는 전체지는 역설을 발생하게 한다. 그러한 것은 자기 자신의 완전성을 보지하기 위해 도그마를 선전·폭력·권력으로 강제한다. 또한 완전성이나 순수성을 강요한 나치와 같이 대규모의 공동 환상을 이용하여 대중을 세뇌하기 위해 광분하는 것에 다름 아니다. 지금 모든 것을 증명해 보이고자 하는 '전능한 완전이론체계'가 환상이라는 것이 확실해진다. 초월적인 신이나 항상·불변인 진리기준을 모든 것에 선행하게 하여 처음부터 문제를 없애버리는 것은 단순하며 또한 논증식이 아무리 복잡해도 이해하기 쉽기 때문에 즉시 따르게 된다. 그렇지만 그것은 우리들이 채용하는 바가 아니다.

'존재'와 '비존재', '삶'과 '죽음', '이 세상'과 '저 세상', '정통'과 '이단', '나'와 '타자'라는 이진법 즉, '1'과 '0'에 기초한 이분법은, 신과 같은 초월적 시점에서 미리 모든 존재를 배중율에 의해 결정하는 시나리오에 기초하고 있다. 대부분의 사상이나 상식은 이분법적 논리를 토대로 하여 양 극단을 일단 고정한 다음 다른 극단을 차별하여 배제한다. 이렇게 해서 자기의 극단을 절대화한다. 그러한 이분법에 기초함으로써 그 둘 가운데 하나의 극점에 자기의 아이덴티티의 근거를 설정하여 광신적 집단의 한 분자가 되어 다른 극단을 말살하기도 하고 외적·강제적 권위에 의해 농단되는 것을 결단코 거부하는 철학, 거기서 완전히 깨달은 진리보다 미완인 채로 고투하는 것을 선택하는 것이야말로 철학의 최후 수단인 것이다.

'거짓말쟁이의 역설'을 피하기 위해 러셀은 자기 언급을 할 때 언급하는 쪽의 언어는 높은 단계의 메타 차원의 언어이며 대상언어의 〔 〕 속에 넣어서는 안 된다는 규칙을 만들었다. 인공언어라면 그렇게 해도 무방할 것이다. 그러나 일상언어가 착종한 콘텍스트에서 그와 같은 규칙은 유효할 수 있을까? 남아 있는 방책은 오직 하나가 있다. '불완전성 정리'를 남김없이 그대로 받아들이는 '생동적 시스템'을 구축하는 것이다. 괴델의 '불완전성 정리'는 수학의 절대성을 해체하고 거기에 한계를 지적한 것이었지만, 그것이 소극적인 단념(斷念)을 의미하는 것은 아니다. 그것이 아니라 역으로 외부세계와 무한한 생동적 관계와 자기가 자기 자신을 끊임없이 변환하고 재조직화하는 '구성적 집합론'의 구축 가능성을 의미하는 것이다. 자기 자신의 유한성을 자각하는 것이 역으로 무한을 더 리얼하게 발현시키는 것이다. 현대사회의 시스템 이론의 최전선에 있는 루만(N. Luhmann, 1928~1998)이라는 사람도 같은 방식을 취하고 있다. 그의 '자율적 자기조직 체계'는 생명체의 신경시스템을 모델로 하고 있다. 신경계는 체내에 닫혀진 '닫힌 시스템(closed system)'이면서 동시에 외부 자극에 대해서 열려 있고, 자기 자신은 그때마다 외부정보를 받아들인 자율신경계에 의해서 조직화하고 진전해간다. 시스템을 종래의 기계모델과 같이 처음부터 '열린 시스템(open system)'으로 전체화하는 것을 거부하고 자기 언급적으로 존재하는 '닫힌 시스템'으로 한정한다.

경계선을 긋는 것은 역설적으로 외부세계의 무한의 '타자'를 처음으로 존재하게 하는 것이다. 이에 반해서 처음부터 존재의 전 영역으로 열린 시스템은 역설적으로 외부세계를 가지지 않는 '닫힌 시스템' 이라는 것이 분명하다. 시스템은 '시스템/외부환경세계' 의 차이에 의해서만 정의되며, 그 자체의 자기동일성을 가지지 않는다. 그러나 그것에 의해서 시스템에 끊임없이 자기변환의 생동적 자율성이 주어지는 것이다. 이렇게 해서 '자기언급의 역설' 을 먼저 보내고 피할 수 있다. 여기서 우리들은 다르마끼르띠의 자기차이화하는 인식근거(쁘라마나)와 대단히 가까운 발상을 볼 수 있다. 그러나 양자 사이에는 결정적 차이가 있다.

'비재' 로 역행하는 인식근거(시간의 논리학)

이와 같이 괴델은 수학적 이데아를 향해서 구성적 집합론을 추구하기 위해 상승을 계속한다. 또한 최근 물리학에서 시간개념을 도입한 프리고진(L. Prigogine, 1917~2003)의 '산일구조' 는 '카오스의 흔들림' 속에서 불가역적으로 자기조직화를 계속한다. 나아가 루만의 자율적 자기조직체계도 자율적인 자기조직화를 끊임없이 지속한다. 그렇지만 이것은 이미 기술한 바와 같이 '차이' 이전에 객관적인 '불사(不死)' 의 '무분절한 존재', '복잡성', '카오스' 적 실재를 전제하여 거기서부터 무한히 분절하는 이분 가능한 긍정적 존재론을 전제하고 있다. 즉, 그 차이 구조 그것이 이분법적 구상에 기초하여 구축되고 그때 그 이분법적 구상 그것이 긍정되고 있다. 거기서 '내부/외부' 와 '유한/무한' 이라는 '존재론적 절단' 은 내부 시스템에 대해서 외부 존재를 긍정하고 유한에 대해서 무한의 존재를 긍정한다. 그것은 확률론과 보편적 결정론의 모순을 지양한다고 하지만 일회성이 아니라 반복해가는 추상공간에서 정량적인 준결정론을 겨냥하고 있다. 또한 최근 각국 정부기관이 주목하고 있는 월러스틴(I. Wallerstein, 1930~)이나 헌팅턴(S. Huntington, 1927~)의 '세계 시스템이론'이나 '글로벌 모델'은 전체주의의 부활 위험성을 가지고 있다고 할 수 있다. 이에 대해서 최근 미셸 더미트(Michael Dummett, 1925~)는 배중율을 무효로 하는 직관주의 논리를 부활시켜 화제가 되고 있다.

그런데 다르마끼르띠는 시스템을 시스템 자체에 의해서 끊임없이 탈구축한다. 그는 우선 일상성의 아포하의 이분법에 의해서 논리적 공간을 배중율이 유효한 것으로 설정하고 거기에 쁘라상가를 기폭시킨다. 그리고 그것으로부터 시스템 자체의 '죽음'을 향해서 이분하는 차이선을 역으로 거슬러 올라간다. 그 '존재론적 절단'은 내부에 대해서 외부존재를 긍정하거나 유한에 대한 무한을 긍정하지 않는다. 그러한 것이 아니라 '비재'를 개시한 것이다. 그것은 어디에도 양극단을 고정하지 않는 '/'라는 부정적 조작이다. 그는 이분법적 구상 그것을 긍정하는 것이 아니라 부정의 방향으로 차이화하여 이분법 그것을 해체함과 동시에 '비재'로부터 창발하는 순간에 의해서 시스템 그것을 변환한다. 여기서 배중율의 적용에 이중구조가 주어진다. 그것은 일상성 차원과 궁극적 차원의 이중진리론(二諦說)에 의해서 처음부터 가능하였던 것이다. 이미 기술한 바와 같이 두 개 차원은 양극단이 고정되어 있지 않다. 인식근거에 의해서 고찰되기까지는 양가논리의 정합성 속에 머물러 있는 자기가 논리적으로 비판되는 순간, 일상성이 해체됨과 동시에 궁극적 차원이 개시된다. 두 개 차원의 진리는 상호간에 역방향의 '원—벡터' 개념인 것이다. 그렇다고 하면 일상성 차원의 진리는 궁극적 차원의 진리로부터 절단되는 것이 아니라, 일상성 차원의 진리를 결정하는 인식근거 그것 속에 이미 역방향의 벡터가 작동하지 않으면 안 된다. 깨달음의 순간을 가능하게 하기 위해 이미 그 인식근거의 자발적 소멸이 내장되어 있지 않으면 안 된다. 그 한계 개념이야말로 '순간적 존재성'이었던 것이다. 논리의 한계를 끝까지 추구하여 논리 그 자체의 죽음을 증명하는 것은 결코 논리의 단순한 부정을 의미하지 않는다. 죽음이 삶을 새롭게 하는 차원으로 창발하게 하는 것과 같다.

다르마끼르띠의 논리는 논리 자신의 한계를 직시한다. 그렇기 때문에 '논리와 시간성'의 경계가 '순간적 존재성'으로서 최대의 문제가 된다. 거기서 존재로부터 미리 분리된 통상의 '시간 그것'이 해체된다. 존재는 자신의 비재를 내장함으로써 한순간도 자기동일성을 지니고서 멈추지 않고 자기가 비재화함으로써 자기 자신을 차이화한다. 시간성은 이 순간적 존재성으로부터 창발되는 것이지, 처음부터 존재와는 관계없이 '불가역성'으로서 전제되어 그 뒤 시스템에 도입되는 것이 아니다. 논리에 한계를 확인하는 것이 역으로 그것이 논리라는 것을 역설적으로 증명한다. 게다가 그것은 바로 논리 자신에 의해서 증명되지 않으면 안 된다. 처음부터 논리와 비논리적인 것을 이분해두고 비논리적인 직관에 의해서 논리를 부정할 수 있다고 안이하게 믿는 것은 웃음거리가 되기 쉽다. 인식근거 그것은 자기 인식근거의 비재화를 내장하고 있다. 추론이 지금까지 추론의 전제로 삼았던 자기동일성을 추론에 의해서 논리적으로 해체하는 순간, 역설적으로 새로운 창발의 섬광을 기술하려고 하는 것이다. 다르마끼르띠의 주저 『쁘라마나바르띠까』는 다음 시구를 가지고 마치 중단된 것처럼 끝을 맺고 있다.

> 몸을 던지는 철학적 노력조차
> 궁극의 심연은 결정되지 않는다.
> 나의 사상은 어울리는 벗들이 없는 채로
> 해저를 알지 못하는 깊은 물의 시간.

절망의 시구다. 이것은 후라우왈너 박사가 말하는 것처럼 디그나가의 저작에 대한 주석을 기술하는 과정에서 다르마끼르띠 자신의 독창성이 점차 주석에서 일탈되어 그로 하여금 그 이상 충실한 주석을 이어가는 것을 단념하게 한 체관(諦觀)을 나타낸 것이다. 그리고 그러한 이유로 인해 다른 사람들에게 이해되지 못하는 비분을 품고서 이 시를 읊었을 것이다. 그렇지만 그러한 이유만으로 한정되지 않는 그 무엇이 있다. 즉, 그 자신의 철학 그것이 '동일성'에 머물지 않고 항상 그때마다 '자기차이화' 하는 것에 기인하는 것은 아닐까? 자신의 저술 마지막 장에서 자신의 저술에 대한 자기부정을 말하고 있다. 통상의 세계에서는 진리를 말하기 위해 논리를 사용하지 않을 수 없다. 그러나 다르마끼르띠에 있어서 추론을 가능하게 하는 '언어'는 그대로 실재를 지시하는 것이 아니다. 그것은 허구의 대상을 구성한다. 여기서 로고스(논리)의 배후에 신의 절대적 본성을 가진 실재론적 논리나 언어 게임과 결정적 차이가 있다. 다르마끼르띠에게 있어서 그것이 진리이기 위해서는 통상의 논리를 초월해가지 않으면 안 된다. 그렇다면 논리는 논리자신의 내부에 통상의 논리를 부정하는 계기를 내장해야 한다. 그렇기 때문에 다르마끼르띠는 이미 살펴

본 바와 같이 이 시구를 최후에 『쁘라마나바르띠까』를 계속 쓰는 것을 단념한 뒤 다시 쓰기 시작한 『쁘라마나비니쉬짜야』의 제1장 말미에서도 자신의 저서를 '초월해야 할 인식근거에 기초한 것'이라는 한계선을 세웠던 것이다.

'순간'이라는 시간성은 논리의 대상인 자기동일성을 해체한다. 그러나 그 시간성을 밝히기 위해서는 논리가 필요하다. 여기에 시간성과 논리의 이율배반이 있다. 다르마끼르띠는 자신의 논리의 종언을 향해서 논리의 한계를 끝까지 추구한다. 거기서 인식근거가 전환하는 '비재'의 순간을 구한다. 그것은 '역행하고 회광반조(廻光返照)하는 인식근거와 논리'다. 그와 같이 다르마끼르띠는 자신을 자기차이화하면서 질주한다. 임박하게 도래하는 죽음의 무상성을 정시하고 삶의 한가운데서 삶을 죽음이라는 자신의 '비재'에 의해서 절단하는 찰나, 순간적 존재를 전환점으로 하여 상식의 선형시간은 수직으로 구부러지고 절단됨과 동시에 무상 그것의 의미가 전환한다. 무상이라는 진실을 일관하기 위해서 운명을 애석하게 여길 필요는 없다. 무상에 투철하기 위해서 신체적 운명을 애석하게 여길 필요도 없다. 인생의 무상을 통감하는 무상은 여기에 이르러 그 의미를 반전시킨다.

회광반조(廻光返照)하는 비재가 이 현전과 부재의 위험한 공격을 비스듬히 질주한다. '장 자체를 부정하는 절대적·비정립적 부정'이 다르마끼르띠의 '시간의 논리학' 전 텍스트를 연동시켜 흔적을 남기면서 질주한다.

> 모든 상까라(존재로서 형성되고 있는 것, 존재의 형성력)는 소멸한다. 따라서 마음을 집중하여 노력하라. (『마하빠리니빠나』)

글을 마치면서

　순간적 존재성, 즉 존재가 비존재를 내장하여 자발적으로 소멸하는 것, 다만 그것을 이해하기 위해서 태어날 때부터 완고하여 도리를 분간하지 못했던 나는 불교를 배우기 시작하면서부터 지금까지 약 30년의 세월을 지불하지 않으면 안 되었다. 그리고 간신히 그 문제의 입구까지 길을 물어 겨우 도착한 것 같은 느낌이다. 나는 역시 시간이라는 존재 속에서 애석하게 흘러 죽어갈 것이다. 벗들이나 아끼는 사람들의 죽음을 한없이 비통한 마음으로 맞이하게 될 것이다. 가령 시간이 논리적으로 허구라고 해도, 우리들의 삶을 절단하는 죽음의 공허함과 비통함이 여기에 있다. 다만 '비재'로서 '우리들의 죽음'은 우리들의 삶이 끝나는 연장선상에는 없다. 죽음은 '존재'가 아니라 '비재'이기 때문이다. 그 '비재'는 '지금 이 순간'을 창발시키기 위한 '비재'이다. 절단되어 다시 되돌아 갈 수 없는 불가역의 시간성은 죽음의 공허함과 비통함의 근저를 꿰뚫고 다시 반전하여 어떠한 것과도 바꿀 수 없는 '우리들의 삶과 죽음'을 창발하게 한다. 존재로서 동일한 것으로 재생할 수 없다는 절단이, '비재'로서 이미 어떠한 시간에 의해서도 소거할 수 없는 '순간적 존재의 섬광'을 촉발시켰던 것이다.

> 참으로 중대한 철학상의 문제는 하나밖에 없다. 그것은 자살이다. 인생은 살 만한 가치가 있는가 혹은 없는가를 판단하는 것, 이것은 철학의 근본문제에 답하는 것이다. 그 이외의 것, 결국 이 세계는 3차원으로 이루어져 있는가, 정신에는 9개의 범주가 있는가, 12개의 범주가 있는가 등과 같은 것은 그 이후의 문제다. 그러한 것은 유희이며 우선 이 근본문제를 답하지 않으면 안 된다. (알베르 까뮈 『시지프스의 신화』 清水徹 역)

나는 이 책에서 상식적인 '시간'을 해체하고자 하였다. 즉, 내가 이해하는 범위에서 '다르마끼르띠의 철학'에 촉발되면서 '시간이라는 과정 속에서 공허하게 사체가 되고, 백골이 되어가는 무상'의 기저에 있는 '시간'을 '순간적 존재성으로서의 무상'으로 전환하는 것을 시도했던 것이다.

"작품을 쓰는 것, 그것은 내가 죽는 것이다"라고 말한 것은 아마도 에밀 프랑소와였을 것이다.

> 글을 쓴다는 행위는 전적으로 무심함을 요구한다. 그리고 타인의 평판과 남의 눈을 의식한다고 하는 명예욕이 지배하여, 모든 것이 한 장의 원고로 시작하여, 한 장의 원고로 끝나는 철학의 광언(狂言)에 있어서는 무심함은 점점 더 드물게 된다. ……인생을

일대연극이라 하는 것을 거부하기에는 모든 유혹을 견딜 수 있는 자발성이, 그리고 만약 그 자발성을 결여한다면 순간순간 삼가 조심하는 마음이 필요할 것이다. (쟝켈레비치『어딘가 있는 곳에서 끝나지 않은 채로』仲澤紀雄 역『일과 낮·몽상과 밤』)

만약 내가 적어도 이 '미워해야만 하는 나' 속에 거짓의 겸허함과 무심함에 대해서 용기를 가지고 투쟁하며, 매사 스스로 조심하는 마음을 내세울 수 있다면 나는 이미 외부에서 살아가고 있는 것이다. 죽음이 타자와 함께 나의 외부라고 한다면 나는 이미 나의 '비재'로서의 외부에서 살아가는 것이 아니면 안 된다. 외부는 나의 중심이었던 것이다. 그렇다면 그 중심은 존재의 핵이 아니라 항상 이미 탈중심화하는 '비재' 이다. 이 '비재' 가 '무아' 이며, '죽음(비재)을 내장하는 삶(존재)' 이라는 '무상' 이다. 나는 '죽음이라는 비재' 에서 살아가고 있다. 새로운 연기(緣起)를 촉발시키기 위해서 자신의 죽음을 '비재' 와 존재의 경계선에 고요히 연동하게 하는 것, 거기에만 '미완의 죽음의 철학' 의 흔적을 더듬을 수 있을 것이다.

'찰나멸' 에 관해서 히라카와 아키라(平川彰) 박사가 쓴 논문에서 처음으로 충격을 받았던 것은 아직 20대 학생시절이었다. 그 뒤 선생에게 대학원에서 직접 지도를 받게 되었다. 한동안 단념했던 연구를 코우치 코우센(高知高專)에 직장을 얻어 계속할 수 있었던 것도 선생을 비롯한 나카무라 코우지(中村康治) 선생과 사이토 노부요시(齊藤信義) 선생의 은혜 덕분이었다. 또한 어떤 사정으로 4년간 근무한 뒤, 복학한 대학에서는 쯔다시가쿠(津田史學)의 전통 아래 많은 선생님들에게서 텍스트 크리틱(text critics) 방법을 배울 수 있었다. 엄밀한 비판적 읽기 방법의 배후에 대상에 대한 용솟음치는 애정이 있어야 한다는 사실이다. 그러나 철학이란 무엇인가? 이전에 그토록 동경하여 복학하였지만 점차 모르는 것 투성이였다. 철학에 논리성을 추구하기 위해 수학과에 진학하여 마에바라 쇼우지(前原昭二) 선생의 '수학기초론' 학습에 무리하게 들어갔던 것도 그 무렵이다. 여기서도 나 자신에게 수학적 감각이 없다는 것을 철저하게 알게 되었다. 다만 괴델을 공부한 것은 큰 수확이었다. 그 무렵 인도후기불교논리학의 개척자라고 할 수 있는 카지야마 유이치 박사가 쓴 라뜨나까라샨띠의 '내변충론'에 관한 일련의 논문을 보게 되었다. 그것은 논리학에 관한 엄밀한 학술논문이었음에 불구하고 나로 하여금 열정을 쏟게 했고, 또한 깊은 감동을 준 것으로 기억한다. 그 뒤 처음으로 유학의 기회를 주셨던 빈대학의 슈타인켈너 박사의 연구소에서 고 후라우왈너 교수 이래 내려오는 문헌비판학(philology)의 전통을 목격하고 몇 번 씩이나 내 자신의 얕은 학문 수준을 뼈저리게 느낌과 동시에 슈타인켈너 교수의 온정에 도움을 받았다. 게다가 겨울학기에는 일찍이 후라우왈너 교수에게 배우고 다시 객원교수로 오신 카지야마 유이치 선생을 직접 만나 뵐 수 있었다. 봄에 후라우왈너 교수를 추모하는 산책길을 카지야마 유이치 교수와 슈타인켈너 교수 두 분과 함께 걸었던 것이, 빈의 숲 나뭇잎 사이로 비쳐드는 청렬한 햇빛처럼 선명하게 지금도 되살아난다. 나아가 인도의 다람살라나 사르나트에서 린포체로부터 다르마끼르띠에 대한 티베트의 주석을 배웠던 것도 생각난다. 한 연구자로서 이러한 기회에 은혜를 입었던 것은 행운이었다. 그 사이에 별다른 재능이 없는 나는 전과 다름없이 '순간적 존재성·무상성'이라는 하나의 테마로 일관했다.

이 책의 최종원고는 운 좋게도 쿄오토(京都)대학에서 국내 유학 중에 직접 지도를 받을 수 있었던 카지야마 유이치 박사께서 읽으시고는 많은 가르침을 베풀어주심과 동시에 출판하는 데 큰 힘을 실어주셨다. 쿄오토대학에서 미마키 카츠미(御牧克己) 박사께서 공사(公私)에 걸쳐서 친절을 베풀어주셨다. 연구실 학생 여러분들께도 감사의 말씀을 드리고 싶다. 이 책 제6장 사상적 연대기의 역전은 두 박사의 정설과는 다르다. 하지만 단순히 반대한 것이 아니라 오히려 두 분 선생님의 연구 성과를 철저히 하는 과정에서 탄생한 것이다. 내 개인적 의견을 카지야마 유이치 박사께 먼저 말씀드리자 박사께서는 이미 이 가능성을 충분히 예상하시고는 귀중한 가르침을 베풀어주셨다. 또한 미마키 카츠미 박사께서도 논증된다면 흥미 깊은 글이 될 것이라고 말씀해주셨다. 나는 이 학문적 공평함에 깊이 감사드리고 싶다. 다시 쿄오토에 있을 때 매주 법연(法然, 정토종의 개조)과 관련이 있는 쿠로다니(黑谷)의 시라사키 겐세이(白崎顯成) 교수의 서재에서 계속되었던 '지타리의 연구실'에서는 오키 카주후미(沖和史) 교수, 카노 쿄(狩野恭) 강사와 즐거운 시간을 보낼 수 있었던 것도 행운이었다. 학문적으로도 여러 가지로 격려해주신 친절함에 감사드리고 싶다.

그 뒤 카츠라 쇼류(桂紹隆) 박사께서 초고를 읽으시고는 전면에 걸쳐서 유익한 충고를 해주셨다. 또한 이와타 타카시(岩田孝) 박사로부터도 같은 문제를 다루었던 즈냐나스리미뜨라의 논증식의 유별에 관해서 충고를 해주셔서 정정할 수가 있었다. 나아가 그 논문심사에 논리학의 전문가로서 엔도 히로시(遠藤弘) 선생이 참가하셔서 많은 충고와 함께 비판도 해주셨다. 인쇄 직전에도 마츠모토 시로 교수로부터 기요원고(紀要原稿)에 관해서 초기의 '무상'이 처음부터 '순간적 존재성(찰나멸)'을 의미하고 있었던 것처럼 부주의하게 표현되었던 부분을 지적해주셨다. 이 책에서 그 점을 명확하게 할 수 있었다. 이와 같이 이 책은 아주 많은 분들의 후의에 기초하고 있다. 철학을 논의했던 학생 여러분들에게도 많은 것을 배웠다. 여기에 그 이름을 일일이 기록하지 못하는 실례를 용서하시기 바란다.

현대논리학과 다르마끼르띠의 인식론적 논리학이 어떻게 연관을 맺는가와 같은 문제는 많이 남아 있다. 이 책에서는 사견의 일단을 증명하지 않고 삽입하였지만, 철학의 모험을 시도하고자 하는 한 피할 수 없는 문제였다. 현대논리학의 의미론과 약간 연관이 있는 부분을 쓰면서 나는 항상 불안하였다. 혹시 나의 이론은 처음부터 완전히 잘못된 것은 아닐까? 그것만이 아니다. 그와 같은 불안은 다르마끼르띠에 관해서도 마찬가지다. '경계를 초월해가는 철학의 모험'에는 위험이 늘 따르는 법이다. 그것은 깨닫지 않고서는 쓸 수 없는 것이다. 그러나 무모한 모험으로 끝나지 않기 위해서라도 기탄없는 비판과 질정을 받고서 연구를 지속하고 싶다.

조판에 착수한 재작년 9월에 컴퓨터가 고장 나서 약 반 달분의 논문원고가 어이없이 소실되었다. 미처 깨닫지도 못한 사이에 백업 파일까지 파괴되어버려 망연자실해 있을 때 카노(狩野) 씨가 걱정을 하여 달려와 주었던 것도 잊을 수 없다. 다시 한 번 기억을 더듬어서 쓰기 시작한 것은 잃어버린 원고의 재현이 아니라 다른 사고의 경로를 더듬어 새로운 것이 되었다. 잃어버린 플로피의 흔적과 디스플레이 상의 원고는 어디로 가버린 것일까. 이 책은 '무상'에 관한 기술이 아니라 무상 그 자체다. 끝으로 다망한 고지고전에서 연구에 전념하기 위해 반년가량 기분 좋게 출장을 허락해주신 이토우(伊藤) 교장선생님을 비롯한 동료와 학생 여러분께 감사드리고 싶다.

  일반서적으로는 너무나 이론적이며 학술서적으로는 너무나 주관적인 이 책의 초고를 쓴 이후 이미 3년 가까이 되어간다. 쓴다는 행위는 아무 것도 모른다는 것을 뼈저리게 느끼게 해주었다. 나는 출판을 거의 단념하지 않으면 안 된다고 생각했다. 그럼에도 써두지 않으면 안 되었다. 이와 같은 기분을 편집을 맡으신 사토우(佐藤淸靖) 편집장을 비롯한 춘추사의 여러분들이 이해해주셨기 때문에 더할 수 없는 행운을 느낀다. 다시 춘추사 칸다 아키라(神田明) 사장, 사토우 키요야스 씨, 고바야시 고우지(小林公二) 씨 및 그 외 모든 분들에게 감사의 인사를 올리고 싶다.

1996년 4월

타니 타다시(谷貞志)

문헌안내

'철학의 모험'을 겨냥한 이 책은 읽어보신 것처럼 학술서도 입문적 소개서도 아니다. 그렇지만 지금까지 많은 연구자의 연구결과에 빚지고 있다. 상세한 문헌리스트는 후일 출판을 예정하고 있는『순간적 존재성(찰나멸)의 연구』에서 기술할 예정이며 여기서는 다음과 같은 관련 서적을 소개하는 것에 그치고자 한다.

다르마끼르띠 이후의 '순간적 존재성 논증'을 포함한 인식론적 논리학에 관해서는 다음과 같은 문헌을 참조해야 한다.

> 梶山雄一「후기인도불교의 논리학」『강좌불교사상 제2권 (인식론・논리학)』243~320, 1974, 이상사(『불교에 있어서 존재와 지식』1983 紀伊國玉書店 再錄)
> 梶山雄一 역주『논리의 말씀』1975, 중앙공론사
> 御牧克己「찰나멸논증」『강좌대승불교 9 인식론과 논리학』217~254, 1984, 춘추사 (1996 신장판)

인도불교의 인식론과 논리학에 관한 연구개설과 소개는 아래 강좌와 저서 목록이 있다.

『강좌불교사상 제1권 존재론·시간론』 1974, 이상사
『강좌불교사상 제2권 인식론·논리학』 1974, 이상사
『강좌대승불교9 인식론과 논리학』 1984, 춘추사(1996 신장판)
『암파강좌·동양사상 제8권 인도불교1』 1988, 암파서점
『암파강좌·동양사상 제10권 인도불교3』 1989, 암파서점
총본계상 외 『범어불전의 연구III 논서편』(중정본수집필담당「제4장 인식론·논리학」) 1990, 평락사서점

의미론을 포함한 현대논리학에 관해서는 다음 두 권의 책이 중요한 문제를 제기하고 있다.

遠藤弘『존재의 논리』 1974, 와세다대학 출판부
飯田隆『언어철학대전』 I II III(IV는 현재 미간) 1987/1989/1996, 경초서방

찾아보기

강게샤 298, 305, 318, 323
경량부 9, 147-52, 155, 157, 159, 160, 185, 187, 265, 310, 351
괴델 363, 364, 366, 367, 376
귀류파 58, 146
귀류환원식 207-09
기타가와 히데노리 172
깔라바딘 137, 138, 141, 144
나마이 치소 161
나스띠까 65
나카무라 하지메 48
내변충론 201-03, 205, 206, 208, 219, 220, 222, 227, 233, 235-37, 322, 376
니시다 92
니야야학파 53, 57, 65, 81, 83, 87, 170, 188, 189, 230, 235, 247, 261, 297-300, 306, 309, 311, 312, 317, 318, 320-22
니체 12, 69, 99, 138, 141
다르마 50, 98, 143, 151, 246, 256, 314
다르못따라 62, 205, 206, 221-23, 226, 227, 261

다르민 98, 135, 143, 196, 203, 204, 212, 220, 222, 223, 227-29, 246, 314
데리다 274
도원 66
독립논증파 58, 146
들뢰즈 152
디그나가 10, 46, 55-57, 59, 60, 63, 118, 121, 168-74, 176, 177, 196-98, 202-04, 206, 223, 227, 235, 241, 243, 244, 277, 279, 297, 299, 314, 320, 322, 370
라뜨나까라샨띠 62, 146, 193, 196, 201-09, 212, 219-22, 226, 230, 231, 233, 234, 236, 249, 322, 356, 376
라뜨나끼르띠 62, 83, 205, 206, 208, 220, 227, 230, 233, 298, 347, 349, 354-56
라이프니츠 234
랭보 272
러셀 134, 231, 232, 366
레비나스 276, 288, 290-92
루만 366, 367

마이농 232, 310
마츠모토 시로 62, 153, 181, 222, 377
막스 밀러 317
메타 차원 49, 50, 53, 58, 68, 79, 80,
　135, 183, 209, 250, 251, 256, 259,
　262, 340, 341, 348, 366
메타 논리 56, 57, 176
모순율 133
무케르지 236
미마키 카츠미 83, 377
미망사학파 47, 55, 298, 331
바르트 272
바이세시카학파 55, 56, 140, 144, 247,
　258, 259, 261, 262, 300
밧찌뿌뜨리야파 66
배중율 125, 133, 142, 231-33, 243,
　345, 351, 365, 368
베르그송 84, 243, 270
변계소집성 156, 157, 160, 161
변충관계 180, 193, 202, 203, 209, 212,
　219, 220, 225, 226, 234, 311, 352
비즈냐쁘띠마뜨라 154
비트겐슈타인 51, 63, 171, 313, 333
뿌드갈라 66
뿌똥 46
쁘라끄리띠 64, 65
쁘라마나 48, 51-53, 58, 59, 234, 237,
　244, 276, 294, 301, 329, 331, 337,
　341, 348, 367

쁘라마나바다 310
쁘라상가 53, 57, 58, 145, 146, 164,
　178, 194, 195, 204, 205, 207-09, 211-
　16, 219-24, 228, 229, 233, 236, 252,
　255, 297, 299, 305, 314, 368
쁘라상가비빠리야야 58
쁘라상기까 58, 146, 147
쁘라즈냐까라굽따 62, 204, 207-09,
　220-22, 224, 226, 250, 298, 330
사르바스띠바딘 144
사르트르 107, 292, 293
사성제 246, 335, 336, 340, 343, 344,
　355
삼무자성 158
삼성설 155, 157, 184
상키야학파 88, 158, 160
샨따라끄시따 62, 64, 65, 68, 94, 246,
　247, 254, 315, 344, 345, 349, 357-59
상카라 298
설일체유부 9, 66, 144, 147-52
소쉬르 120
슈타인켈너 71, 79, 167, 181, 195, 331,
　359, 376
스바딴뜨리까 58, 146
스트로손 232
신외변충론 205, 207, 227, 233
아뜨만 65, 66, 81, 94, 160, 163, 169,
　298, 300, 301, 308, 313-16, 359
아뢰야식 160, 161

아스띠까 65
아카마츠 아키히코 79
아포하 56, 117-19, 121, 122, 124, 125, 167, 171, 180-82, 197, 198, 237, 242, 248, 249, 255-57, 259, 261, 271-74, 277-83, 301, 306, 308, 314, 319, 348, 353, 368
야코비 317
연여 21, 24
와츠시 데츠로오 136
외변충론 205-07, 223, 227, 237
우다야나 67, 230, 231, 235, 262, 297-302, 305, 306, 308-16, 318, 323, 324, 342, 345, 348, 357
웃또따까라 87-90, 170, 297
원성실성 156, 157, 158
월러스틴 368
의타기성 156-58, 160, 185, 233, 332
이슈바라 46, 65, 314, 317, 318
일휴 114
장켈레비치 109, 294, 375
즈냐나스리미뜨라 62, 70, 72, 76, 82, 83, 94, 96, 146, 182, 192, 201, 204, 206-10, 212, 215, 218-21, 224, 226-31, 233, 236, 246, 247, 249, 250, 251, 253-57, 261, 281, 298, 299, 302, 306-08, 311, 316, 322, 347-49, 351, 355, 356, 359, 360, 377
쫑카파 62

체르바츠키 126, 179, 341
카지야마 유이치 52, 53, 148, 168, 173, 175, 191, 201-03, 208, 353, 376
카츠라 쇼류 168, 169, 256, 377
칸트 51, 126, 133-35, 179, 341
콰인 234
크립키 182, 232, 234
키에르케고르 269, 270, 341, 342
파슨즈 232
프레게 96, 120, 180
프리고진 367
하야시마 오사무 155, 343
하이데거 276, 290, 292
헌팅턴 368
헤겔 51, 155, 268, 269, 289
현장 43, 99
회광반조 7, 12, 69, 285-87, 293, 339, 371
후라우왈너 44, 52, 59, 60, 63, 70, 71, 79, 176, 249, 274, 370, 376
히라카와 아키라 100, 375